고려 말 시대를 앞서간 선각자

지포止浦 김구金坵

김병기 지음

1-1. 김부대왕추향대제1

1-2. 김부대왕추향대제2
강원도민일보 2012. 10. 24

2. 문정공묘동 표지석

3-1. 김구묘역 전경

3-2. 김구묘역 전경

3-3. 김구 선생 묘제

4. 경지재 전경

5. 경지재 현판 - 윤용구 글씨

6-1.2. 경지재 정재의 주련
일부-김형운 글씨

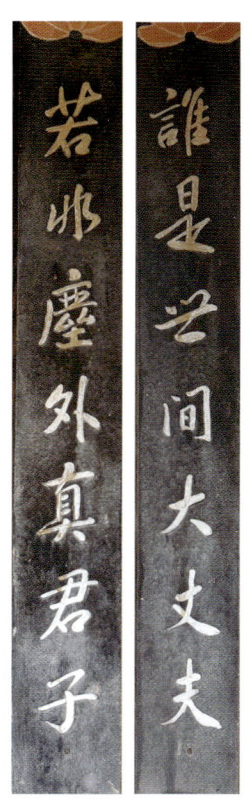
7-1.2. 경지재 동무서무
주련1 - 송기면 글씨

8. 문정공 김구 선생 시비-낙이화

9. 문정공 김구 신도비각

10-1. 지포집 권1-1   10-2. 지포집 권3-12

10-3. 지포집 발문-4

11-1. 단권1

麗朝刑部尚書 同知密直司事 藝文翰學士 金 先生受賜丹

11-2. 단권2

券書曰 皇帝福蔭裏特 進上柱國開府 儀同三司征東
行中書省左丞 相駙馬高麗國 王諭一等功臣 朝奉大夫試衛

11-3. 단권3

尉尹世子右贊 懷金汝孟自漢 唐已來至于本 朝臣下有殊功
茂迺則特賜丹 券用示厚賞此 乃有國有家者 之通制所以施

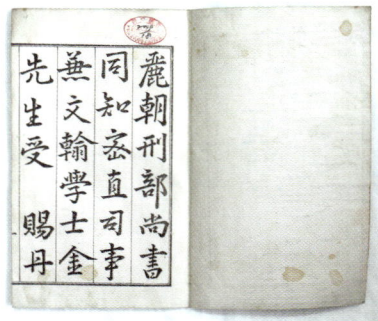

11-4. 단권4

間制爰定茱之 功耳越辛未歲 宣人為安社稷 八侍天運備
善勸後也忧觀 古代臣子之功 徒以邊境上對 敵決勝或朝廷

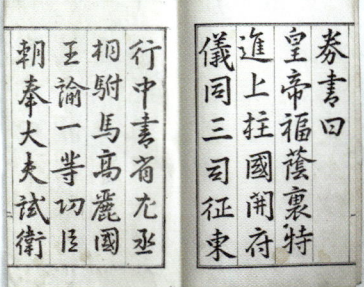

11-5. 단권5

導宣人請婚 天戚復鬱三韓 流榮萬國式至 今日之休朕嘉
當險阻之時尓 國耳忌家勤勞 隨徑至于四年 終始一心又輔

11-6. 단권6

其功記其勞賜 以丹券仍給田 丁奴婢粗答忠 誠忧而功大賞
徽常有歡忧之 意謹聞上國 賞賚功臣之制 容有犯禁不加

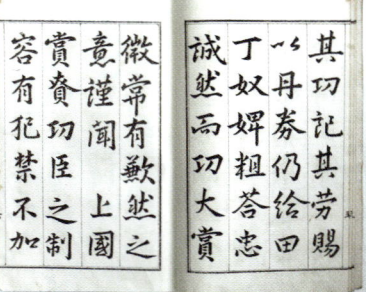

11-7. 단권7

11-8. 단권8

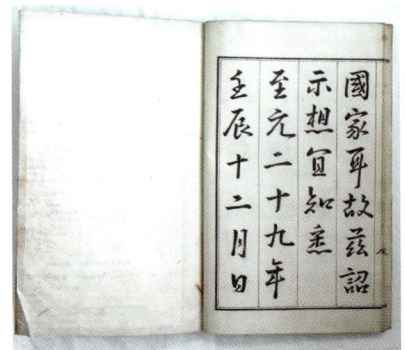

11-9. 단권9

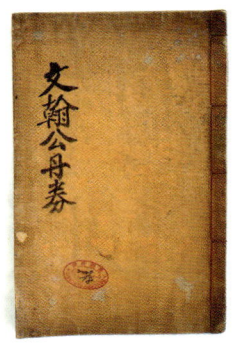

11-10. 문한공 단권 표지

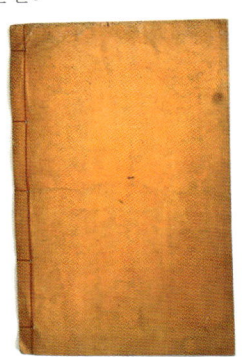

11-11. 문한공 단권 뒷표지

11-12. 문한공 단권 목판1

11-13. 문한공 단권 목판2

11-14. 문한공 단권 목판3

11-15. 문한공 단권 목판4

11-16. 문한공 단권 목판5

■ 머리말

　공자가 자신의 고국인 노나라의 역사를 바탕으로 편찬하여 제자들 교육에 사용한 역사책이 있다. ≪춘추(春秋)≫라는 책이다. '봄 춘(春)'과 '가을 추(秋)'를 쓰는 春秋는 봄과 가을이라는 두 계절을 들어 흐르는 세월을 상징적으로 표현한 말이었다. 따라서 원래 뜻은 '세월'이었고 차츰 '나이'라는 의미와 더불어 '역사'라는 의미로 확대되었다. 공자가 ≪춘추≫를 편찬한 이유는 포폄을 제대로 하기 위해서였다. 포폄은 '褒貶'이라고 쓰며 '기릴 포', '깎아내릴 폄'이라고 훈독한다. '褒'는 기려 '포상(褒賞)한다'는 의미이고, '貶'은 깎아내려 '폄하(貶下)한다'는 뜻인 것이다. ≪춘추≫는 포폄을 정확히 한 기록의 대표적인 예인데 이처럼 포폄을 정확히 판단하여 글을 쓰는 법을 '춘추필법(筆法)'이라고 한다. 역사는 인물과 사실에 대해 포상과 폄하를 정확히 해야 한다. 역사가 포폄만 정확히 하여 정의로운 사람이 '기림'을 받고 불의한 사람이 '깎아내림'을 당하게 한다면 세상은 저절로 바로 서게 된다.
　춘추 즉 세월은 단 1분 1초도 쉼이 없이 흐른다. 그런 시간의 흐름 속에서 멈춤이 없이 이어지는 게 역사이다. 역사가 이어지는 동안 수많은 영웅호걸과 문인학자가 나타나고 사라진다. 역사를 기록하는 사관(史官)에 의해서 포상의 대상으로 기록된 인물은 후세 사람들의 존경을 받고, 폄하의 대상으로 기록된 인물들은 자손만대를 이어가며 지탄을 받는다. 과거의 역사는 현재에도 여전히 숨 쉬고 있다. 그래서 모든 역사는 현재(당대:當代)의 역사이며 현재를 비춰보는 거울이다. 거울이기 때문에 오늘을 사는 우리에게 방향을 제시해 주기도 하고 지혜와 교훈을 주기도 한다. 역사를 공부해야 하는 이유가 바로 여기에 있다.

그런데 기록의 망실로 인하여 후세에 제대로 전해지지 않는 역사도 있다. 국가와 민족을 위해 큰 업적을 남겼음에도 기록이 부족하여 그 업적을 제대로 현창(顯彰)하지 못하는 경우가 종종 발생하는 것이다. 고려 말에 선각자적인 안목을 가지고 국가와 민족이 나아갈 방향을 제시했던 문정공(文貞公) 지포(止浦) 김구(金坵1211~1278) 선생의 경우도 기록의 망실로 인하여 그가 실지로 쌓은 공적에 비해 후대에 알려진 바가 많지 않다. 특히, 그의 두 아들인 김여우(金汝孟 생졸년 미상)와 김승인(金承印 생졸년 미상)은 당시에 지나치게 난만해진 불교를 대신할 새로운 사상으로서 유학을 진흥하고 성리학을 도입하는 데에 커다란 족적을 남겼음에도 우리나라 유학사를 논하는 마당에서 거의 논의된 적이 없다. 역사의 흐름 속에서 포상을 받아야할 인물이 제대로 포상을 받지 못하고 잊힌 인물이 되어 버린 것이다.

문정공 지포 김구 선생이 우리 역사에 공헌한 바는 실로 크다. 22세의 젊은 나이에 제주 판관으로 나가 제주도에 정책적으로 밭담을 쌓는 일을 시행하여 오늘날의 제주 밭담이 세계적인 문화유산으로 남게 하였고, 당시 이미 매너리즘에 빠진 불교를 대신하여 유학을 진흥하는 데에 앞장섰으며 원나라로부터 새로운 사상으로서 성리학을 도입하는 데에 선구적인 역할을 하였다. 원나라로 보내는 외교문서인 표전문(表箋文)이 거의 다 그의 손에서 제작됨으로써 고려의 국가적 자존심을 지키면서도 국익을 챙기는 실리 외교를 수행하는 데에 주도적인 역할을 하였다. 나아가 외교에는 통역이 절대적으로 필요함을 절감하고 우리 역사상 최초로 국립 통역관 양성기관이라고 할 수 있는 '통문관'을 설치하는 대업을 수행하기도 하였다. 뿐만 아니라 빼어난 시문으로 고려 말 문단의 대표적인 시인이자 문장가로 명성을 날렸다.

김구의 장자인 김여우는 사신으로 원나라에 건너가 4년 동안 온갖 노력을 다하여 원나라 공주와 충렬왕 사이의 결혼을 성사시킴으로써 려(麗)·원(元) 관계를 결혼동맹 관계로 안정시켰다. 당시 동아시아는 물론 동유럽의 여러 나라들까지 몽고의 침입을 받을 후 결혼동맹을 맺지 못하여 국호가 바뀌고 왕이 전부 몽고 칭기즈칸의 후손으로 바뀜으로써 왕통을 잇지 못하게 된 상황과 비교하면 려(麗)·원(元)의 결혼동맹 체결은 획기적인 외교의 성과가 아닐 수 없다. 이에, 충렬왕은 결혼동맹을 성사시킨 김여우에게 예우를 다해 최고의 공신녹권인 '단서(丹書)'를 하사했다. 그러나.

김여우가 이룬 이러한 외교적 성과와 국가적 대업은 우리의 국사책 어디에서도 찾아볼 수 없다. 고려와 조선 교체기의 혼란 속에서 기록이 사라지고 정치적 상황이 바뀌면서 김여우에 대한 평가가 제대로 이루어지지 않고 묻혀버린 것이다. 뿐만 아니라, 김여우는 원나라에 4년이나 머물면서 당시 원나라의 학문과 문화 환경을 체감하고서 유학을 진흥하고 새로운 학문으로 주목을 받던 성리학을 고려에 전파해야겠다는 생각으로 강릉안무사로 있던 아우 김승인에게 강릉에 우리나라 최초로 공자에 대한 제향과 학생교육을 겸하는 기능을 갖춘 향교를 건립하도록 조언한다.

형의 조언을 받은 김승인은 실지로 강릉에 당시 원나라 대도(大都:북경) 국자학을 비롯하여 전국으로 퍼지기 시작한 공자에 대한 제향과 학생교육을 겸한 공간으로서의 향교를 우리나라 최초로 건립한다. 김승인의 이러한 공적은 강릉향교지에 생생하게 기록되어 전하고 있다.

이처럼 김구와 그의 두 아들인 김여우와 김승인은 고려 말에 나라가 위태로운 상황에서 적극적인 외교활동으로 나라를 구하고, 또 나라의 미래를 열어갈 새로운 사상을 도입하는 데에 큰 공헌을 하였다. 그럼에도 그동안 자료의 부족에 따른 연구의 소홀로 이들의 공적이 학계에서 사실상 '전혀'라고 표현해야 할 만큼 조명을 받지 못했다.

필자가 주도한 전북대학교 BK+한중문화'화이부동'창의인재 양성사업단에서는 전라북도와 부안군의 지원을 받아 이미 7회에 걸쳐 지포 김구를 집중적으로 조명하는 학술대회를 가졌다. 학술대회의 공식 명칭은 '부안3현 학술대회'로서 반계 유형원 선생과 간재 전우 선생에 대한 연구 논문도 발표하지만 오래 전부터 반계학술대회와 간재학술대회는 별도로 열리고 있음을 감안하여 '부안3현 학술대회'에서는 지포 김구를 집중적으로 연구하기로 하였다. 이러한 학술대회를 통하여 실로 많은 연구실적들이 나왔다. 이 학술대회를 통하여 위에서 말한 바와 같은 문정공 지포 김구의 공적과 그의 두 아들인 김여우와 김승인의 공적이 구체적으로 밝혀지게 된 것이다.

　필자는 한편으로는 BK사업단의 단장으로서 이 '부안3현 학술대회'를 주관하였고 다른 한편으로는 필자 또한 지포 김구와 그의 두 아들에 대한 연구에 심혈을 기울였다. ≪지포선생문집≫을 독파하여 분석하고, ≪고려사≫와 ≪원사(元史)≫를 검색하는 등 각종 문헌을 조사하여 김구와 그의 두 아들에 관한 자료를 수집하여 연구 논문을 썼다. 아울러 '부안(부령) 김씨'의 중시조로 추앙받고 있는 지포 김구의 선계를 추적하는 연구도 진행하고 지포의 후손에 대한 연구도 진행했다. 그 결과, 2019년에 ≪부안(부령)김씨 연구≫라는 저서를 출간하였다. 저서가 출간된 이후, 부안김씨 종중 관계자와 제주도의 돌 문화에 대한 연구자는 물론, 고려 말 대몽(對蒙) 항쟁 시기의 역사를 연구하는 사람들이 이 책에 대해 많은 관심을 보였다. 특히 지포 김구의 행적과 학문과 외교 등에 대해 각별한 관심을 보이면서 자료를 요구하기도 하였다.

이에, 이번에 필자의 저서 ≪부안(부령) 김씨 연구≫ 중에서 지포 김구와 그의 두 아들에 관한 부분만 따로 떼어 비교적 단출한 단행본으로 출간하기로 하였다. 이 책을 출간한 목적은 앞서 공자의 역사 기록에 대한 견해인 춘추필법을 인용하여 말한 것처럼 포폄을 바르게 평가하기 위해서이다. 후손들로부터 '기림(襃賞)'을 받아야 할 인물은 반드시 기림을 받아야 하고, '깎임(貶削)'을 당해야 할 인물은 반드시 깎임을 당해야 한다. 그것이 바른 세상을 만드는 지름길이다. 고려 말 대몽항쟁을 거쳐 원나라의 간섭을 당하던 혼란한 시기에 선각자적인 안목을 가지고 국가와 민족을 위해 온갖 노력을 다한 지포 김구와 그의 두 아들은 당연히 이 시대에도 '기림' 즉 포상을 받아야 할 인물이다.

자그마한 단행본으로 출간하는 이 책이 많은 사람들에게 그동안 묻혀 있었던 지포 김구와 그의 두 아들인 김여우와 김승인을 세상에 알리는 역할의 일부라도 감당할 수 있기를 바란다. 이 책을 출간할 수 있도록 도움을 준 전라북도와 부안군에 감사하고 출판을 맡아준 도서출판 다운샘의 김영환 사장께도 감사한다.

2020년 12월 24일
전북대학교 연구실에서 김병기 識

■ 일러두기

1. 이 책은 2019년에 출간한 김병기의 저서 ≪부안(부령)김씨 연구≫의 일부분을 발췌하여 다시 엮은 것이다.
2. 전라북도에서는 부안군을 중심으로 고려 말 성리학 도입에 선도적인 역할을 한 지포 김구 선생의 업적을 기려 널리 알리고자 하는 문화 사업을 전개하고 있으며, 제주도에서는 지포 김구 선생을 '제주 돌문화의 은인'으로 추앙하면서 그의 행적을 기려 선양하는 사업을 하고 있다. 이 책은 전라북도와 제주도의 이러한 현창과 선양 사업에 도움을 주고자 출간하였다.
3. 이 책에 수록된 글은 전에 논문으로 발표한 적이 있을 뿐 아니라, 저서 ≪부안(부령)김씨 연구≫에도 수록된 내용이므로 이 책은 연구업적으로 사용할 수 없는 일종의 '홍보 도서' 성격을 띠는 책이다. 따라서 '자기표절 금지'라는 연구윤리 조항의 규제를 받을 이유가 없다.
4. 부안김씨 종중에서는 '부안(부령)김씨'로 표기하기로 잠정했지만 현 부안의 옛 이름인 '부령'에 대해 알고 있는 독자가 많지 않을 것이라는 판단아래, 본고는 기술(記述)의 편의와 일반 독자의 보다 더 쉬운 이해를 위하여 특별한 경우를 제외하고는 '부안김씨'로 표기하였다.
5. 논의의 객관성을 높이기 위해 '선생', '님' 등 호칭을 생략하였다.

■ 목차

- □ 화보 / 3
- □ 머리말 / 9
- □ 일러두기 / 15

제1장 지포 김구의 가계 / 19

제2장 김구의 생애 / 31
  1. 이름은 구(坵), 자는 차산(次山), 신동 소문과 과거 합격 ·· 34
  2. 12살에 조사(造士)에 선발, 22세에 과거 급제 ················ 36
  3. 제주도에 돌담을 쌓아 선정을 폄 ······························· 45
  4. 중앙 내직으로 귀환, 최항과의 갈등 ··························· 49
  5. 탁월한 문장력으로 외교역량 발휘와 연이은 승진 ············ 54
  6. 다루가치 질책과 참외문신 재교육제도 발의 ··················· 67
  7. 통문관 설치, 지지포(知止浦)에 안장(安葬) ···················· 73

제3장 김구, 성리학 도입의 선도적 역할 / 89
  1. 고려 중기 이전, 북송 성리학의 고려 유입(流入) ············ 89
  2. 주희(朱熹) 성리학 도입에 선도적 역할 ······················ 102
  3. 왕악(王鶚)과의 교유와 성리학 유입 선도 ···················· 114
  4. 불교의 진부성 비판과 안향(安珦)과 함께한 유학부흥운동 ·· 117
  5. 성리학 도입의 선구자
     김구 장자(長子) 김여우(金汝盂)와 서계자(庶季子) 김승인(金承印) 123
  6. 유학부흥의 사명감과 김구의 이름(名), 자(字), 호(號) ·· 129

제4장 ≪지포선생문집≫의 편간 / 139
　1. ≪지포선생문집≫의 편간 과정 ·· 139
　2. ≪지포선생문집≫의 구성과 가치 ·· 144
　　1) ≪지포선생문집≫의 구성
　　2) ≪지포선생문집≫의 가치 - ≪동문선≫에 수록된 다른 문인의
　　　 문장 분량과　비교

제5장 김구의 외교활동 / 153
　1. 왕악(王鶚)을 통한 원나라 황제 설득 ······································ 153
　　1) 왕악에게 보낸 편지〈여왕학사서(與王學士書)〉내용 분석
　　2) 왕악에게 보낸 편지〈우여왕학사서(又與王學士書)〉내용 분석
　　● 부록:〈여왕학사서(與王學士書)〉와〈우여왕학사서(又與王學士書)〉
　　　 상해(詳解) ·· 171
　2. 국립통역관양성기관 '통문관(通文館)' 설립 ························· 177

제6장 김구의 두 아들 김여우와 김승인 / 185
　1. 몽고제국 당시 아시아 대륙에는 몽고와 고려만 존재 ······· 185
　2. 원나라와 결혼동맹을 성사시킨 김여우 ································· 192
　3. 충렬왕으로부터〈단권(丹券)〉을 하사받은 김여우 ············ 205
　4. 한국 최초로 '신개념' 향교를 세운 김승인(金承印) ··········· 209

　□ 에필로그 / 227

제1장 지포 김구의 가계

지포 김구는 부안김씨의 중시조로 추앙받는 인물이다. 부안김씨 족보에 의하면 부안김씨는 신라 경순왕의 후예이다.

> • 신라가 건국된 이후에 김씨의 조상은 계림에 탄강한 김알지로부터 나와서, 후손들이 여러 고을에 관향을 두었으니 기록에는 11종족이 있었다고 한다. 부령김씨는 그 중의 하나이다. 11종족의 김씨들이 각 고을로 나갔는데 부안김씨는 부령으로 옮겨 온 후 자손들이 번창하였다.[1]
> • 김씨가 계림으로부터 성씨를 얻은 것은 오래되었다. … 부안김씨의 경우는 신라 경순왕으로부터 시작되었는데, 이후 11대 손에 이르러 부령에 봉해졌다.[2]
> • 우리 부안김씨가 경순왕으로부터 발상하였으므로 윗대 조종(祖宗)을 삼가 권수에 기록하였다.[3]
> • 우리 부안김씨가 신라 경순왕의 태자 '김일(金鎰)'로부터 시작하여… [4]

어떤 역사적 기록에 근거하여 이런 주장이 제기 되었는지에 대

---

1) 自新羅國除之後, 金氏之祖於鷄林, 以貫于諸邑, 載在傳記者十一族. ≪부안김씨족보≫ 국립중앙도서관 고전적실 소장, 1쪽.
2) 金氏之鷄林得姓, 闕惟久矣. … 若其扶寧之貫, 蓋出於新羅敬順王國除爲慶州, 至十一代孫, 移封于扶寧云云. 〈보서(譜序)〉, 위 ≪부안김씨족보≫ 2쪽.
3) 惟我金氏, 系出新羅敬順王, 故以上祖宗, 謹載卷首. 〈범례〉, ≪부안김씨승지공파보(경술보)≫ 상, 부안김씨승지공파보소, 1995, 32쪽.
4) 惟我扶安之金, 肇自新羅敬順王太子諱鎰…. 위의 책, 6쪽.

해서는 아직 명확히 밝혀져 있지 않다. 그러나 부안김씨들은 이러한 기록들을 바탕으로 자신들이 경순왕의 적장손(嫡長孫)이라는 점을 굳게 믿고 있다. 경순왕의 적장손이라 함은 바로 경순왕의 태자인 마의태자의 적장손이라는 뜻이기도 하다. 비록 아직은 그 근거를 확실하게 제시할 수 없지만 이것이 우리보다 선대 사람들이 남긴 기록과 1000년 이상 구전되어 온 내용이라면 전혀 허황한 이야기만은 아니리라고 생각한다. 선대들은 뭔가 근거를 가지고 그런 말을 했을 것이고, 후대들은 그 말을 믿었기 때문에 줄곧 후대로 전해질 수 있었을 것이기 때문이다. 족보상의 이러한 기록으로 인해 부안김씨들은 마의태자를 그들의 시조로 받들어 매년 제사를 지내고 있다. 강원도 인제군 상남면 김부리 658에 자리하고 있는 대왕각에서 매년 10월에 거행되는 '김부대왕 추향대제'가 바로 그것이다.〔사진1-1,1-2 대왕각에서 매년 10월에 올리는 추향대제〕

부안(부령)김씨 족보에 의하면 마의태자 김부대왕에게는 '기로(基輅)'와 '교(較)'[5] 두 아들이 있었다고 한다. 둘째 아들 교는

---

[5] 외자 이름 '교(較)'가 아니라, 기교(基較)일 가능성이 많다. 輅와 較, 두 글자 다 '車'와 관계가 있는 글자를 택하여 이름에 넣었다면 앞의 한 글자는 형제에게 공통으로 사용할 수 있는 글자를 썼을 가능성이 많기 때문이다. ≪삼국사기≫를 지은 김부식(金富軾)의 동생 김부철(金富轍)이 바로 그런 경우이다. 마의태자 김부대왕의 두 아들도 김기로(金基輅), 김기교(金基較)였을 텐데 후대에 옮겨 쓰는 과정에서 누군가 한 글자를 누락하고 쓴 것을 후대에 누락해서 쓴 한 글자를 본래의 외자 이름으로 알고 계속 '金較'라고 써온 것이다. 이러한 점이 오히려 김부대왕에게 두 아들이 있었음을 증명하는 좋은 증거가 된다. 이러한 오래된 오기(誤記)가 후대로 줄곧 이어졌다는 점을 통

통천김씨의 시조가 되었고 큰 아들 기로는 아버지 김부대왕의 뒤를 이어 내려가는데6) 김부대왕이 1세이고 김기로가 제2세이며 기로의 아들이 김희보(金稀寶)가 제3세이다. 제4세가 김경수(金景修)인데 부안김씨가 1836년에 발간한 ≪부안김씨족보≫의 '김경수' 조에는 다음과 같은 설명이 있다.

○ 고려 신종 때 문과에 등제하였고 관직은 이부상서 우복야(吏部尙書 右僕射), 합문지후(閤門祗候)에 올랐다. ≪씨족원류(氏族源流)≫와 ≪성원총록(姓源叢錄)≫은 모두 '호장동정(戶長同正)'으로 기록하고 있다.

○ 부안김씨의 옛 가첩(家牒)에는 "경순왕의 6세손 경수는 관직이 이부상서에 올랐다."는 기록이 있다. 또, "경순왕의 10세손 작신(作新)이 부령지방에 봉해졌다."는 기록도 있다. "경순왕의 11세손이 부령에 옮겨 봉해졌다."는 말도 있고, "경순왕의 8세손인 작신의 지위가 '이부(二府)'였는데 참소를 당하여 부령에 귀양을 갔다."는 설도 있다. 이 4가지 설 가운데에서 어떤 설이 맞는지 모르겠다. 다만, 경주김씨 족보가 문정공 김구와 같은 시대의 인물인 김인경(金仁鏡)을 경순왕의 11세손으로 기록하고 있는 걸로 보면 문정공 김구 또한 경순왕의 11세 혹은 12세손으로 볼 수 있으므로 이부상

해 김부대왕에게 두 아들 기로(基輅), 기교(基較)가 있었다는 얘기를 근래에 만들어진 얘기가 아니라 언제부터인가 먼 조상대로부터 전해온 얘기로 이해할 수 있기 때문이다. 먼 조상대로부터 전해온 얘기이기 때문에 중간에 어느 대에서인가 '金較'라고 한 번 잘못 베낌으로써 그렇게 와전되었을 것이다.
6) 부안김씨 문중에서는 신라김씨의 시조인 김알지(金閼智)를 비조(鼻祖) 혹은 '원시조(原始祖 遠始祖)'라고 부르며, 마의태자 김부대왕을 부안김씨의 '관조(貫祖)'모셔 부안김씨의 1대조로 모신다.

서 김경수를 경순왕 6세손으로 본 것은 타당성이 없는 것은 아닌 것 같다.7)

이처럼, 마의태자 김부대왕 이후 부안김씨의 후계는 선후 간에 다름이 있어서 정확히 가늠하기가 쉽지 않다. 이런 상황에서 현재 부안김씨들은 김부대왕 이후로부터 문정공 김구 이전까지의 선계를 「마의태자 김부대왕 김일(金鎰: 貫祖, 1세)→김기로(金基輅: 2세)→김희보(金稀寶: 3세)→김경수(金景修: 상서공: 4세)→김춘(金春: 부령부원군: 5세)→김인순(金仁順: 6세)→김작신(金作新: 7세)→김의(金宜: 8세)→김구(金坵: 9세)」로 정리하고 있다. 이렇게 정리하면서 부안김씨들은 마의태자 김부대왕 김일의 증손인 김경수가 고려 문종 때 과거에 급제하여 이부상서 우복야에 이르고, 그 아들 김춘이 부령부원군에 책봉되어 부령(부안)을 식읍으로 받았기 때문에 부령을 본관으로 정하게 되었다고 여기고 있다. 또한, 앞서 살펴본 바와 같이 조선 후기인 1836년에 간행된 부안김씨의 족보를 통해서 보면 오늘날 부안김씨의 중시조로 받들고 있는 문정공 김구의 선대가 부안지방에 거주하게 된

---

7) 高麗神宗朝, 登文科, 官至吏部尙書右僕射閤門祗候. 氏族源流及姓源叢錄皆云戶長同正. 古家牒云:" 敬順王六世孫景修, 官吏部尙書." 又云:"敬順王十世孫作辛, 封于扶寧." 又云:"至敬順王十一世孫, 移封于扶寧." 又云:"敬順王八世而至作辛位登二府, 被讒因謫扶寧." 四說未知孰是, 然考慶州金氏譜則金仁鏡爲敬順王十一代孫, 而與文貞公同時, 則文貞公亦當爲敬順王十一十二代孫矣. 以此推之, 敬順王六世孫某爲吏部尙書之說, 庶爲遠似. 然俟後考而備錄焉. ≪부령김씨족보≫ (1836) 권지일, 김경수 조. 또 ≪부령김씨족보≫ 김동호의 〈보서(譜序)〉(1785).

유래는 경순왕의 11세손이 부령군에 봉해지면서 이곳에 거주하게 되었다는 설과 경순왕의 8세손인 작신(作辛)이 이부상서에 올랐다가 참소를 당하여 부령현에 유배되었다가 부령현의 호장(戶長)이 되어 이곳에 세거(世居)하게 되었다는 설 등이 전해 오고 있다. 그런데 유배 온 중앙의 관원이 지방의 호장이 되었다는 점은 당시의 시대 상황과 그다지 부합하지는 않는다. 게다가 김구의 5대조인 김경수가 고려 신종 때에 과거에 급제했다는 점은 시기상으로도 맞지 않아 이러한 기록들은 혹 후대의 수식이 아닌가 하는 생각이 든다. 부안김씨가 '부령'이라는 관향을 갖게 된 것은 김춘(金春)이 부령부원군에 봉해졌기 때문인 것으로 알려져 있는데 김춘의 행적에 대한 기록도 의심스러운 점이 많다. 1836년도에 간행된 부안김씨 족보는 '김춘'조에 대해 다음과 같이 기록하고 있다.

○ 부령부원군이라고도 하며 혹자는 '호장동정'이라고도 한다.
○ 부안김씨 '가첩(家牒)'에 의하면 "영의정을 지냈으며 부령부원군에 봉해졌다."고 하였으나 고려시대에는 '영의정'이라는 관직명이 없었으므로 이는 아마도 잘못 전해진 내용인 것 같다. '부원군(府院君)'이라는 봉호는 고려시대에도 있었지만 김춘이 부원군이라는 봉호를 얻은 연유가 무엇인지는 알 수 없다. 그러나 부령김씨의 부령이라는 관향은 반드시 김춘이 부령부원군에 봉해진 것으로부터 연유한 것일 테니 이제는 '영의정' 세 글자는 쓰지 않고 '부령부원군' 세 글자만 쓴다.

○ ≪성원총록(姓源叢錄)≫이나 ≪씨족원류(氏族源流)≫, 그리고 우리 집안 각 사가(私家)의 가첩 등은 다 부원군의 아버지 상서공(김경수)를 시조로 삼고 있으며, ≪만성보(萬姓譜)≫는 부령부원군의 손자 김작신(金作新: 부령군)을 시조로 기록하고 있고, ≪부안김씨갑신보(甲申譜)≫는 부원군의 증손인 복야공(僕射公) 김의(金宜)를 시조로 기록하고 있다. 이처럼 세 가지의 다른 설(說)이 있으니 이런 설들이 무엇에 근거한 것인지 상세히 알 수 없다. 그러나 통례공의 10세손인 김동호(金東灝)가 이와 같이 고증하였으므로 이에 의거하여 기록한다.8)

이를 통해 부안김씨들이 중시조로 받드는 문정공 김구(金坵) 이전의 선계에 대해서는 이설이 분분하여 부안김씨의 '부령' 즉 오늘날의 부안이라는 관향이 누구로부터 시작되었는지에 대해서 부안김씨 내부에서도 통일된 견해를 갖고 있지 않았음을 알 수 있다. 더욱이 이상과 같이 이설이 다분하다는 점 자체를 정리한 것도 18세기 부안김씨 인물인 김동호(金東灝)에 이르러서라고 한 점으로 보아 1836년에 부안김씨 족보를 출간할 당시에도 선계에 대한 계보 정리가 제대로 되지 않았음을 알 수 있다.

뒤에서 상세히 기술하겠지만 김동호는 김구를 주벽으로 배향하

---

8) 扶寧府院君, 或云戶長同正. 家牒云: "領議政, 封扶寧府院君", 然麗朝無領議政職名云, 則似是誤傳, 且府院君之封, 麗朝亦有云, 則未知府院君緣河而得封. 然扶寧之貫, 必由此府院君之所封, 故不言其領議政三字, 而只書扶寧府院君五字. 姓源叢錄, 及氏族源流與吾宗各家私牒皆以府院君之父, 尙書公爲始, 萬姓譜則以府院君之孫, 富寧郡爲始, 甲申譜則以府院君之曾孫, 僕射公爲始, 而書之三處之異, 書有何所據而然耶. 皆不可詳知, 然一依通禮公十代孫東灝氏考證, 因而記之. ≪扶寧金氏族譜≫ (1836) 권지일, 김춘 조.

는 부안의 도동서원을 사액서원으로 인정해줄 것을 청하는 청액상소를 주도하며 청액의 타당성을 확보하기 위해 당시 의정부 좌참찬겸홍문관 제학이었던 정실(鄭宲)에게 의뢰하여 김구의 〈신도비문〉을 짓고, 서거정(徐居正)이 편찬한 ≪동문선(東文選)≫에 수록된 김구의 시문을 모아 ≪지포선생문집(止浦先生文集)≫을 재구성하여 판각, 출간한 인물이다. 도동서원을 사액서원으로 인정받기 위해 청액상소를 올리는 등 부안김씨의 중흥을 위해 노력한 김동호가 애써 고증한 내용이 이상과 같다면 김구 이전의 부안김씨 선계에 대한 부안김씨 족보상의 기록은 적잖은 부연과 윤색이 있었음을 짐작할 수 있다.

부안김씨의 족보는 김구의 11세손인 김석필(金錫弼)이 처음 만들었다고 하나 이 족보는 출간되지 못하였고, 1584년(선조 17)에 김광(金光)에 의하여 처음으로 출간되었다고 하는데 이것이 우리나라 초기 족보의 하나로서 그 자료적 가치를 인정을 받고 있는 ≪갑신보(甲申譜)≫이다. 이 갑신보에서는 김의(金宜)를 시조로 서술하고 있다. 그 뒤 김동호의 주선으로 1785년(정조9)에 만든 족보가 ≪을사보(乙巳譜)≫인데, 이때 용산정씨(龍山丁氏) 집안의 ≪만성보(萬姓譜)≫, 이천임씨(利川任氏) 집안의 ≪성원총록(姓源叢錄)≫, 장의동김씨(壯義洞金氏) 집안의 ≪씨족원류(氏族源流)≫ 등을 상고하여 그 시조를 김의로부터 4대를 거슬러 올라가 김경수로 서술하였다. 이로부터 부안김씨 선계의 계보가 고정된다. 그러나, 김경수가 이부상서를 지내고 김춘이 부령부원군에 봉해졌으며 김작신이 이부상서에 올랐다는 기록은 ≪고려사≫의 어디에도 없다. 이러한 관점에서 보자면 1836년도에 간행된 부안김씨 족보에서 부안김씨 스스로 또 하나의 설로 밝힌 '호장동정(戶長同正)'을 지냈다는 설이 더 신빙성이 있을 수 있다.9)

부안김씨의 선계인물 중에서 역사의 기록으로 확인이 가능한 인물은 김구의 아버지인 김의(金宜)부터이다. 김의는 정립(挺立) 혹은 정립(鼎立)이라는 이름도 썼는데10) 고려 신종7년(1204) 10월에 문과에 2등으로 급제하였다. 당시 과거 시험을 주관한 지공거(知貢擧)11)는 추밀사(樞密使)12) 민공규(閔公珪)이고, 지공거를 보좌하는 임무를 맡은 동지공거(同知貢擧)는 우승선(右承宣)13)이었던 안유부(安有孚)였다. 김의가 과거에 급제한 해인

---

9) 김경수나 김작신 뿐아니라, 김경수의 아들 춘(春)에 대해서도 부령부원군에 봉해졌다고 하면서도 "혹운호장동정(或云戶長同正)"이라 하여 호장 출신이라고 기록하고 있으며, 김춘의 아들 김인순(金仁順) 역시 "은덕불사(隱德不仕)"하였다는 기록과 함께 "혹운정위호장(或云正位戶長)" 즉 '정위호장'을 지낸 것으로 기록하고 있다. ≪부령김씨족보≫권지일, 1836, 국립중앙도서관 고전적실.
10) ≪부령김씨족보≫(1836) 권지일, '김의' 조.
11) 이 직명은 중국 당나라 송나라에서 비롯된 것으로, '공(貢)'은 추천하여 보낸다는 뜻이고, 거(擧)'는 뽑아서 쓴다는 뜻이며, '지(知)'는 주관하여 맡는다는 의미이다. 각 지방에서 추천하여 보낸 인재를 뽑는 주임관(主任官)이라는 뜻이다.
12) 고려시대 때 기관으로 왕의 자문에 응하고 왕명의 출납 및 궁중의 모든 업무를 맡아보던 관청의 우두머리를 이르는 직명이다.
13) 고려 시대 중추원(中樞院), 추밀원(樞密院), 밀직사(密直司)의 정3품 벼슬. 정원은 1인이었다. 현종 14년(1023)에 중추원에 일직원(日直員)으로 처음 두어졌는데 이때는 부추(副樞) 이하가 겸임하였는데 문종 때에 이르러 정3품 관직으로 정비되었다. 지주사(知奏事), 좌승선, 좌부승선, 우부승선과 함께

신종7년은 무신 최충헌(崔忠獻)이 정권을 장악하고 있을 때이다. 그런데 최충헌은 비록 무신이었지만 일단 집권을 한 후에는 문신들을 예우하여 발탁하였다.14) 최충헌의 뒤를 이은 최우(崔瑀)도 적극적으로 문사를 기용하고 대우하였다. 이때부터 이규보(李奎報), 최자(崔滋) 등 후대에 이름을 남긴 문인들이 등용되어 최씨 무신정권과 함께 정치와 학문과 문화를 이끌어 나갔다.15) 이러한 문화부흥의 분위기를 타고 당시 부령지방에서 호장 계층에 있었던 부안김씨 가문의 김의(金宜)가 과거에 급제함으로써 처음으로 중앙관직에 진출한 것으로 보인다. 이러한 까닭에 앞서 언급한 부안김씨 최초의 족보인 ≪갑신보≫(1584년 간)에서는 김의를 시조로 서술했던 것 같다. 그러다가 김동호가 도동서원에 대한 청액상소를 주도할 당시인 1785년에 ≪을사보≫를 만들 때 '사액'이라는 결과를 따내기 위해서는 도동서원에 주벽으로 모셔진 김구와 부안김씨의 위상을 높여야 할 필요가 있었으므로 부안김씨의 시조를 김의로부터 4대를 거슬러 올라가 김경수로 서술한 것으로 보인다. 이때부터 부안김씨의 선계 계보가 「마의태자 김부대왕 김일(金鎰: 貫祖1세)→ 김기로(金基輅: 2세)→ 김희보(金稀寶: 3세)→ 김경수(金景修: 상서공: 4세)→ 김춘(金春: 부령부원

승선방(承宣房)에서 집무하였으며 교대로 왕궁에 직숙(直宿: 宿直)하면서 왕명을 출납하였다.
14) 김의규, 〈최씨정권과 문신〉, ≪한국사≫ 18, 1996, 229쪽.
15) 박창희, 〈무신정권시대의 문인〉, ≪한국사≫ 7, 1977, 257-289쪽.

군: 5세)→ 김인순(金仁順: 6세)→ 김작신(金作新: 7세)→ 김의(金宜: 8세)→ 김구(金坵: 9세)」로 고정되어 오늘날까지 전하는 것으로 보인다. 따라서 부안김씨는 고려시대에 부령지방의 호장(戶長)계층으로 있다가 김의 때에 이르러 당시 고려 사회의 문화부흥과 문인우대의 분위기에 힘입어 김의 자신의 적극적인 노력으로 중앙관직에 진출한 것이 계기가 되어 부안김씨가 명문거족으로 세상에 널리 알려지기 시작하였다고 할 수 있다.

김의 당시 고려 시대의 호장(戶長)은 지방을 통치하는 조직으로서 해당지방에서 가장 큰 세력을 갖고 있었으며 조선시대의 이른 바 '아전(衙前)'이라고 불리던 향리가 과거에 응시할 수 있는 자격이 없었던 것과 달리 과거에 응시하여 얼마든지 중앙 관직에 진출할 수 있었다. 이처럼 지방호장이 중앙관료로 진출한 예는 고려 초부터 적지 않게 보인다.16) 그러다가 최씨 무신정권 초기에는 문인들에 대한 대우가 좋지 않자, 호장들의 중앙관직 진출이 주춤했다가 최충헌 이후에 문사에 대한 우대정책에 힘입어 다시 중앙관직 진출이 활발해지는데 바로 이때에 김의도 중앙관직 진출에 성공한 것이다.

≪세종실록지리지≫ 〈부안현조〉는 부안지방의 토성(土姓)으로서 김씨, 장씨, 황씨, 신씨, 이씨 등 다섯 성씨를 들고 있으며 속성으로 심씨가 기록되어 있다.17) 이 6개의 성씨 집단이 사실상

---

16) 김갑동, 1998〈고려시대의 호장〉, ≪한국사학보≫5, 215-222쪽 참고.
17) 扶寧土姓五, 金, 張, 黃, 辛, 李; 續姓一, 沈. ≪세종실록≫ 151권 〈지리지〉

지역을 장악하고 있었다고 할 수 있다. 그런데 김씨가 제일 앞에 기록되어 있는 것으로 보면 김씨가 부안지방 제일의 씨족집단이었음을 알 수 있는데, 그런 부안김씨가 김의 때에 이르러 중앙관직에 진출함으로써 부안지방에서 그 위상이 더욱 높아지게 된 것이다.

중앙 관직에 진출한 김의는 벼슬이 합문지후[18]에 이르렀는데 이러한 사실은 부안김씨 족보에도 "합문지후에 올랐으며 후에 은청광록대부 동중서문하평장사 상서우복야에 증직되었다"[19]고 기록되어 있다. ≪고려사≫의 기록에 의하면 김의는 최충헌 집권기인 고종 17년에 국자박사로서 문한직(文翰職)을 맡았다.[20] 그는 비록 관직은 합문지후(閤門祗候)[21]에 오르는 데에 그쳤지만 과거에 2등으로 급제하였으며 국자박사의 직을 겸하였고 문한직을 맡은 것으로 보아 학문이 높고 문장이 출중했음을 짐작할 수 있다.

「부안현」.
18) 고려 시대 조회(朝會)·의례(儀禮) 등 국가 의식을 맡아보던 합문 소속의 관직. 합문이 처음 설치된 목종 때 두었으며 문종 때 정원 4인, 정7품으로 하였음. 충렬왕 24년(1298)에는 정원을 8인으로 하였고, 동왕 34년(1308)에 14인으로 늘리면서 4인은 낭장(郎將)이 겸임하게 하고, 종6품으로 하였음.
19) 是年十月登文科, 印得侯榜下第二行朝議郎閤門祗候, 贈銀青光祿大夫, 同中書門下平章事尚書省右僕射. ≪부령김씨족보≫(1836) 권지일, 김의 조.
20) ≪고려사≫ 권129, 열전42, 최충헌전 및 ≪고려사절요≫ 권16, 고종17년 윤2월.
21) 고려시대 조회(朝會), 의례(儀禮) 등 국가의식을 맡아보던 합문소속의 관직. 합문이 처음 설치된 것은 목종 때인데 이후 문종 때에 정원을 4인으로 정하고 품계는 정7품으로 정하였다. 충렬왕 24년(1298)에는 정원을 8인으로 늘렸고, 34년(1308)에는 정원을 14인으로 늘리면서 4인은 낭장(郎將)이 겸임하게 하였고, 품계는 종6품으로 정하였다.

부안김씨를 명문거족으로 세상에 우뚝 서게 한 인물은 김의의 아들 김구(金坵)이다. ≪고려사≫ 열전에는 그가 '부령현인'이라고 기록되어 있으나 그의 부친인 김의가 중앙의 관직에 있었던 것을 고려한다면 그는 원적(原籍)은 부령이지만 태어난 곳은 개경이었을 가능성이 높다. 김구의 생애와 행적에 대해서는 정실(鄭宲)이 지은 〈문정공 김구 선생 신도비〉에 소상하게 밝혀져 있으며 그 내용이 모두 ≪고려사≫에 수록된 내용과 일치한다. 따라서 그의 신도비를 중심으로 그의 생애와 행적을 정리하면 큰 하자가 없을 것으로 보인다.

제2장 김구의 생애

　김구의 생애는 〈문정공(文貞公) 김구(金坵) 신도비(神道碑)〉에 잘 나타나 있다. 이 신도비는 김구의 묘로 들어서는 입구에 세워진 신도비각 안에 있다. 묘역으로부터 약 200m 떨어져 있는데 이 신도비각을 지나 골짜기 하나를 건너 약간 가파른 길을 오르면 김구의 묘가 나온다. 이 묘는 부안군 변산면 소재지에서 남동쪽으로 2km 가량 떨어진 운산(雲山)마을의 북동쪽 구릉 정상에서 서남방향으로 이어지는 능선의 평탄한 땅에 자리하고 있다. 묘역에서 남쪽으로 1km 남짓 떨어진 지점인 운산마을 입구에는 '부령김문정공묘동(扶寧金文貞公墓洞)'이라는 묘역 입구 안내 표지석이 있다.〔사진2-부령김문정공묘동 표지석〕
　김구의 묘역은 남쪽부분과 동쪽부분은 석축을 하였고 상면에는 철책을 둘렀으며 동쪽에는 묘역으로 오르는 계단이 있다. 봉분 아래에는 상석과 좌우에 묘비가 있으며 서남방에는 제단이 있다. 장방형으로 조성된 묘역의 중앙에 자리한 묘는 봉분의 직경이 7m 내외로서 그 하단부에는 가로 20~30cm 크기의 판석이 둘러 있다. 묘를 중심으로 전면에 석상과 향로석, 비석, 석양(石羊), 석인상(石人象: 文人石), 장명등(長明燈), 망주석(望柱石) 등의 석조물이 배치되어 있으며 후면에는 토지신을 위한 제단이 있다. 1쌍의 문인석은 동서로 마주보고 있는데 거의 비슷한 형태로

조각하였다. 머리는 관을 쓴 모양이며 어깨가 귀 아래까지 올라 붙어 목이 표현되지 않은 형태이다. 가슴에 두 손을 모으고 홀을 쥐고 있는 표현이지만 선명하지 않다. 조복의 넓은 소매는 무릎 아래에까지 드리워져 있다.〔사진3-1, 3-2, 3-3 김구묘역 전경과 묘제 풍경〕

신도비각으로부터 북쪽으로 약 50m 거리에는 김구를 제향하는 재각인 경지재(敬止齋)가 자리하고 있다. 경지재는 제향을 하는 정재(正齋)가 5칸인 우람한 기와 한옥이며, 좌우에 동무(東廡)와 서무(西廡)가 있고 남쪽엔 솟을대문을 중심으로 양편에 행랑채가 있다.〔사진4-경지재 전경〕 경지재 현판은 조선말의 서예가 석촌 윤용구가 썼으며〔사진5-경지재 현판〕 경지문 현판은 주희의 글씨를 집자하여 새겨 걸었다. 정재의 내외 주련 12판과 대문의 주련 2판은 김구의 24세손으로서 근세에 부안지역에서 제작된 많은 금석문에 필적을 남기며 필명을 날린 서예가 영재 김형운(金炯云 1921-2012)이 썼고〔사진6-1,6-2 경지재 정재(正齋) 주련의 일부〕, 동무(東廡)와 서무(西廡)에 걸린 주련은 항일시기에 지조를 지킨 선비로 유명한 유재 송기면(宋基冕 1882-1956)이 썼다.〔사진7-1, 7-2 -경지재 동무(東廡)와 서무(西廡)의 주련 일부〕

경지재의 정문 앞에는 2011년에 「문정공 김구 선생 탄신 800주년」을 맞아 부안김씨들이 김구를 기념하기 위해 세운 시비가 있다. 이 시비에는 김구의 대표작 〈낙이화(落梨花: 지는 배꽃)〉가 한글 한자 예서체와 한자 초서체로 새겨져 있다.〔사진8-문정공 김구 시비〕

펄펄 날아 춤추며 날아 가다가 다시 돌아와,
거꾸로 불려 가지에 올라 다시 꽃으로 피고자 하네
예기치 않게 한 조각 거미줄에 걸리고 보니
때마침 나타난 거미가 나비인 줄 알고 잡으려 드네.

飛舞翩翩去却回, 비무편편거각회,
倒吹還欲上枝開. 도취환욕상지개.
無端一片黏絲網, 무단일편점사망,
時見跙躅捕蝶來. 시견지주포접래.[1]

이 시비와 마주보는 위치에 있는 신도비각 안에 보호되어 있는 신도비는 홍문관제학과 이조판서를 지낸 정실(鄭宲 1701-1776)이 지었고, 공조판서와 형조판서를 지낸 이민보(李敏輔 1720-1799)가 전액(篆額)을 썼으며, 돈녕부지사(敦寧府知事)를 지낸 명필 조윤형(曹允亨 1725-1799))이 비문 글씨를 썼다. 숭정(崇禎)기원후 세 번째 임자년인 1792년에 처음 세웠는데 단기4293년 즉 서기 1960년 경자년 3월에 개수하였다.〔사진9-문정공 김

---

[1] 김구, 《지포선생문집》, 권1, 「낙이화(落梨花)」, 성균관대학교 대동문화연구원 역, 1984, 242쪽 (이하 《지포선생문집》으로 표기하기도 한다. (현행 《지포선생문집》은 원본과 번역본이 합본되어 있는데 쪽수는 번역본 쪽수가 아니라 원본 쪽수이다.)

구 신도비각]

1. 이름은 구(坵), 자는 차산(次山), 신동 소문과 과거 합격

김구의 신도비에는 다음과 같은 기록이 있다.

> 공의 휘(諱: 이름)는 구(坵)이고 자는 차산(次山)이며 신라 왕족의 성씨로부터 줄기가 갈라져 나왔다. …중략… 아버지의 휘는 의(宜)인데 합문저후우복야(閤門祗侯右僕射)였다. 어머니는 나주김씨이다. 고려 희종(熙宗) 7년 신미년에 태어났다. 공은 어려서부터 용모가 단정하면서도 중후하였고 기량과 도량이 넓고 깊었다. 네다섯 살에 경서와 역사서에 두루 통하였으며 또한 시문을 잘 지어서 당시 사람들이 신동이라고 칭하였다.[2]

이 부분은 김구의 탄생과 기본적인 가계에 대한 설명이다. 이름이 구(坵)라고 하였으나 원래 이름은 백일(百鎰)이었다.[3] 부안김씨들이 관시조(貫始祖)로 받들고 있는 신라의 마지막 태자인 마의태자 김부대왕의 본래 성명이 김일(金鎰)이었다는 점을 상기

---

2) 公諱坵, 字次山, 系出新羅國姓, …중략… 考諱宜, 閤門祗侯右僕射, 妣羅州金氏. 以高麗熙宗七年辛未生. 公自幼容貌端重, 氣度廣深, 四五歲多通經史, 又善屬詩文, 時人稱神童.「고려평장사문정김공신도비명」≪지포선생문집≫, 권3 부록. 성균관대학교 대동문화연구원 역, 1984, 422쪽.(이하「신도비명」으로 표시)
3) ≪扶寧金氏族譜≫(1836) 권1, 김의 조 및 한국역대인물종합정보시스템 http://encykorea.aks.ac.kr/Contents/Index?contents_id=E0008749

한다면 김구의 처음 성명이 김백일(金百鎰)이었다는 점은 간과할 수 없는 면이 있다. 신라의 마지막 태자인 김부대왕의 이름이 '일(鎰)'이고 지포 김구의 관향이 부안(부령) 김씨라는 점을 연계하여 생각해 보면 김구의 초명인 '백일(百鎰)'에는 마의태자 '김일(金鎰)' 선조의 뒤를 이어 집안의 중흥을 꾀하고 국가와 민족을 위해 '일(鎰)' 선조보다 100배 더 많은 업적을 남기는 인물이 되기를 바라는 축원의 마음이 담겼다는 추론이 가능하기 때문이다. 원래 신라의 마지막 왕인 경순왕은 나라를 왕건에게 양도한 후 경주지역을 봉토로 받았으나 그의 후손이 세월이 흐름에 따라 어떤 이유에서인가 부안지방으로 이주하여 부안지방을 관할하는 호장세력으로 정착한 것으로 보이며 김구의 아버지인 김의(金宜) 대에 이르러 부안김씨 집안에서 처음으로 중앙관직에 나가는 데에 성공함으로써 부안김씨는 국가적인 명문가로 부흥할 희망을 갖게 되었다. 그러한 희망과 기대를 담아 아들 김구의 이름을 처음에는 백일로 지었다가 다시 아들 김구가 당시 시대 상황과 맞게 할 수 있는 대업은 유학의 진흥이라는 점을 직시하고 유학의 지성선사(至聖先師)인 공자의 이름 '구(丘)'와 같은 글자인 '구(坵)'로 개명하게 된 것이라는 추론을 해볼 수 있는 것이다.

2. 12살에 조사(造士)에 선발, 22세에 과거 급제

김구의 신도비는 다음과 같은 내용으로 이어진다.

> 12세에 조사(造士)에 선발되었고, 22세에 문과에 2등으로 뽑혔는데 지공거(知貢擧: 고려 시대에 과거를 관장하던 주 시험관) 김인경(金仁鏡)이 1등으로 뽑지 못한 것을 한으로 여겼다. 을과(乙科)에서도 역시 2등을 하자 '화범전의(和范傳衣)'의 고사를 인용하여 위로하였다. 공 또한 계(啓: 편지)를 지어 감사의 뜻을 표하면서 다음과 같이 말하였다. "노공은 노공의 문에서 나오는 것이니 이는 전해오는 옷의 자취를 즐겨 이어받기 때문이다."[4] 이에, 문순공(文順公) 이규보(李奎報)가 사람들에게 말하기를 "내 뒤를 이어 문장의 저울대를 잡을 사람은 반드시 이 사람일 것이다."고 하였다. 처음엔 정원부사록(定遠府司錄)의 보직을 맡았다가 같은 현 사람 황각보(黃閣寶)의 날조된 모함에 얽혀들어 제주통판(濟州通判)으로 자리를 옮겼다. 이 때 문청공(文淸公) 최자(崔滋)가 제주부사를 하고 있었는데 공(김구)의 시(詩)와 부(賦)를 보고서 그(최자)의 아들에게 일러 말하기를 "이것들은 다 시와 부를 짓는 데 표준이자 모범으로 삼을 만한 것들이다."고 하였다.[5]

---

4) 이 기사는 ≪고려사≫ 권106 〈열전〉19 「김구」전에도 기록되어 있다. 해당 부분은 다음과 같다. "고종 때에 과거에 제2위로 급제하였는데 지공거(知貢擧: 책임시험관) 김인경(金仁鏡)이 그를 제1위에 놓지 못한 것을 한탄하였는데 그것은 자기도 역시 이전에 제2위로 합격하였었기 때문이었다. 그래서 그는 화·범(和范)이 전의(傳衣)하였던 옛일을 말해 주면서 김구를 위안하였다.(高宗朝擢第二人及第知貢擧金仁鏡恨不置第一以己亦爲第二人 語和范傳衣故事慰籍之)"

5) 年十二登造士選, 二十二擢文科第二, 知貢擧金仁鏡, 恨不置于魁, 以乙科名亦居第二, 引和范傳衣故事, 慰藉之, 公作啓以謝之, 有曰: "魯公出魯公門, 喜襲傳衣

김구는 12살에 조사에 발탁되었다. 시골의 학교인 향학(鄕學)에서 공부하는 학생 중 남달리 우수한 인재를 특별히 천거하여 국학에서 공부시켰는데 이러한 인재를 '조사(造士)'라고 하였다. 사마시에 급제하면 얻게 되는 예부시(禮部試)의 참가 자격인 '진사(進士)'에 대비하여 공부하는 학생이라는 의미에서 '조사(造士)'라고 한 것이다. 김구가 12세에 조사가 되었다는 것은 곧 12세에 부안김씨 집안의 세거지인 향리 부안을 떠나 국학이 있는 다른 지역으로 배움의 장소를 옮겼다는 의미로 해석할 수 있다. 김구가 12세에 조사에 발탁된 이후 22세에 예부시에 2등으로 급제하기까지 10년의 수학 기간에 김구가 어디서 누구로부터 교육을 받았는지는 현재로서는 정확하게 확인할 수 없다. 그러나 김구가 지은 〈과서경(過西京: 평양을 지나면서)〉이라는 시를 통해 그가 평양에서 선생님을 좇아 수학을 했다는 사실은 확인 할 수

之跡." 李文順奎報語人曰: "繼我秉文衡者, 必此人." 初補定遠府司錄, 爲同縣人黃閣寶所構捏, 改濟州通判. 時崔文淸滋爲濟副使, 見公詞賦, 謂其子曰: "此可作詩賦準繩." 「신도비명」, ≪고려사≫ 권106 〈열전〉 19 「김구」에 실린 의 기록은 다음과 같다. "당시에 최자(崔滋)가 제주부사(副使)로 있었는데 어떤 사람이 서울(개성)로부터 와서 과거 시험장에 시제로 나붙은 부(賦)의 제목을 말하기를 '진(秦)나라 효공(孝公)이 효함(肴函)의 험한 지세에 의거하면서 천하를 통일하였다.'라는 것이라고 하였다. 최자가 김구에게 말하기를 '이 제목을 가지고 부(賦)를 짓기란 어려운 일인데 나를 위하여 부를 한 편 지어 주시오!'라고 하였다. 김구가 이야기하며 웃기를 계속하더니 조금 있다가 붓을 가져오라 하여 그 자리에서 글을 지었는데 점 하나 덧붙일 것이 없었으므로 최자가 탄복하면서 그 아들더러 '이것은 시부(詩賦)의 교범이니 너는 공손히 이것을 받들어 간직하여 두어라!'고 하였다.(時崔滋爲副使人有自京來. 報科場賦題云: 秦孝公據肴函之固囊括四海, 滋謂坵曰: 此題難賦試爲我著之. 坵談笑自如亡何, 索筆立書, 文無加點. 滋嘆服語其子曰: 此詩賦之準繩汝謹藏之.)"

있다. 〈과서경〉시 해당 부분은 다음과 같다.

扁舟橫截碧江水,	조각 배로 푸른 강물을 가로질러
晚抵荒涼長慶寺.	해질 녘에 황량한 장경사에 이르렀네.
悲詞輒欲弔江山,	슬픈 노래를 불러 이 강산을 조상(弔喪)하며 애도하고 싶지만
恐有神靈潛下淚.	신령스런 신이 물속에서 우실까봐 못하겠네.
憶曾負笈遠追師,	그 옛날 책상을 짊어지고 선생님 찾아 먼 이곳에 왔을 때가
正見西都全盛時.	바로 이곳 서경(평양)의 전성기였나 보다.
月明萬戶不知閉,	달이 밝은 밤, 어느 집도 문을 닫을 생각을 안 할 정도로 평화로웠고
塵靜九街無拾遺.	먼지 가라앉은 저자 거리 물건이 떨어져 있어도 주워가는 이 없었지.
如今往事盡如掃,	이제 보니 지난 일은 비로 쓴 듯이 사라져버렸고
可憐城闕空靑草.	안타깝게도 성궐에는 부질없이 푸른 풀만 우거져 있네.
鋤犁半入英雄去,	호미, 쟁기 농기구는 나라 지키려는 영웅들이 무기로 들고 나갔으니
麻麥遍生朝市道.	농토를 손질 못해 거리에도 마(麻), 보리가 여기저기 자랐네.
採桑何處蒨裙兒,	뽕을 따던 꼭두서니 빛 치마의 소녀는 어디로 갔나?

哀唱一聲愁欲老. 애처롭게 한 곡 부르자니 수심에 북받쳐 더 늙어 버릴 듯.6)

  이 시는 김구가 12세에 조사에 선발된 이후 고향 부안을 떠나 예부시에 합격하기 전까지 10년 동안 평양에 있을 때 지은 시일 가능성이 많은데, 몽고의 1차 침입은 1231년에 시작되었으므로 이 시는 1231년 이후 즉 김구의 나이 20세 이후 22세 이전에 지은 시라고 할 수 있다. 몽고와의 전란으로 인하여 황폐해진 조국의 산하와 피폐해진 큰 도시의 저잣거리를 둘러보며 비탄에 젖은 김구의 모습이 선명하게 그려진 시이다. 이렇게 피폐해진 평양의 거리를 돌아보며 김구는 몽고의 침입이 있기 전 옛 평양의 모습을 떠올리는데 본래 평양은 달 밝은 밤에도 어느 집 하나 문을 걸어 잠그는 집이 없을 정도로 평화로웠고, 설령 길 위에 물건이 떨어져 있더라도 떨어뜨린 원래 주인이 되찾아 갈 수 있도록 누구도 떨어진 물건에 손을 대는 사람이 없을 정도로 인심이 좋았다고 회고했다. 그런데 그런 평양의 아름답고 평화로운 모습은 전란으로 말미암아 쓸어버린 듯이 사라졌고 성궐엔 잡초만 무성하니 김구의 가슴에서 슬픈 노래가 나오지 않을 수 없었던 것이다. 김구의 이런 비탄과 회고 속에서 나온 "그 옛날 책상을 짊어지고 선생님 찾아 먼 이곳에 왔을 때"라는 구절을 통하여 우리는 김구가 스승을 좇아 평양에서 공부를 했음을 짐작할 수 있다.

---

6) ≪지포선생문집≫, 권1, 「과서경(過西京)」 246쪽.

이렇게 평양에서 수학한 김구는 1232년(고종19) 22세의 나이로 지공거 김인경(金仁鏡)과 동지공거 김태서(金台瑞 ?-1257)[7]에 의하여 예부시(禮部試)[8]에 2등으로 발탁되었다.[9] 이때 지공거 김인경이 그를 제1위로 합격시키지 못한 것을 아쉬워하면서 송나라 사람 화응(和凝)이 진사시에 응시한 범질(范質)의 문장을 중히 여겨 범질에게 자신의 의발을 전하기 위해 일부러 전에 화응 자신이 진사시에 급제할 때 했던 등수인 13등을 준 옛 이야기를[10] 말해 주면서 김구를 위로하였다. 이에, 김구는 아름다운

---

7) 고려 후기의 문신으로, 본관은 전주(全州)이다. 김봉모(金鳳毛)의 아들이며, 김경손(金慶孫)의 아버지이다. 시호는 문장(文莊)이다. 과거에 급제한 후 명종·신종·희종·강종·고종 등 다섯 왕을 섬겼으며, 1232년(고종 19) 한림학사(翰林學士)로서 문과의 동지공거(同知貢擧)를 맡아 문진(文振) 등 31명을 급제시켰다. 관직이 수태보문하시랑평장사(守太保 門下侍郎平章事)에 이르렀다가 나이를 이유로 벼슬을 그만 두었다. 그 뒤에 오승적(吳承績)의 사건에 연좌되어 집안이 적몰(籍沒)되었다. 1257년(고종44) 졸하였다. 그는 비록 유학(儒學)을 업으로 삼았지만 글을 좋아하지는 않았다. 성품이 탐욕스럽고 비루하여 남의 토전(土田)을 무리하게 빼앗으니, 매번 출입할 때마다 사람들이 길을 막고 호소하며 "공께서는 어찌하여 우리들의 생계를 빼앗습니까?"라고 했다고 한다. 위키백과
https://ko.wikipedia.org/wiki/%EA%B9%80%ED%83%9C%EC%84%9C 전주김씨의 중시조로 받들어지고 있는 그의 묘가 전주시 남쪽에 위치한 모악산에 자리하고 있는데 북한 김정은의 가문도 바로 전주김씨라는 점에서 최근에 남북 화해 분위기를 타고 김정은의 방남이 이루어진다면 김태서의 묘소를 안내해 주자는 의견이 전주의 일부 사회단체와 학술모임에서 제기되기도 하였다.
8) 예부시(禮部試) : 고려시대 과거의 최종시험. 958년(광종 9)부터 실시되었고 예부에서 주관했다. 예위(禮闈), 춘당시(春塘試), 춘위(春闈), 동당시(東堂試) 등으로도 불렸으며 합격자는 급제(及第), 등제(登第), 중제(中第), 중과(中科) 등으로 표현하였다.
9) ≪고려사≫ 권73, 선거지1, 과목1 고종 19년 5월.
10) 송나라 사람 화응과 범질 사이에 있었던 고사이다. ≪송사(宋史)≫·〈범질전

변려체의 긴 문장을 지어 감사의 뜻을 표했다. 김구는 과거에 급제한 뒤에 이규보의 천거에 의하여 최이(崔怡)에게 발탁되었다. 이와 관련하여 ≪고려사절요≫에는 다음과 같은 기록이 있다.

> 당시 무신으로서 실권을 장악하고 있던 최이는 선비의 등급을 매길 때 문장을 잘하고 리(吏: 실무)에도 능한 사람을 으뜸으로 삼고, 문장은 불만하나 리에 능하지 못한 사람을 그 다음으로 삼고, 문과 실무가 모두 능하지 못한 사람을 최하로 삼았다. 어느 날 최이는 이규보에게 "누가 공을 이어서 문형(門衡)을 잡을 만 하오?" 하고 묻자, 이규보는 "사학(四學)에서 교육을 받고 있는 학유(學儒) 최안(崔安, 후에 崔滋로 개명)이라는 사람이 있고, 급제한 김구가 그 다음입니다"라고 하였다.11)

이규보가 김구를 최자 다음으로 지목했지만 당시 막 급제하여 아직 관직에 나가지도 않았던 김구를 당대 최고의 문호인 이규보

(范質傳)〉에도 기록이 있고, ≪소씨견문록(邵氏聞見錄)≫ 등에도 기록이 있는데 ≪소씨견문록≫의 기록을 옮겨보면 다음과 같다. "범질이 진사에 천거되었을 때 화응은 한림학사로서 그 진사시험을 주관하는 주문(主文)이었다. 화응은 범질이 시험답안지로 낸 문장을 중하게 여겼다. 화응은 전에 자신도 진사시에 13등으로 급제하였기 때문에 일부러 범질을 13등으로 급제시키고 범질에게 말하기를 '그대의 문장에 여러 문사들 중에서 으뜸이오. 그러나, 전에 13등으로 급제한 나의 의발을 그대에게 전하고자 그대를 13등으로 급제시켰오.'"라고 하였다.(范魯公質擧進士, 和凝爲主文, 愛其文賦, 凝自以第十三登第, 謂魯公曰: "君之文宜冠多士, 屈居第十三者, 欲君傳老夫衣鉢耳.)".

11) 門下侍郎平章事致仕崔滋, 卒, 滋初名安. 崔怡, 嘗品第朝士, 以能文能吏, 爲第一, 文而不能吏, 次之, 吏而不能文, 又次之, 文吏俱不能, 爲下, … 一日, 怡, 謂李奎報曰: 誰可繼公秉文者, 對曰: 有學諭崔安者, 及第金坵, 其次也. ≪고려사절요(高麗史節要)≫ 권18, 원종 원년 7월 최자 졸기.

가 천거했다는 점으로 보아 김구의 문장이 일찍부터 크게 인정을 받고 있었음을 알 수 있다. 이처럼 탁월한 문장력으로 인해 이규보의 추천을 받은 것이 진사급제 후 2년 만에 곧바로 관직에 나갈 수 있는 결정적 계기가 되었던 것으로 보인다.12) 김구가 진사에 급제한 해에 이규보는 64세였다. 그런데 이규보는 32세 때에 받은 첫 관직이 부령(부안)에 자리한 변산(邊山)의 소나무를 베어 목재를 확보하는 직책인 작목사(斫木使)였다. 그리고 이규보는 김구가 예부시에 급제하던 1230년에 잠시 유배를 가는데 그때의 유배지도 부안의 위도(蝟島)였다. 이처럼 이규보는 부안과 인연이 깊었고 당시 부안의 호장으로서 부안을 장악하고 있던 세력은 부안김씨였으므로 부안김씨와는 일찍부터 적지 않은 인연이 있었을 것으로 추정된다. 이러한 인연이 최이에게 김구를 추천하는 또 하나의 작은 계기로 작용했을 가능성이 있다.

김구는 처음에 정원부(定遠府) 사록(司錄)에 임명되었으나 고향 사람 황각보가 그에게 나쁜 감정을 품고 그가 문벌상의 결점이 있다는 것을 해당 관청에 참소했다.13) 재신(宰臣: 2품 이상

---

12) 예부시에 급제하고서도 관직을 받지 못하면 관직에 나갈 수 없었다. 이규보도 21세 때인 1189년에 사마시에 장원급제하였고 이듬해에 예부시에 급제하였으나 바로 관직을 받지 못하여 25세 때에는 천마산에 들어가 은거하다가 26세에 개경으로 돌아왔으나 여전히 관직을 받지 못하여 곤궁한 생활을 했다. 관직에 나가고자 하는 갈망은 32세 때 최충헌이 초청한 초청시회(招請詩會)에서 최충헌을 국가적인 공로자로 칭송하는 시를 짓고 나서야 비로소 이루어졌다. ≪한국민족문화대박과사전≫ 전자판
http://encykorea.aks.ac.kr/Contents/Index?contents_id=E0043772
13) 황각보의 이 참소 내용이 구체적으로 무엇인지는 확인할 수 없다. 김구의 연

의 재상들) 최이(崔怡)가 김구를 구제하려고 노력했으나 뜻대로 되지 않자 관직을 제주판관으로 변경하여 임명하였다.14) 그런데 김구의 저서인 ≪지포선생문집≫에는 김구가 당시 진양공(晉陽公)에 봉후되어 있던 최이에게 올린 두 편의 시가 실려 있다. 제1수에서는 최이의 공에 대해 "최충헌, 최이 양대를 이어오면서 태산같은 공(功) 뒤에 다시 태산 같은 공이 쌓여, 만호후(萬戶侯)에 봉한다 해도 쌓은 공로에 비하면 부족하여 털끝에 불과하리라."고 하면서 "검은 머리의 정승은 옛날에도 있었지만 녹발(綠髮)의 나이에 봉후(封侯)된 사람은 진양공 최이일 뿐"이라고 칭송한다. 그런 다음에 제2수를 다음과 같이 읊었다.

玉上無端點作痕,　옥 위에 하릴없이 티 한 점이 박혀
已將名利負乾坤.　장차 명리가 다가올 터였는데 그런 하늘 뜻을 저버리게 되었나이다.
早年爭奈埋塵土,　어찌 할까요! 젊은 나이에 진토에 묻히게 되었으니
餘蘗那堪及子孫.　남은 응어리(죄)가 자손에게까지 미치게 될 것을 어찌 결딜 수 있겠습니까?

　　보에는 "黃閣寶挾憾, 摘世累訴" 즉 "황각보가 원한을 품고서 선세의 누추함을 적시하여 고소하였다."는 기록만 있다.
14) ≪고려사≫ 김구 열전 / ≪지포선생문집≫ 권3 연보 성균관대학교 대동문화연구원 401쪽.

金榜工夫誰見償,	과거에 급제하여 금방(金榜)에 붙은 내 이름을 그 누가 알아주리오.
雪窓文字未償冤.	형설지공으로 애써 한 공부, 쓰이지 못하는 원통함을 어디서 보상받을 수 있을까요?
可憐百歲升沈事,	가련합니다. 제 일생의 부침을 결정하는 운명이
決在明朝一片言.	내일 아침 한 마디 말에 달려있으니까요.[15]

자신에게 닥친 위험을 하소연하듯이 기술하고 있는 시이다. 앞 제1수에서 진양공 최이의 마음을 사기 위해 칭송하는 시를 먼저 쓴 다음, 제2수에서는 자신의 처지를 하소연하는 시를 매우 곡진하게 쓴 것으로 볼 때 이 시는 황각보의 참소로 인하여 관직에 나가지 못하게 될 수도 있는 위험한 처지에서 최이를 향해 구원을 요청한 시라고 할 수 있다. 이 시에서 김구가 '옥 위의 티 한 점'으로 인한 여죄가 자손에게까지 미칠 것을 염려하는 것으로 보아 아버지 김의 대에 부안지방의 호장 신분을 벗어나 중앙의 고위직에 진출한 이후 그러한 가문의 지위를 자손 대대로 이어가고 싶은 욕구가 강하게 있었음을 확인할 수 있다. 그러면서 자신이 지금까지 공부에 들인 공이 수포로 돌아갈 것에 대한 두려움과 아쉬움을 토로하면서 내일 아침 판결에서 운명이 결정될 판이니 제발 도와주시라는 당부가 시의 전편에 은근하면서도 진하게

---

15) ≪지포선생문집≫ 권1 「상진양공(上晉陽公)」 243쪽.

깔려있다. 따라서 이 시는 김구가 황각보의 참소를 받아 관직에 나아갈 수 없게 된 위기에 몰려 있을 때 진양공 최이에게 도움을 청하기 위해 지은 시로 볼 수 있는 것이다. 결과적으로 김구는 최이의 적극적인 도움을 받아 관직임명의 취소를 면하기는 하지만 대신 관직이 제주판관으로 바뀌어 먼 바다 건너 제주도로 첫 부임을 하게 된다.

3. 제주도에 돌담을 쌓아 선정을 폄

문정공 지포 김구가 제주도에 돌담을 쌓은 일은 너무나 유명하다. 김구 신도비에는 다음과 같은 기록이 있다.

> 제주도의 밭은 예로부터 밭두렁의 경계가 없어서 사나운 놈들이 구실을 붙여 강제로 남의 땅을 제 땅과 합쳐 버리기도 하고, 사슴이나 말이 곡식을 해치는 피해도 적지 않아서 백성들이 골머리를 앓았다. 이에, 공이 돌을 쌓아 담을 쳐서 각자 경작하는 경계를 바로잡고 동물들이 곡식을 유린하는 것을 방지하였다. 제주도 백성들은 지금도 이 사실을 믿어 기리고 있다.[16]

김구가 제주 판관 시절에 정책적으로 제주에 밭담을 쌓은 것은 인문학적인 측면에서 매우 의미가 깊다. 김구는 1239년(고종

---

16) 濟之田, 舊無疆畔, 强暴之類, 有因緣兼幷者, 且多鹿馬害穀之患, 民病之, 公遂築石爲垣, 正其經界, 防其蹂躪, 民至今賴之.「신도비명」

26)까지 6년 동안 제주판관의 직무를 수행했는데 당시 제주부사(副司)는 최자(崔滋)였다. 당시 제주는 육지 사람들에게 있어서는 유배지에 해당하는 험지였기 때문에 높은 관직의 제주부사는 발령을 받고서도 임지에 부임하지 않고 그대로 개경에 머물러 있는 날이 많았고, 대신 실무 담당자인 판관이 실지로 제주의 행정을 도맡아 처리했다. 이런 상황에서 김구는 목민관으로서 적지 않은 치적을 보임으로써 제주 백성들로부터 많은 칭송을 들었다.17) 김구의 제주도 치적과 관련하여 ≪신증동국여지승람≫과 ≪탐라지≫ 등에 기록이 남아있는데 ≪신증동국여지승람≫은 그를 '명환(名宦: 이름난 관리)'으로 칭하면서 ≪동문감≫을 인용하여 그의 치적을 다음과 같이 기록하고 있다.

> 그 땅에는 돌이 많고 건조하여 본래 논은 없고 오직 보리·콩·조만이 생산된다. 그 밭이 예전에는 경계의 둑이 없어서 강하고 사나운 집에서 날마다 차츰차츰 먹어 들어가므로 백성들이 괴롭게 여겼다. 김구(金坵)가 판관이 되었을 때에 백성의 고충을 물어서 돌을 모아 담을 쌓아 경계를 만드니, 백성들이 편리하게 여겼다.18)

그리고 ≪지포선생문집≫의 부록 「연보」에도 같은 내용의 기록이 있다. 이처럼 판관 김구가 백성들의 고충을 물어서 돌을 모아

---

17) ≪지포선생문집≫ 권3, 〈연보〉, 고종 21년 갑오 401쪽 참조.
18) 濟州地多亂石乾燥 素無水田 惟麰麥豆粟生之 厥田古無疆畔 强暴之家日以蠶食. 百姓苦之. 金坵爲判官 問民疾苦 聚石築垣爲界 民多便之 ≪신증동국여지승람≫ 권38, 전라도 제주목 풍속 조 / ≪탐라지≫ 풍속 조.

담을 쌓아 경계를 만들었다는 것은 그의 특별한 애민정신과 휴머니즘의 표현을 의미한다.

인류가 농경생활을 시작하면서 경작에 불편을 주는 돌을 밭에서 캐내어 주변에 쌓기를 반복한 결과 오랜 역사 속에서 자연스럽게 생겨난 밭담들은 세계 곳곳에 많이 존재한다. 그러나 한 사람의 목민관이 백성들의 고통을 덜어주고 백성들로 하여금 보다 더 안락한 생활을 하게 하기 위하여 애민정신을 가지고 정책적으로 쌓은 밭담은 거의 그 유래가 없다고 한다. 이러한 측면에서 제주 밭담은 22살의 젊은 판관 김구의 목민정신과 휴머니즘이 담긴 문화유산이라고 할 수 있다. 〔자료 5-1, 5-2 제주밭담에 대한 기록과 '돌문화의 은인' 비〕

그동안 제주 돌담의 자연 환경적 가치에 대해서는 적지 않은 연구와 관심이 있었으며 그러한 연구와 관심을 바탕으로 유네스코 세계문화유산 등재의 절차를 밟고 있는 것으로 알고 있다. 이에 반해, 제주 돌담에 대한 인문학적 연구는 상대적으로 부족한 편이다. 제주의 밭담은 판관 김구가 보인 이러한 목민정신과 휴머니즘과 연계하여 연구하고 홍보할 때 그 문화유산적 가치를 보다 더 높게 평가 받을 수 있을 것이다. 제주 밭담에 배인 판관 김구의 목민정신은 비록 그 규모는 다르지만 세종대왕이 한글을 창제하면서 보인 백성사랑의 마음과 상통하는 면이 있다고 할 수 있을 것이다.

[자료 5-1, 5-2 제주밭담에 대한 기록과 '돌문화의 은인' 비]

　세계의 모든 문자들이 수천 년 동안 사용하다보니 세월 속에서 정착된 문자임에 반해 우리 한글만 유독 한 개인인 왕이 백성들을 사랑하는 마음으로 짧은 기간의 연구를 통해 인위적으로 만들어낸 글자이다. 백성들의 편리한 문자생활을 위하여 왕과 신하가 함께 연구하여 창제한 문자라는 점으로 인해 한글의 위대성이 배가되었듯이 제주 돌담도 고려 말의 한 목민관이었던 김구라는 인물이 백성들을 위해 제도적으로 지원하여 일정 기간 동안 인위적으로 쌓아 이루어졌다는 점에서 세계의 여느 돌담보다도 높은 가치를 갖는다고 할 수 있다. 이점을 강조하고 부각시킬 때 제주 돌담은 세계의 다른 돌담보다 더 위대한 문화적 가치를 인정받을 수 있을 것이다. 22세의 젊은 목민관이 제주 밭담을 쌓게 했다는 사실을 바탕으로 더 많은 이야기를 확산해 간다면 제주의 밭담이야기는 물이 새는 방조제의 구멍을 온몸으로 막은 네덜란드 소년의 이야기 못지않은 감동을 불러일으킬 수 있을 것이다. 이러한 관점에서 보자면 김구와 제주 돌문화의 관계를 연구하는 것은 매우 필요하고 또 시급한 일이라고 생각한다.

4. 중앙 내직으로 귀환, 최항과의 갈등

김구의 신도비에는 다음과 같은 구절이 있다.

> 제주통판의 임기를 마치고 다시 한림원으로 돌아와 임금을 배알하였다. 경자년에 임금의 편지를 안고 몽고에 갔으니 그 때의 행적을 담은 ≪북정록≫이 세상에 전하고 있다.[19] 한림원으로 돌아온 지 약 8년 만에 국학직강(國學直講)으로 자리를 옮겼는데 이때는 유가의 도가 아직 드러나지 않고 막힌 상태에서 불교가 횡행하는 가운데 권신 최항(崔沆)이 나라의 전권을 독점하고 있을 때라 조금치라도 그의 뜻에 거슬리면 바로 출척을 당하곤 하였는데 최항이

---

19) ≪고려사≫ 권106 〈열전〉19 「김구」전: "김구는 권직한림(權直翰林: 한림원의 직원直院 관직의 임시 대리)으로서 서장관으로 임명되어 원나라에 갔는데 그 때 기행문으로 쓴 북정록이 세상에 유포되고 있다.(以權直翰林充書狀官如元 有北征錄行於世.)"

불경을 새기면서 공을 협박하여 불경에 대한 발문을 쓰라고 하였다. 이에, 공이 시를 지어 비웃기를, "벌은 노래 부르고 나비는 춤추며 온갖 꽃이 다 새롭게 피었구나. 이 모든 것이 다 화장세계(華藏世界: 불국정토)여서 그 안에 온갖 아름다움이 다 깃들어 있으니, 종일토록 원각경 설법한답시고 중얼거리느니 입을 봉한 채 남은 봄이나 잘 보내는 것이 훨씬 나을 것일세."라고 하였다. 이에, 최항이 "날더러 입을 다물고 있으라고?" 하며 크게 노하였다. 공은 결국 좌천되고 말았다.[20]

이 부분을 통해서는 김구의 성격과 정치적 성향, 대몽의식 등 다양한 면을 살필 수 있다. 김구는 1239년 29세 때에 제주판관의 임기가 만료되어 다시 개경으로 돌아와 한림원에 들어가 문사(文士)로서 활동을 시작하였다. 서장관으로 임명되어 몽고에 갔는데[21] 이때에 훗날 원나라와의 외교에서 김구와 고려 조정을 도와 원나라의 황제를 설득하는 등 중요한 역할을 해주는 금나라의 유신(遺臣) 왕악(王鶚)을 만나 금나라의 망국과, 망국의 위기에 처한 고려의 입장에서 동병상련의 심정으로 깊은 교유관계를

---

20) 政滿, 入拜翰林. 庚子, 充書狀, 赴蒙古, 有北征錄行于世. 在翰院, 凡八歲遷國學直講, 時儒道晦塞, 佛法縱橫, 權臣崔沆, 世專國柄, 小拂其意, 立擠之, 沆雕佛經, 脅公跋之, 公詩以譏之, 曰: "蜂歌蝶舞百花新, 摠是華藏藏裏珍. 終日啾啾說圓覺, 不如緘口過殘春." 沆大怒曰: "謂我緘口耶?" 遂左遷. 「신도비명」≪고려사≫ 권106 〈열전〉19 「김구」전: "崔沆雕圓覺經令圻跋之圻作詩曰 蜂歌蝶舞百花新, 摠是華藏藏裏珍. 終日啾啾說圓覺, 不如緘口過殘春. 沆怒曰 謂我緘口耶 遂左遷".
21) 당시에는 아직 몽고제국일 뿐 아직 '원(元)'이라는 국호를 사용하지 않을 때이다.

형성한 것으로 보인다.22) 김구는 몽고로 가는 길에 몽고와의 처참한 전쟁을 겪은 후 피폐해진 지역인 철주를 지나면서 〈과철주(過鐵州: 철주를 지나면서)〉를 비롯하여 〈과서경(過西京: 서경을 지나면서)〉, 〈분수령도중(分水嶺途中: 분수령을 넘으며)〉, 〈출새(出塞: 국경을 벗어나며)〉 등의 시를 지었다. 〈과철주〉에는 김구의 대몽의식이 담겨 있는데 시 앞에 붙인 서문은 다음과 같다.

> 고종 18년 신묘년 8월에 몽고의 원수(元帥) 살례탑(撒禮塔)이 함신진(咸新鎭)을 포위하고 철주를 무찌를 적에 고을의 수령이었던 이원정(李元禎)이 끝까지 고수하다가 힘이 다하여 끝내 창고를 불살라 처자와 함께 그 불속으로 뛰어들어 죽었다.

이러한 상황에서 지은 시는 다음과 같다.

當年怒寇闌塞門,	그 때에 성난 도둑 국경을 침입하니
四十餘城如燎原.	사십여 개 성이 불타는 들판 같았네.
倚山孤堞當虜蹊,	산에 의지한 외로운 성이 오랑캐가 쳐들어오는 길목에 있었으니
萬軍鼓吻期一呑.	만 군사의 북과 나팔을 한꺼번에 삼키려 하였네.
白面書生守此城,	백면서생이 이 성을 지킬 때
許國身比鴻毛輕.	그 한 몸을 기러기 털처럼 가벼이 여기며 나

---

22) 이점에 대해서는 아래 제5장 「김구의 외교활동」 부분에서 상세하게 논의하기로 한다.

	라에 바쳤네.
早推仁信結人心,	일찍부터 어짊과 믿음으로 민심을 얻었으니
壯士囉呼天地傾.	장사(壯士)들의 고함소리 천지를 진동했으리.
相持半月折骸炊,	서로 버티기를 한 달 반 동안, 해골을 쪼개어 밥을 지으니
晝戰夜守龍虎疲.	낮에는 싸우고 밤에는 지키기에 용과 호랑이가 다 지쳤네.
勢窮力屈猶示閑,	세력과 힘을 다 소진하고 잠시 한가할 때면
樓上管絃聲更悲.	누대 위의 악기 소리는 더욱 구슬펐으리.
官倉一夕紅熖發,	나라 창고가 하루 저녁에 붉은 불꽃을 뿜으니
甘與妻孥就灰滅.	즐거이 처자와 함께 찬 재로 변하였구나!
忠魂壯魄向何之,	충성스런 혼과 장한 넋은 어디로 갔나?
千古州名空記鐵.	천고(千古)에 고을 이름만 속절없이 철주(鐵州)라고 기억하겠지.23)

　당시 김구가 가졌던 강한 항몽의식을 볼 수 있는 시이다. 이처럼 강한 항몽의식을 가졌음에도 훗날 원나라로 보내는 표전문(表箋文)을 쓸 때는 원나라 황제를 향해 호소하기도 하고 달래기도 하며 국가와 민족의 자존심을 최대한 지키면서도 원나라 황제를 잘 설득하여 실질적으로 국익을 추구하는 외교를 펼치는 것을 보면 김구의 대의를 중시하는 인품과 탁월한 외교역량을 충분히 짐

---

23) ≪지포선생문집≫ 권1 246쪽

작할 수 있다.

 최항이 새로 조판하는 원각경에 대해 발문을 쓰라고 하자, 시를 지어 조롱한 사건은 김구의 관직생활에 직격탄이 되어 되돌아왔다. 김구는 최우 정권 아래에서 등용되었지만 관직에 진출한 지 15년 만에야 종5품의 국학직강에 오를 정도로 승진이 더디었는데 이 시를 씀으로서 김구는 최항으로부터 미움을 사 관직에서 쫓겨나 10년 이상을 고향 부안에 내려가 사실상 은거하게 되었다. 이때 김구는 자신의 본거지인 부안에서 교육활동을 하며 자신도 학문에 몰두한 것으로 보인다.

 이처럼 관직에서 쫓겨날 정도로 김구가 최항에게 노골적으로 반발한 이유는 최항 집권기 정치세력의 동향과 관련이 있는 것으로 볼 수 있다. 김구의 신도비문은 "유가의 도가 아직 드러나지 않고 막힌 상태에서 불교가 횡행하는 가운데"라는 전제를 한 연후에 최항에게 반발한 내용을 기술함으로써 마치 김구가 강한 배불의식을 갖고 있었던 것으로 표현하고 있으나 ≪지포선생문집≫에 수록되어 있는 김구의 불교관련 시문을 보면 당시 김구가 유학진흥을 위해 노력한 것은 사실이지만 불교를 배척했던 것은 아닌 것 같다.[24]

---

24) ≪지포선생문집≫에는 〈내전행백좌도량소(內殿行百座道場疏)〉,〈낙산관음경찬소(洛山觀音慶讚疏)〉,〈내전행금강설경소(內殿行金剛說經疏)〉,〈만덕사법회소(萬德寺法會疏)〉,〈내전청설선문(內殿聽說禪文)〉등 불교와 관련이 있는 문장이 수록되어 있는데 이들 문장에는 배불의식이 드러나 있지 않다. 이 문장들이 대부분 김구 자신의 생각을 표현한 글이 아니라, 왕의 지시를 받아서 쓴 글

최항의 집권 초기에는 최항과 정치적 입장이 다른 세력이 있었다. 그것은 최항의 어머니가 천한 신분 출신이기 때문에 최항은 권력을 계승할 만한 인물이 되지 못한다는 생각을 가진 사람들이 중심이 된 세력이었다. 김구 또한 무신집권기임에도 최우의 문신 우대 정책에 힘입어 성장한 문신들이 중심이 되어 형성한 '반최항세력'의 한 사람이었기 때문에 그처럼 강한 반발을 했을 것이다. 이 원각경 조판을 조롱한 사건은 평소 김구가 최항에 대해 갖고 있던 정치적 반감을 노골적으로 드러낸 사건이라고 할 수 있는 것이다.

1257년(고종44) 최항이 죽고, 최의(崔竩 ?-1258)가 정권을 인수한 뒤에야 김구는 한림원 지제고(知制誥)에 임명됨으로써 다시 관직에 나가게 되었다.

5. 탁월한 문장력으로 외교역량 발휘와 연이은 승진

김구의 신도비에는 다음과 같은 기록이 있다.

> 원종(元宗) 계해년에 몽고의 왕이 우리나라 일로 인하여 화가 나서 질책하는 일이 잦아졌다. 이에, 공이 표(表)를 지어 보냈는데 그 글이 사리에 맞고 절실하여 몽고의 왕이 크게 감탄하고 깨우쳐 상을 내리기까지 하였다. 평장사(平章事) 이장용(李藏用)과 문하

이기 때문에 배불의식을 표현할 여지가 없었을 수도 있다.

사(門下事) 유경(柳璥)이 번갈아가며 공을 천거하여 좌간의(左諫議) 겸 한림학사지제고(翰林學士知制誥: 왕에게 조서나 교서 등의 글을 지어 올리는 일을 맡아보던 벼슬)에 발탁되었다. 공은 표(表)를 올려 완강히 사양하였으나 왕이 공의 문장을 중히 여겨 특별히 답신을 내려 "동쪽 우리나라의 정기를 타고나, 서쪽 중국의 문장 고수들을 제멋대로 주무르는구나."라고 칭송하였다. 정묘년에 수찬관(修撰官)을 겸직하여 이장용(李藏用) 등과 함께 신종(神宗), 희종(熙宗), 강종(康宗) 세 왕조의 실록을 편찬하였다. 기사년에는 대사성(大司成)에 임명되어 유경과 함께 임연(林衍) 등의 여러 가지 죄와 내시들이 하는 일의 폐단을 논핵하자, 환관 김경(金鏡)이 깊이 원한을 품어 공이 임금을 원망했다고 무함하였다. 이에, 원종(元宗)이 엄하게 공을 책망하여 장차 죄를 문책하려 하다가 나라를 대표하는 문장을 감당할 인물로 여겨 특별히 죄를 묻지 않았다. 이때에 왕세자가 공부하기를 좋아하여 공과 시를 주고 받았는데 그 시들이 ≪용루집(龍樓集)≫에 수록되어 있다.[25] 겨울에 좌복야(左僕射)로 승진하였고 추밀원부사(樞密院副使), 정당문학(政堂文學), 이부상서(吏部尙書)를 거쳐 보문각태학사(寶文閣太學士)를 겸하였다.[26]

---

[25] 이제현, ≪역옹패설≫ 전집1에 이런 기록이 있다. "충렬왕은, 세자가 되었을 때 학사 김구・이송진, 중(僧) 조영(祖英)과 함께 시를 짓고 화답하는데 그 때의 시를 수집하여 만든 ≪용루집(龍樓集)≫이 남아 있다.(忠烈王爲世子, 與學士金坵, 李松縉, 僧祖英唱和, 有龍樓集)

[26] 元宗癸亥, 蒙主怒本國, 噴言頻繁, 公撰修表咨, 詞致懇到, 蒙主感悟, 至有賞賚. 平章事李藏用, 門下事柳璥, 交薦公, 擢拜左諫議兼翰林學士知制誥, 公上表力辭, 王重公詞翰, 特批曰: "禀東壁之精, 擅西京之手." 丁卯, 兼修撰官, 與李藏用等修神熙康三朝實錄, 己巳拜大司成, 與柳璥論林衍等羣小之罪, 閹寺輩用事之弊, 宦者金鏡深銜之, 誣公怨國, 元宗切責公, 將罪之, 以掌國詞命, 特原之. 時王世子好學, 與公唱酬, 有≪龍樓集≫. 冬, 陞左僕射, 歷樞密院副使, 政堂文學, 吏部尙書, 兼寶文閣太學士. 「신도비명」

무신 정권의 마지막 집권자인 최의(崔竩)는 약 11개월밖에 집권하지 못했다. 1258년(고종45) 3월에 대사성 유경(柳璥), 별장 김인준(金仁俊: 혹칭 金俊) 등이 정변을 일으켜 최의를 죽임으로써 최씨 무신정권은 끝이 났다. 이로써 고려의 왕권이 회복되고 왕정이 되살아나는 계기가 마련되었다. 최의가 제거된 뒤에 유경이 비록 최고의 지위에 올랐지만 그것은 형식에 불과했고 실질적인 정치적 권력은 무장으로서 군사적 배경을 갖고 있던 김인준이 장악하였다. 이때 김구는 정변에 가담하지 않았기 때문에 당장 정치적으로 두각을 나타내지는 못했지만, 이후 고려의 왕을 중심으로 전개되는 몽고와의 외교에서 외교문서인 표전문(表箋文)을 전담하여 탁월한 문재(文才)를 보임으로써 문장력을 바탕으로 관로가 현달하게 된다.
　최씨정권이 몰락하면서 고려의 대몽관계는 새로운 양상을 맞이하게 되었다. 김인준이 최의를 죽이고 정권을 장악한 직후, 몽고가 다시 침입하여 당시 강화도에 들어가 있던 왕을 육지로 나오라고 강요하고 태자로 하여금 원나라에 들어와 황제를 알현하라고 재촉한다. 더 이상 항전이 어렵게 된 고려는 몽고의 요구를 받아들이기로 하고 1258년(고종 45) 12월에 박희실(朴希實: 생졸년 미상) 등을 몽고에 보내어 강화도로부터 나와 개경으로 환도할 것과 태자를 입조시킬 뜻을 전하였다.27) 1259년(고종46)

---

27) 이익주,〈고려 대몽항쟁기 강화론의 연구〉,《역사학보》151, 1996, 16쪽.

4월, 마침내 태자 왕전(王倎: 훗날의 충렬왕)이 원나라에 들어가게 되는데 이때 가지고 간 표전문을 김구가 작성하였다. 그 표전문은 다음과 같다.

"인(仁)은 호수에 비 퍼붓듯이 내리는 것이고 땅에 고르게 퍼지듯이 균등하게 베푸는 것이니 지역이 먼 것이 무슨 관계가 있겠는가! 일을 바르게 하고 정성이 간절하면 하늘은 반드시 자비를 내린다네."라는 하는 말이 있습니다. 조용히 생각해 보건대 황제께서 베푸신 복(福)의 그늘 속에서 황제를 배알하는 우리 작은 나라는 나라의 위상을 갖게 되었습니다. 앞서 좌예빈경(佐禮賓卿) 박희실(朴希實)이 가서 아뢴 바와 같이 그 동안은 군대를 총괄하는 권신이 나라의 일에 대한 전권을 휘두르는 바람에 나라의 일이 그의 지휘 안에 있게 되어 제어할 길이 없었습니다. 이러한 까닭에 그동안 황제께 부응하고 또 황제를 받드는 일에 적지 않은 어긋남이 있었습니다. 이제, 황제의 은혜에 힘입어 흉한 무리들을 제거해버렸으니 장차 만 세 동안 한 마음으로 힘을 다하여 황제를 받들겠습니다. 섬으로 숨어 들어간 백성들을 다 육지로 나와 살게 함으로써 옛 모습을 회복하도록 하겠습니다. 아아! 저는 늙어 생긴 병이 이미 깊어졌으니 이점은 황제께서도 알고 계실 것입니다. 불경스럽게도 지금은 제가 직접 황제께 나아가 뵐 수 없기에 우선 세자를 보냅니다. 제 아이의 몸이 곧 저의 몸이고 저의 뜻이 곧 제 아이의 뜻이니 세자가 아뢰는 사실을 살펴주시고 헤아려 주십시오. 그의 말을 받아들여 주셔서 저희 작은 나라를 보살피는 어짊을 더해 주심으로써 저희들로 하여금 충성을 다하는 일에 온 몸과 마음을 바칠 수 있도록 해 주시기를 엎드려 바랍니다.[28]

고려가 완전히 원나라에게 고개를 숙여야 하는 입장에서 쓴 고주문(告奏文: 아뢰는 글)인 만큼 글의 속성상 황제의 비위를 맞추기 위한 칭송과 최대한으로 높은 공대(恭待)의 표현을 할 수밖에 없는 글이다. 이 번역문만 보면 원나라 황제에게 지나치게 공대한다는 생각을 할 수도 있겠으나 한자 원문을 보면 충분히 공대를 하면서도 아부의 지경에는 이르지 않은 표현을 하고 있음을 알 수 있다. 이 점이 김구 표전문의 특징이라고 생각한다. 황제를 공대해야 할 부분에 사용한 글자들이 대부분 일반적으로 사용하는 글자가 아니라, 같은 뜻이지만 자주 쓰지 않는 글자들을 사용하고 있다. 예를 들자면, 다음과 같은 것들이다.

○ 皇帝之幸賴: 황제의 은혜에 힘입어
- 황제의 다행스런 힘 입힘 ⇒ 황제께서 다행스럽게도 도와주심 ⇒ 황제의 보살핌.
- '황제의 보살핌'에 대한 일반적인 표현은 '皇帝之恩寵(황제의 은총)', '황은(皇恩)', '성은(聖恩)', '성총(聖寵)', '은전(恩典)', '홍은(洪恩)', '융은(隆恩)', '용은(龍恩)', '융총(隆寵)'등을 사용하지 '행뢰(幸賴)'라는 말을 사용하는 경우는 많지 않다.

---

28) 仁, 滂澤均地, 何嫌遠? 事直誠切, 天必賜憐云云, 竊念皇帝福蔭裏, 小邦具. 如前次使左禮賓卿朴希實之往奏也, 常有統兵之權臣, 久專提兵於國, 事落爾指揮之內, 不自制焉. 故於應奉之間, 頗有違者. 蓋皇帝之幸賴, 而兇手之易除, 將萬歲以爲期, 罄一心而進力, 使逃竄海島之遺噍, 皆出去陸地以復舊. 嗟! 小臣老病旣深, 亦皇帝所及知也. 肆今日親朝不得, 令世子姑且往哉. 兒身卽我之身, 兒意卽我之意, 伏望照諒厥實, 採納其言, 更加字小之仁, 俾效輸忠之職. ≪지포선생문집≫, 257-258쪽.

○ 罄一心而進力: 한 마음을 다하고 힘을 다하겠습니다.
- '罄'은 '경쇠 경'이라고 훈독하는 글자로서 '磬'과 같은 글자이다. 그런데 악기는 비어있어야 소리를 내므로 '罄'이라는 악기로부터 '비운다'는 뜻이 파생되었다. 그런데 '비운다'는 것은 '다 썼다', '다 했다'는 뜻이므로 '罄'은 '다 썼다', '다했다'는 뜻도 갖게 되었다. 罄이 '盡(다할 진)'이나 '竭(다할 갈)'의 의미를 갖게 된 것이다. 그러나 罄은 일반적으로는 악기 경쇠를 나타낼 때 주로 사용하지 "마음을 다한다."는 의미로는 거의 사용하지 않는데 김구는 이 고주표(告奏表)에서 이 '罄'자를 사용했다. '盡(다할 진)'이나 '竭(다할 갈)'을 사용하면 누구라도 알아차릴 수 있는 아부의 의미가 드러나기 때문에 '경(罄)'으로 진(盡)이나 갈(竭)의 의미를 대신한 것이다.

○ 更加字小之仁: 이 작은 나라를 기르시는 어짊을 더해 주소서.
- '字(글자 자)'는 대부분의 사람들이 '글자(letter, character)'라는 의미로 알고 있을 뿐, 이 글자가 '養(기를 양)'과 같은 뜻 즉 '기르다'는 뜻을 가진 줄을 잘 모른다. 김구는 '자(字)'가 가진 '양(養)'의 뜻을 살려 '기른다'는 의미를 직접 표현하지 않고 에둘러 표현함으로써 자존심을 지키고자 한 것이다. 한자에서는 문자(文字)를 '文'과 '字'로 나누어 설명한다. 중국 최초로 문자에 대해서 설명한 책인 ≪설문해자(說文解字)≫ 라는 책의 이름이 「說文('文'에 대해 설명함)」과 「解字('字'에 대해 풀이함)」로 나누어져 있다는 점을 통해서도 중국 사람들이 文字를 文과 字로 구분하여 설명함을 알 수 있다. 文은 자연 사물이나 추상적 개념을 '무늬화(化)'하여 만든 글자를 말한다. 이를테면, 태양이나 달의 모양을 무늬화한 '日'이나 '月', 나무를 무늬화한 '木', 그리고 '하나'나 '둘', '위'와 '아래'라는 추상적 개념을 무늬화하여 그린 '一', '二', '上', '下'등의 글자 즉 상

형(象形)과 지사(指事)문자를 '文'이라고 한다. 이에 대해, '字'는 '가(家=宀)'와 '子'가 합쳐져서 이루어진 글자로서 '집안(宀)'에 '자식(子)'이 불어나듯이 불어난 글자 즉 기본 무늬인 '文'을 바탕으로 이 '文'들이 뜻과 뜻끼리 결합하고 혹은 뜻과 소리가 결합하여 '불어난' 즉 '새끼를 친' 글자를 일러 '字'라고 한다. 이를 테면 '木'과 '木'의 뜻끼리 결합한 '林', '궁(弓)'이라는 뜻과 '장(長)'이라는 소리가 결합하여 만들어진 '張'과 같은 글자가 곧 '字'이다. 즉 회의(會意)와 형성(形聲)을 일러 '字'라고 하는 것이다. 이처럼 '字'에는 원래 '집안의 자식이 불어나다.'라는 뜻이 있고 그것이 나중에는 '자식을 기르다', '보살피다'라는 뜻으로 그 의미가 확대되었다. 그러나, 字는 결국 '글자'라는 뜻으로 주로 쓰이면서 '보살피다'라는 뜻으로는 거의 사용하지 않게 되었다. 그런데 김구는 이 고주문에서 이 '字'를 '보살피다'라는 뜻으로 사용하여 "更加字小之仁" 구절의 '字小'를 '작은 나라를 보살피다'라는 의미로 씀으로써 "更加字小之仁"은 "저희 작은 나라를 보살피는 어지심을 더해 주심으로써"라는 의미가 되었다. 여기서 '은혜'라는 뜻의 '恩'을 사용하지 않고 '어질다'는 뜻의 '仁'을 사용한 것도 주의해서 볼 필요가 있다. '仁'을 사용한 것은 "仁을 베풀어 황제의 도리를 다하라"는 뜻이 깃들어 있음에 대해 '恩'을 사용하면 "은혜를 베풀어 달라"는 구걸의 의미가 담기게 되는 것이다.

이처럼 김구는 막강한 힘을 가진 원나라에 대해 어쩔 수 없이 고개를 숙이고 허리를 굽혀야하는 고주문이나 표전문을 쓰면서 특별히 황제를 칭송해야 한다거나 황제에게 간청을 해야 할 일을 말할 때는 일반적으로 사용하지 않는 용어를 사용함으로써 드러

내놓고 칭송하거나 애타게 간청하는 모습을 보이지 않으면서도 황제에게 충분히 그런 칭송과 간청의 의미가 전달되도록 글을 썼다. 김구의 이런 표전문을 받아본 원나라 조정에서는 김구가 사용한 '충분히 뜻이 통하면서도 일반적이지 않고 특별한' 용어에 감탄하고, 그런 참신한 용어를 택해 아름다운 글을 지은 김구의 문장에 대해 칭찬을 아끼지 않았던 것으로 짐작된다. 이처럼 김구 표전문은 용어의 사용 즉 '용사(用辭)'뿐 아니라, 문장의 수식도 아름다우면서도 실질적인 표현이 돋보인다. 이러한 특별한 문장력 때문에 김구는 왕의 신임을 받아 지속적으로 승진을 하게 된다. 그리고 몽고의 황제로부터 칭찬을 받기도 하는 것이다. ≪고려사≫에는 다음과 같은 기록이 있다.

> 당시 원나라에서 무엇을 징발하거나 책임 추궁을 하지 않는 해가 없었는데 김구가 원나라 황제에게 올리는 글을 지었다. 매번 일어나는 사건에 따라 하는 말이 모두 다 이치에 들어맞았기 때문에 원나라 황제가 대답으로 보내는 글에서 "말하는 바가 간곡하고 사실에 맞으니 이치로 보아 응당 승인하고 허락하겠다."라고 하였다. 원나라의 한림학사 왕악(王鶚)은 김구가 매번 황제께 올리는 글을 볼 때마다 반드시 잘 지은 글이라고 칭찬하면서 그의 얼굴을 보지 못하는 것을 한탄하였다.29)

---

29) 時上國徵詰殆無虛歲, 坵撰表章因事措辭皆中於理, 回詔至云: "辭語懇實理當兪允." 元翰林學士王鶚, 每見表詞, 必稱美, 恨不得見其面. ≪고려사≫ 권106 〈열전〉19 「김구」전. 이제현의 ≪역옹패설≫ 후집 2에도 같은 내용이 수록되어 있다.

고려의 세자 왕전(王倎)이 김구가 쓴 표전문을 들고 원나라에 입조하자, 원나라 세조 쿠빌라이는 이에 만족함으로써 오랜 전쟁이 끝나고 고려와 몽고 사이에는 사실상 강화가 성립되었다. 강화가 성립된 후 고려와 몽고 사이에는 사신 왕래가 빈번해졌는데 김구는 원종 초기 대몽관계의 외교문서를 전담하였다. 당시 김구가 지어 보낸 표전문으로는 다음과 같은 것들이 전한다.

- 하신등보위기거표(賀新登寶位起居表):
  고종 원년 4월, 원나라 황제가 새로이 보위(황제의 자리)에 오른 것을 축하하는 글
- 하입원표(賀立元表):
  고종 원년 9월, 몽고가 '원(元)'나라 라는 국호를 사용하기 시작함을 축하하는 글
- 진정표(陳情表):
  고종 원년 4월, 고려 왕의 진정을 알리기 위해 써 보낸 글
- 사호송세자표(謝護送世子表):
  고종 3년 4월, 원나라가 고려의 세자를 잘 호송해준 일에 대한 감사의 편지
- 진정표(陳情表(又)):
  고종 3년 9월, 고려 왕의 진정을 알리기 위해 써 보낸 글
- 진정표(陳情表):
  고종 3년 12월, 고려 왕의 진정을 알리기 위해 써 보낸 글30)

---

30) 이 표전문들은 ≪지포선생문집≫ 卷2에 수록된 것들이다. 김구가 지은 표전문이 실지로는 이보다 훨씬 많은 분량이었을 것으로 추정되나 김구 당시에 편찬한 문집이 전해오지 않고 후대에 ≪동문선≫에 수록된 것을 다시 골라

당시 몽고는 고려에 대하여 군왕이 친조(親朝:예물을 들고 직접 찾아뵙는 것)할 것, 군왕의 자제를 인질로 보낼 것, 고려 백성의 호구(戶口)의 편적(編籍)을 보고할 것, 고려와 원나라 사이에 참역(站驛)을 설치할 것, 군인과 군량을 보내서 원나라 군대를 도울 것, 조부(租賦: 조세와 공물)를 보낼 것, 다루가치[31]를 설치할 것 등 이른 바 '6사(事)'로 불리는 무리한 요구를 많이 해왔다. 최대한 자주성을 지키려고 노력한 고려의 입장에서는 이러한 요구를 그대로 수용할 수 없었다. 고려는 수시로 표전문을 보내 고려의 형편을 설명함으로써 원나라의 요구를 수용하지 않으려 했고, 몽고는 지속적으로 이행을 강요하며 질책을 거듭했다. 이때 김구는 국왕의 의도에 맞게 표전문을 써 보내 고려의 입장을 설명함으로써 원나라의 요구와 압력을 물리쳤다. 김구가 원나라 황제에게 써 보낸 표전문이 큰 효력을 발휘했음은 다음 글을 통해서 확인할 수 있다.

내어 문집을 재구성했기 때문에 이 정도의 분량만 현존하고 있다. 아쉬운 일이다.
31) 고려 후기에 원나라가 고려의 내정을 간섭하기 위해 설치한 민정(民政) 담당자. 다루가치가 최초로 고려에 배치된 것은 제1차 몽고 침입 때이다. 몽고는 군대 철수의 조건으로 서북면 지방 14개 성에 72명의 다루가치를 두고 민정을 맡아 보게 하여 고려의 관민과 불화가 잦았다. 충렬왕 초기에도 계속 존속되어 고려의 정치를 간섭하였으나 충렬왕이 원나라 세조의 부마가 되어 신임을 얻게 되면서 다루가치의 간섭을 견제할 수 있었다. 1278년(충렬왕4) 원나라에 친조(親朝)하여 그 폐지를 약속받은 뒤 다루가치는 완전히 철수하였다.

원종 4년(1263) 계해 4월 갑인에 예빈경(禮賓卿) 주영량(朱英亮)과 낭장(郎將) 정경복(鄭卿甫) 등을 몽고에 보내어 표(表;표전문)를 올렸다. 8월 17일 갑자에 주영량 등이 몽고에서 돌아왔는데 조서에 이르기를 "내가 지난번 경들의 마음이 온당치 못함을 보았기 때문에 갖추지 못했다는 꾸지람의 회보를 내렸으나, 금번에 다시 와서 말하기를 '생민들이 차츰차츰 모여들 때를 기다려, 그 때부터 명령하신대로 시행하겠습니다.'라고 하니, 그 말뜻이 간곡하고 진실하여 이치로 보아 윤허하니 무릇 말한 그대로를 실천하느냐 못하느냐는 경들에게 달려 있으니, 알아서 잘 처리하여라."라고 하면서 염소 500마리를 하사하였다.32)

이로써 고려는 원의 무리한 요구와 압력에서 벗어날 수 있었다. 이를 계기로 김구는 평장사 이장용(李藏用)과 지문하성사(知門下省事) 유경(柳璥)의 추천을 받아33) 중서문하성의 정4품직인 좌간의대부(左諫議大夫)로 임명되었다. 이때 김구는 국자좨주한림시강학사지제고(國子祭酒翰林侍講學士知制誥)를 겸하라는 명도 받았는데 사양하는 글을 올리자 원종은 "동방의 정기로 태어나 서쪽 중국의 문장 고수들을 제멋대로 주무르는구나."라고 말하며34), "지난번 몽주(蒙主: 몽고 원나라 황제)가 조서에서 말하기

---

32) 《고려사》 권25, 세가25, 원종 4년 8월 갑자; 《지포선생문집》 권2, 표전, 〈사사양표(謝賜羊表)〉.
33) 《고려사》 권25, 세가25, 원종 4년 12월 신유: 김구를 적극적으로 추천한 이장용이나 유경은 김구와 함께 만덕사 주지였던 진정국사(眞靜國師) 천책(天頙)의 속가제자(俗家弟子)로서 백련사 결사운동에도 참여하고 시문을 화답하는 등 긴밀한 유대관계가 있었던 것으로 보인다. 이인숙, 〈이장용에 대한 일고찰〉, 《상명사학》 5, 1997, 57쪽 참고.

를 '올린 글의 뜻이 간절하고 간곡하다'는 말까지 했으니 경이 지어올린 표가 몽주를 감동시키지 않았다면 그가 그런 칭찬을 했겠느냐"고 하면서 윤허하지 않았다.35) 이와 같이 김구는 표전문의 작성 능력을 인정받아 관로가 현달하게 되었다.

그런데 1268년(원종9) 12월, 일찍이(고종 45년 1258) 유경, 김인준 등과 공모하여 권신 최의(崔竩)를 죽임으로써 정권을 왕실에 복귀시킨 공으로 위사공신(衛社功臣)의 칭호를 받고 추밀원 부사가 되었던 임연(林衍 ?-1270)이 김인준과 그의 아들 및 그 일파를 죽이거나 귀양을 보내는 정변이 일어났다. 이 정변은 원래 원종이 임연으로 하여금 김인준을 죽이게 함으로써 일어난 것이었다. 원종은 김인준 세력의 축출에 이어 문신 유경도 숙청하였다. 이때 김구는 대사성(大司成)의 직에 있었고, 유경이 전에 자신을 적극 추천했었기 때문에 그와 가깝게 지냈었는데 대사성의 직책을 수행하는 과정에서 당시 내시들의 폐단을 논핵한 적이 있었다. 이러한 논핵에 대해 원한을 품은 내시 김경(金鏡)이 김구의 후원세력인 유경이 궁지에 몰린 틈을 타서 김구가 전에 원종을 원망했다는 모함을 하였다. 그러자, 원종은 유경을 흑산도로 유배 보내는 조치를 취하였고 유경과 친밀하게 지내온 김구도 엄하게 질책하였다.

---

34) 위 김구신도비문 참조.
35) 〈원종불윤비답부(元宗不允批答附)〉, 《지포선생문집》 권2, 315쪽.

네가 유경과 결탁하여 경서와 사기를 빙자하여 나랏일을 논하기를 좋아함으로써 나를 비방하기까지 했다니 내가 너에게도 죄를 물으려 하였으나 네가 조정의 문한을 작성하는 사명(詞命)을 맡고 있기 때문에 특별히 용서하는 것이니 이제부터는 조심하여 다시는 그런 일이 없도록 하라.36)

김구는 왕의 명을 받아 글을 짓는 문한관(文翰官)의 직책을 성공적으로 수행하여 그 공로를 인정받았기 때문에 김구의 후원세력인 유경이 실권되는 정변에도 불구하고 관직을 그대로 유지할 수 있었던 것이다. 그런데, 1269년(원종10) 6월에는 당시 권력을 장악하고 있던 임연이 원종을 폐위시키려는 정변이 있어났다. 그러나 몽고의 개입으로 정변은 실패하고 그해 11월에 원종이 복위하였다. 몽고의 도움으로 복위한 원종은 몽고의 요구를 받아들여 그해 12월에 몽고에 입조하였다가 다음 해인 1270년(원종11) 3월에 귀국하였다. 원종이 몽고에 있는 동안 고려에서는 임연이 죽고 그의 아들 임유무(林惟茂: ?-1270)가 정권을 잡고 있었는데 어사중승(御史中丞) 홍규(洪奎: 1242-1316), 직문하성사(直門下省事) 송송례(宋松禮: 1207-1289) 등이 다시 정변을 일으켜 임유무를 처단하고 귀국하는 왕을 맞았다. 귀국한 원종은 5월에 강화도를 나와 개경으로 환도하였다. 원종이 귀국한 후에도 김구는 왕의 측근으로서 원종의 의도를 충분히 전달할 수 있

---

36) ≪고려사≫ 권106 〈열전〉 18 「유경(柳璥)」전.

는 외교문서 작성을 전담하였다. 아울러 그의 탁월한 문재를 활용하여 왕세자(훗날의 충렬왕)와 시를 주고받았는데 이러한 시가 ≪용루집(龍樓集)≫에 수록되어 있는 것이다.37) 이러한 가운데 김구의 관직은 더욱 현달하여 좌복야(左僕射), 추밀원부사(樞密院副使), 정당문학(政堂文學), 이부상서(吏部尙書)를 거쳐 보문각태학사(寶文閣太學士)를 겸하게 되었다.

6. 다루가치 질책과 참외문신 재교육제도 발의

김구 신도비에는 다음과 같은 내용이 기록되어 있다.

> 계유년 가을에 왕이 여러 신하들을 거느리고 원나라 황제의 생일을 축하하는 자리를 가졌을 때 내시 강윤소(康允紹)가 원나라의 다루가치(達魯花赤)에게 아부하여 그로 하여금 호복(胡服)을 입은 채 곧바로 들어오게 하였다. 그러자 다루가치는 자신을 원나라 사신과 같은 신분에 견주어 왕을 보고서도 절을 하지 않았다. 이에, 공이 꾸짖으며 까닭을 캐물었다. 다루가치가 크게 노하였으나 공은 조금치도 동요함이 없었다. 당시 사람들이 다 공의 말이 옳다고 여겼다.38) 그 해 겨울에 참지정사(參知政事)로서 지공거(知貢擧:

---

37) 이제현, ≪역옹패설≫ 전집1에 이런 기록이 있다. "충렬왕은 세자가 되었을 때 학사 김구·이송진(李松縉), 중(僧) 조영(祖英)과 함께 시를 짓고 화답하는데 그때의 시를 수집하여 만든 ≪용루집(龍樓集)≫이 남아 있다.(忠烈王爲世子, 與學士金坵, 李松縉, 僧祖英, 唱和有龍樓集)
38) 여기까지는 ≪고려사절요≫ 제19권, 원종 순효대왕 2년의 기사에도 수록되어 있다. 이하의 내용은 ≪고려사≫ 김구의 열전에 수록된 내용이다.

과거를 관장하는 주 시험관)를 제수 받아 정현좌(鄭賢佐) 등을 발탁하자 사림들이 모두 그가 사람을 제대로 뽑은 점에 수긍하고 탄복하였다. 이때 공이 왕에게 건의하여 "후학들이 과거에 실패하고 나면 공부하는 것을 완전히 포기해버리기 때문에 요즈음 저술이 매우 거칠고 초라합니다. 청컨대 '참외문신(參外文臣)'에 대한 재교육제도를 두어 공부시킴으로써 저술에 능한 사람에게는 상을 내리도록 하시옵소서."라고 하였다. 이에, 왕이 허락하였다. 갑술년에 평장사(平章事)로 승진하였으며 을해년에 첨의부찬성사판판도사사(僉議府贊成事判版圖司事)로 직책을 옮겼다.39)

이 부분에 기술된 김구의 행적은 크게 세 가지로 요약할 수 있다. 첫째는 다루가치를 크게 꾸짖은 것이고, 둘째는 지공거로서 인재를 제대로 뽑은 것이며, 셋째는 참외문신제도를 둘 것을 제안하여 왕의 윤허를 받아 시행하게 된 점이다. 먼저, 다루가치를 크게 꾸짖은 일부터 자세히 살펴보자면 ≪고려사≫에도 이와 관련한 기사가 명백하게 기록되어 있다.

왕이 일찍이 황제의 생일을 축하하였는데 달로화적(다루가치)이 자기의 속관들을 데리고 바른편에 섰다. 그런데 내수(內竪) 상장군 강윤소(康允紹)가 달로화적에게 아부하여 역시 그 일당을 데리고 호복(胡服: 몽고 복장)을 입고 곧바로 들어섰다. 다루가치는 스

---

39) 癸酉秋, 王率羣臣賀節, 內竪康允紹, 阿付達魯花赤, 胡服直入, 自比客使, 見王不拜, 公劾之, 達魯花赤大怒, 公終不動, 時論韙之. 冬, 以參知政事除知貢擧, 取鄭賢佐等, 士林咸服其得人. 公建言:"後生決科, 全抛文字, 著述甚魯莽, 請試製參外文臣, 賞其能者." 王允之. 甲戌, 陞拜平章事, 乙亥改僉議府贊成事判版圖司事.「신도비명」

스로 객사(客使: 사신으로 온 자)에 비기면서 왕을 보고서도 인사를 하지 않았다. 그러다가 왕이 절을 하니 그들은 일시에 호배(胡拜: 몽고식 절)를 하였다. 왕은 화가 났으나 그들을 제어할 수가 없었고, 예의를 담당한 관원들도 감히 비난하려고 하는 자가 없었다. 김구가 나서서 강윤소를 강하게 꾸짖었다. 그러자 달로화적이 화를 내어 말하기를 "강윤소는 맨 먼저 개체(開剃: 머리를 깎고 변발을 하는 것)를 하였고, 원나라의 예식을 따라 행동하고 있는데 도리어 그를 꾸짖는단 말인가?!"라고 하면서 김구를 위협하고 장차 원나라에 알리겠다고 했다. 이에, 김구는 "차라리 내가 원나라로부터 견책을 받을지언정 어찌 이놈을 탄핵하지 않을 수 있겠는가?!"라고 하였다.40)

김구의 강직한 성품과 용기를 볼 수 있는 기록이다. 앞서 살펴본 바와 같이 김구는 고려의 실익을 위해 원나라에 보내는 표전문을 쓸 때에는 화려한 수식어로 원나라 황제를 칭송하면서 부드럽고 간곡한 문투로 고려의 사정을 설명함으로써 원나라 황제를 설득하는 일을 적극적으로 하였으나, 다루가치가 고려의 왕 앞에서 무례하게 구는 꼴에 대해서는 이처럼 나서서 강하게 꾸짖은 것이다. 민족적 자존심과 국가의식이 강했던 인물임을 알 수 있다.

---

40) 王嘗賀聖節, 達魯花赤率其屬立於右, 內竪上將軍康允紹阿附達魯花赤, 亦率其黨, 胡服直入, 自比客使, 見王不拜, 及王拜, 一時作胡拜, 王怒, 不能制 有司亦莫敢詰. 坵劾之甚力, 達魯花赤怒曰: "允紹先開剃, 遵上國之禮, 而反劾耶? 將危之或以告.", 坵曰: "吾寧獲譴, 豈可不劾此奴耶!" ≪고려사≫ 권106 〈열전〉 19 「김구」전.

김구가 지공거를 맡아 훌륭한 인재를 발탁한 것은 원종 14년 10월의 일이다. ≪고려사절요≫에는 "10월 정현좌(鄭賢佐) 등 29인에게 명경을 내리고 한사람을 급제시켰다."41)고 기록되어 있는데 ≪고려사≫는 이에 대해 보다 더 자세한 기록을 남기고 있다.

> 원종 14년(1273) 10월, 참지정사 김구가 지공거, 우승선 이의가 동지공거가 되어 진사를 뽑았는데, 정현좌 등 29명, 명경 1명에게 급제를 내려주었다.42)

이처럼 인재를 직접 선발하는 임무를 수행하면서 김구는 국가적인 차원에서 장기적인 안목을 가지고 인재를 양성해야 할 필요성을 절감한 것으로 보인다. 이에, 보다 더 근본적인 인재양성 정책으로서 참외문신(參外文臣)에 대한 재교육 제도를 제안한다.

> 왕에게 건의하기를 "요즈음 젊은이들이 저술(著述)하는 법에 대해 배우기를 게을리 하여 표전문(表箋文: 왕에게 올리는 글)을 쓰는 것도 법식에 맞지 않으니 참외(參外: 7품 이하 관직)에 해당하는 문신(文臣)들로 하여금 표전문을 짓게 하여 잘 짓는 자에게는 상을 주도록 하는 것이 좋겠습니다."라고 하니 왕이 그것을 허락하였다. 그러나 그 일이 끝내 실행되지는 못하였다.43)

---

41) 賜鄭賢佐等二十九人明經, 一人及第. ≪고려사절요≫ 제19권, 원종 순효대왕 2년 冬十月.
42) 十四年十月 叅知政事金坵知貢擧, 右承宣李顗同知貢擧, 取進士, 賜鄭賢佐等二十九人・明經一人及第. ≪고려사≫〈지〉권27.

비록 참외문신에 대한 재교육제도가 실행되지는 못했지만 김구가 이러한 건의를 했다는 사실을 통해 국가공무원의 자질향상이야말로 국가를 다스리는 핵심과제라고 생각하고 공무원들의 자질을 향상시키기 위해 김구가 했던 고심을 짐작할 수 있다.

이상에서 살펴본 세 가지 행적 외에도 김구신도비의 이 부분에서 주의를 기울여봐야 할 곳은 "갑술년에 평장사(平章事)로 승진하였으며 을해년에 첨의부찬성사겸판도사사(僉議府贊成事兼判版圖司事)로 직책을 옮겼다."다고 한 대목이다. 갑술년은 원종15년(1274)인데 이보다 앞서 원종12년(1271)에 원나라에 사신으로 갔던 김구의 장자 김여우(金汝盂)는 이 해 즉 원종 15년에 고려로 돌아오는 것이다. 김여우가 원종12년에 원나라에 갈 때 당시 세자 왕전(王倎: 훗날의 충렬왕)을 모시고 갔었다. 김여우는 원나라에 머무는 4년 동안 원나라 황제를 끈질기게 설득하여 이해(1274) 5월에 세자 왕전과 원나라 공주의 결혼을 성사시킴으로써 '결혼동맹'을 체결하였다. 왕세자와 김여우 등이 아직 원나라에 머물고 있던 그해 6월에 원종이 승하한다. 이에, 8월에 세자 왕전이 함께 갔던 사신들을 데리고 원나라 공주와 함께 고려로 귀환하여 즉시 왕위에 등극한다. 이 왕이 바로 충렬왕이다. 그런데 이해에 김구는 평장사로 승진하고 이듬해인 을해년 즉 충렬왕 원년에는 다시 첨의부찬성사겸보문각태학사를 맡았다가 또

---

43) 陛叅知政事建言 後生怠於著述, 表箋未合律格, 宜試叅外文臣所製, 賞其能者, 王允之, 事竟不行. 《고려사》 권106 열전19 「김구」전.

다시 참문학사판판도사사(參文學事判版圖司事)로 직책을 옮기는 것이다. 왕이 승하하고 새로운 왕이 등극하는 변환기에 김구의 관직이 세 번씩이나 바뀌며 승진을 했다는 점은 승하한 왕으로부터도 새로 등극한 왕으로부터도 큰 신임을 받았음을 의미한다. 그렇다면 국왕의 이러한 큰 신임은 어디로부터 나온 것일까? 바로 김구의 장자 김여우의 공적과 무관하지 않다고 생각한다. 앞서 언급한 바와 같이 김여우는 원나라에 머무는 4년 동안 원나라 황제를 끈질기게 설득하여 결혼동맹을 성사시켰다. 결혼동맹은 당시 고려로서는 '고려'라는 국호를 유지하고 고려의 '왕씨' 왕통을 계승하기 위해 반드시 성사시켜야할 절체절명의 과제였다. 바로 이 난제를 김구의 아들 김여우가 적극적으로 황제를 설득함으로써 성사시킨 것이다. 당시 고려의 입장에서 볼 때 김여우는 고려 왕실을 구한 최고의 공로자이고 충신이었다. 이에, 충렬왕은 김여우에게 '단권(丹券)'이라는 최고 예우의 공신녹권(功臣綠券)을 하사한다.44) 아들 김여우가 이룬 이러한 공적은 당연히 아버지 김구에게도 좋은 영향으로 작용했을 것이다. 이러한 연유로 김구는 1년 사이에 세 차례나 관직을 옮겨가며 승진을 거듭한 것이다.

---

44) 김여우의 공적과 충렬왕의 단권(丹券)하사에 대해서는 본서 제6장 제3절 참고.

7. 통문관 설치, 지지포(知止浦)에 안장(安葬)

김구 신도비는 김구의 말년을 다음과 같이 기록하고 있다.

> 병자년에 공은 다음과 같은 건의를 하였다. "설인(舌人: 통역관)들이 대부분 미천하고 배움이 부족하여 통역하여 전하는 말이 사실이 아닌 경우가 많을 뿐 아니라, 간혹 간사한 생각을 가지고 사사로운 이익을 취하는 경우도 있어서 그 폐해가 나라에까지 미치기도 합니다. 청컨대 통문관을 설치하시고 금내학관에 명하시어 참외문신들 중에 젊은 사람으로 하여금 한어를 외워 익히게 함으로써 번역하는 언어의 실수를 바로 잡으소서."[45]
>
> 정축년에 세자이사(世子貳師)가 되었으며 유경(柳璥) 등과 함께 고종실록을 편찬하였다. 무인년에 참문학사(參文學事)로 자리를 옮겼다가 이해 9월에 생을 마감하였다. 향년 68세. 왕이 명하여 '평장사(平章事)'라는 직함에 맞는 조사(弔詞)와 만뢰(輓誄)를 쓰게 하고 시호를 '문정(文貞)'이라 하였다. 관청이 나서서 장례를 도왔으니 묘는 부안 변산 지지포 간좌(艮坐)의 언덕에 있다.
>
> 공은 타고난 성품이 거짓이 없고 정성을 다할 뿐 겉모양을 꾸미지 않으며 단정하고 깔끔하여 절도가 있었다. 불교의 폐단이 극심해

---

[45] ≪고려사≫권106 〈열전〉19「김구」전: 충렬왕이 즉위하자 첨의 부사로 고쳐 임명하였고 얼마 있다가 참문학사, 판도사사로 조동시켰다. 당시에 대개 설인(舌人: 통역)들의 출신이 미천하고 사람이 용렬하여 통역을 함에 있어서 사실 그대로 전하지 않는 일이 많았고 어떤 자는 나쁜 마음을 먹고 저에게 유리하게끔 일을 꾸며 놓았다. 그래서 김구가 왕에게 건의하여 통문관(通文館)을 설치하고 금내 학관(禁內學官)의 참외 인원으로 나이가 젊은 자들에게 한어(漢語)를 배우게 하였다.(忠烈卽位改知僉議府事尋遷叅文學事判版圖司事 舌人率微賤庸劣傳語多不以實或懷姦濟私坵獻議置通文館令禁內學館叅外年少者習漢語)

진 이후, 벼슬에 나아가는 것에 급급하지 않고 문성공(文成公) 안유(安裕)와 도의(道義)로써 서로 사귀며 경전을 외우고 연마하는 공부를 하며 학문을 일으키는 일을 자신의 본분으로 삼았으니 공이 품은 포부는 일반 속유(俗儒)와 비할 바가 아니었다. 그러므로 그가 조정에서 한 말들은 실로 볼만 한 게 많으니 그의 말에는 다 임연(林衍)의 독재를 배척하고 시대를 염려하며 악을 미워하는 마음이 뚜렷이 나타나 있다. 내시 강윤소(康允紹)의 미쳐 날뛰는 처사를 탄핵하고 임금의 주권을 존중하고 오랑캐를 제어할 것을 아뢰었다. 원나라 학사 왕악(王鶚)이 공이 원나라 황제에게 올린 글을 보고서 공을 직접 만나지 못함을 한으로 여겼으니, 공의 문장은 나라를 빛내는 문장이었다고 할 만 하다. 이러한 공의 문장에 대해 후대의 학자들이 칭송하는 바가 매우 성하였으니 고봉(高峯) 기대승(奇大升)은 경전과 학술로 당대를 풍미한 군자인데 그도 공의 훌륭한 '덕행'을 들어 공을 추앙하였으며, 사가(四佳) 서거정(徐居正)은 문원(文苑: 문단)의 종장인데 그 또한 '걸연(傑然)'이라는 말로 공을 칭송하였다. 이러한 점으로 볼 때 공은 우뚝 솟은 인물이었고 전대(前代)의 명신(名臣)이었음을 알 수 있다. 부족한 내가 가장 탄복해 마지않는 바는 고려가 망하고 새나라 조선이 건국될 당시에 불교가 제멋대로 횡행하여 윗사람이나 아랫사람이나 다 그러한 불교의 세파에 편승함으로써 복을 구하고 이익을 얻으려 하였고, 게다가 권신 최항(崔沆)이 다른 문화를 덮어버리고 불교만을 추켜세웠는데 공만이 나서서 정색을 하고 이를 배척하며 비록 죽는다 해도 후회함이 없다고 하였으니, 그렇게 이단(異端)을 물리치고 정도(正道)를 세우는데 바친 공의 공(功)은 동방 우리나라를 바로 세우는데 실로 무궁한 은혜가 되었다. 공은 부안현의 선학동을 거처로 삼았는데 만년에는 변산의 바닷가에 집을 짓고 이름하여 지지포(知止浦)라 하였다. 관직에서 물러난 후에는 금(琴)과 책을 즐기며 후학들을 가르치는 일을 자신의 소임으로 삼았는데 교육과정을 엄숙하게 수립하여 영재들을 교육하는 데에 큰 효과를 발휘했다. 서세한 후에 부안의 유생들이 부안현의 도동(道洞)에 공의 사당을 건립하여 제사를 올리니 공의 유풍(遺風)과 여운(餘韻)은 지금까지도 사라지지 않고 있다. 공의 자손들은 대부분 덕행과 절의로 세상에 이름을 떨쳤으니 더러는 공의 사당에 배향되기도 하였고 더러는 별도로 향사(鄕社)에 모셔지기도 하였다. 뉘라서 예천(醴泉: 단물이 솟는 샘. 인재의 집안이란 뜻)에 근원이 없다고 할 수 있겠는가?

공의 묘는 난(亂)을 겪으면서 초목에 묻혀 실전된 지 오래였었는데, 조선 숙종대왕 무오년에 공의 후예인 김홍탁(金弘逴)이 그의 아비를 장사지내는 과정에서 우연히 공의 묘지석(墓誌石)을 발견하였다. 그러나 홍탁은 그의 아비를 공의 묘 가까이에 매장하기 위해 공의 묘지석을 감춰버렸다. 병신년에 홍탁이 죽으면서 일의 시말이 밝혀졌다. 무술년에 여러 자손들이 관아에 송사를 내어 공의 묘에 핍장(逼葬)해 있던 홍탁의 아비 묘를 제거함으로써 공의 묘역이 제 모습을 찾게 되어 마침내 봉분을 쌓고 묘표를 세우게 되었다. 부족한 나 또한 공의 먼 외손인데 공의 어진 후손들이 내게 와서 글을 부탁하여 내가 공의 신도비명을 짓는다는 것이 분수에 넘치는 일인 줄 알면서도 감히 이상과 같이 기술하고 명(銘)을 지어 공의 행적을 요약하니 명(銘)은 다음과 같다.

우뚝하고 진실하고 합당하도다!
'문정공(文貞公)'이라는 시호가.
타고나신 영특함은 전대미문의 으뜸이었네.

젊은 날부터 발휘하신 그 글재주,
화려한 명성이 온 세상에 무성하게 퍼져
사람들이 다투어 추앙했다네.
조정에 서서 정사를 논할 때면
어떤 권세가의 강압에도 절대 굴하지 않으셨으니
온 세상 사람들이 모두 다투어 존경하였네.
이로 인해 간신배들의 모함을 당하기도 하여
10년 세월을 침굴(沈屈: 관직이 현달하지 못하여 뜻을 펴지 못함)
하였으나,
조금치도 후회하는 기색이 없었다네.
줄곧 고려 왕조를 섬기며
충성과 근면과 실질과 돈독함으로 시종일관 하셨네.
좌도(左道=邪道: 당시 폐해가 심했던 불교)를 배척하고
힘써 유교를 일으키셨으니 그 절실한 공로는 더욱 크도다.
후손들의 경사는 영원히 이어질 것이니
후손들 중에는 현명한 인물 많기도 해라.
그 조상에 그 후손, 하늘 이치가 다 본시 그러할진저!
이에, 나는 명(銘)을 지어 공의 묘소 길목에 세우나니
길가는 사람들이여!
공경의 뜻을 표하소서.46)

---

46) 丙子, 公言: "舌人皆微賤庸瑣, 傳語多不以實, 或懷奸濟私, 貽害朝家, 請置通文館, 令禁內學館, 參外年小者, 誦習漢語, 俾正譯語之失." 丁丑, 拜世子貳師, 與柳璥等同修高宗實錄. 戊寅, 遷參文學事. 是年九月丁未考終. 享年六十八. 王命弔誄以平章卿書之, 諡曰文貞. 官庀葬事, 墓在扶安邊山知止浦艮坐之原.
公稟性惻怛無華, 端方有度. 釋褐以後, 不汲汲於進取, 與安文成公裕爲道義交, 講磨經傳, 以興學爲務, 其所抱負非尋常俗儒之比, 故立朝言議, 實多可觀. 斥林衍之專壇而憂時嫉惡之心著矣. 劾允紹之猖狂, 而尊主遏夷之義凜矣. 元學士王鶚見公奏文, 恨不見面, 則公之文章可謂華國矣. 後來諸賢之稱道甚盛, 奇高峯大升

신도비명의 끝부분은 누구의 신도비명이라도 대개 이러한 칭송으로 끝맺기 때문에 무의미하게 흘려보내는 경우가 많다. 그러나 김구의 경우에는 이러한 칭송 부분에서도 주의 깊게 살펴봐야 할 점이 있다. 우선 "청컨대 통문관을 설치하시고 금내학관에 명하시어 참외문신들 중에 젊은 사람들로 하여금 한어를 외워 익히게 함으로써 번역하는 언어의 실수를 바로 잡으소서"라는 부분을 각별한 관심을 가지고 봐야 하는데 바로 김구가 우리나라 역사상 처음으로 국립통역관양성기관이라고 할 수 있는 '통문관'의 설치를 건의하여 실행에 옮겼다는 점이다.

두 번째로 주의 깊게 살펴봐야 할 부분은 "문성공(文成公) 안유(安裕=안향)와 도의(道義)로써 서로 사귀며 경전을 외우고 연마하는 공부를 하며 학문을 일으키는 일을 자신의 본분으로 삼았으니 공이 품은 포부는 일반 속유(俗儒)와 비할 바가 아니었다."

> 是經術君子, 而以德行推公, 除四佳居正卽文苑宗匠, 而以傑然稱公, 觀於此, 可知公卓然爲前代之名臣矣. 不佞之最所景服者, 勝國之時, 笠敎肆行, 上下奔波以求福田利, 盆彼崔沆之丐文媚佛也, 公獨正色斥之, 雖死靡悔, 其闢異扶正之功, 實有吾東方無窮之惠矣. 公卜居于縣之仙鶴洞, 晚又築室于邊山海上, 名之以知止浦, 休退之暇, 琴書自娛以訓誨後學爲己任, 嚴立課程, 有育才之效, 歿後邑之章甫立祠于縣之道洞以享之. 其遺風餘韻至今未沫, 盖公子孫多以德行節義著稱, 或配侑公祠, 或別祭鄕社, 孰謂醴泉之無源耶? 公之墓經亂失蘊久矣, 我肅廟戊午後裔弘逵葬其父, 得公墓誌, 匿不出, 丙申, 弘逵死, 事始發. 戊戌, 諸子孫, 訟辨, 遂去其逼葬者, 公之兆域, 於是復顯, 遂封而表之. 不佞於公, 亦彌甥也, 因賢孫之托, 不避僭猥, 撰次如右, 系之以銘. 銘曰: "允矣文貞, 天賦英特, 前代第一. 少日詞藻. 華聞藹蔚. 前輩推轂 立朝言議. 不饒貴强. 擧世爭仰. 遽中毒螫. 十載沈屈, 曾無悔色. 歷事麗朝, 忠勤棐篤, 終始一節, 深闢左道, 力扶儒敎, 其切尤大. 餘慶綿延, 後承多賢. 天道卽然, 余用作銘. 樹之墓徑, 行者致敬.

라는 구절과 "이단(異端)을 물리치고 정도(正道)를 세우는데 바친 공의 공(功)은 동방 우리나라를 바로 세우는데 실로 무궁한 은혜가 되었다."는 구절이다. 이는 김구가 안향과 더불어 유학을 부흥시키기 위해서 많은 노력을 했고 유학의 진흥과 성리학의 유입에 큰 공을 세웠음을 의미하는 내용이다. 우리는 일반적으로 고려 말에 성리학을 들여온 선두 인물로 안향을 들고 있다. 그런데 김구가 안향보다 32세 연상의 인물이라는 점을 감안하고 또 일찍이 30세 때에 몽고에 다녀왔다는 사실을 통하여 김구가 안향에 앞서 성리학을 도입하는 데에 선구적인 역할을 했을 가능성이 있다는 점을 상정(想定)해 볼 수 있다. 그러한 역할이 없었다면 신도비명을 지은 정실(鄭寔)이 신도비명의 말미에 이러한 기록을 했을 리 없기 때문이다.

김구의 신도비명 말미에서 또 눈여겨봐야 할 대목은 "고봉(高峯) 기대승(奇大升)은 경전과 학술로 당대를 풍미한 군자인데 그도 공의 훌륭한 '덕행'을 들어 공을 추앙하였으며, 사가(四佳) 서거정(徐居正)은 문원(文苑:문단)의 종장(宗匠:우두머리)인데 그도 공을 '걸연(傑然:업적이 풍부하다)'이라는 말로 칭송하였다."고 한 점이다. 이어서 "이러한 점으로 볼 때 공은 우뚝 솟은 인물이었고 전대의 명신이었음을 알 수 있다."고 평가한 대목도 주목해야 할 부분이다. 조선시대 초기에 문한을 담당함으로써 문단의 영수 역할을 했던 서거정과 퇴계 이황과의 도학 논쟁으로 조선의 사상사에 우뚝 솟은 인물인 기대승으로부터 이처럼 높은 평가를 받기란 쉽지 않은 일이기 때문이다.

김구의 신도비에서 "공은 부안현의 선학동을 거처로 삼았는데 만년에는 변산의 바닷가에 집을 짓고 이름하여 지지포(知止浦)라 하였다. 관직에서 물러난 후에는 금(琴)과 책을 즐기며 후학들을 가르치는 일을 자신의 소임으로 삼았다."고 한 점은 적잖이 문제가 있어 보인다. 앞서 살펴본 바와 같이 김구는 1247년 37세 때에 최항의 불경 판각사업을 반대하며 〈조원각경〉이라는 시를 지음으로써 최항에게 미움을 사서 관직에서 밀려나 부안으로 내려와 1257년 47세 때에 최항이 죽으면서 다시 한림원 지제고의 직책을 맡아 내직으로 복귀하기 전까지 10년 동안을 부안에서 은거하였을 뿐, 그 뒤로는 한 해도 관직을 떠난 적이 없이 개경에 머무르며 관직에 있다가 개경에서 작고하였음이 확실하다. 그러므로 신도비에서 "만년에는 변산의 바닷가에 집을 짓고…. 관직에서 물러난 후에는 금(琴)과 책을 즐기며 후학들을 가르치는 것을 소임으로 삼았다."고 함으로써 마치 만년에 일찍 관직에서 은퇴하여 부안으로 내려와 한거하며 소일거리로 제자들을 가르친 것처럼 묘사한 점이 사실과 부합하지 않는 것이다. 김구는 만년에 관직에서 물러나 부안으로 내려온 게 아니라, 한창 왕성하게 활동할 나이인 37세~47세 때에 조정의 권신에 의해 관직에서 밀려나 10년 동안을 부안에서 칩거한 것이다. 따라서, 김구가 부

제2장 김구의 생애

안의 후학들을 양성한 것은 만년의 소일거리로서가 아니라 장년 시절에 적극적이고 유목적적인 인재양성이었을 가능성이 크다. 이점은 훗날 김구가 교육을 특별히 중시하여 강릉지역 안무사(安撫使)로 나간 막내아들인 김승인으로 하여금 강릉에 우리나라 최초로 교육공간과 제향공간을 함께 갖춘 향교를 건립하게 하였다는 점을 통해서도 확인할 수 있다. 이러한 점을 통해 그의 교육열이 얼마나 강했는지를 짐작할 수 있다. 김구는 부안에 신진 유학의 바람을 일으켜 당시에 부안을 문향(文鄕:문화 고을)으로 이끈 인물이라고 할 수 있는 것이다.

김구가 금(琴)을 즐겼다는 점 또한 특기할 만한 일이다. 김구의 금(琴)에 관하여 ≪지포선생문집≫에는 다음과 같은 고사가 수록되어 있다.

> 숙종 29년(1703) 계미년에 공(김구)의 후손인 김수성(金壽星)이 금성(錦城: 전남 나주)에 사는 박판서 태항(泰恒)의 집에 갔다가 그의 집에서 짧은 금 하나를 발견하였다. 그런데 그 금의 안쪽에 김구의 자와 이름 표식이 적확하게 있어서 그것이 김구의 금(琴)임을 확인하게 되었다. 그 금을 가지고 와서 부안김씨 재실에 수장하였는데 어떤 때는 금이 저절로 소리를 내어 자손들이 즐겨 그 소리를 들으며 조상 김구를 앙모하는 자료로 삼았다. 신묘년에 금을 만드는 장인이 그 금의 정묘함을 탐내어 밤에 훔쳐갔다. 범인을 추적하여 물건을 찾았으나 이미 원래 있던 금의 '받침 발(雁足)'과 현을 제거하고 다른 재료로 바꿔버린 후였다. 수성의 손자 동호

가 수리하고자 고산에 사는 유아무개에게 가져다주었으나 수리를
시작하기도 전에 임자년에 화재가 발생하여 타버렸으니 이 안타까
움을 이길 길이 없다.47)

이 고사에 나오는 판서 박태항은 다음과 같은 인물이다.

> 본관은 반남(潘南). 자는 사심(士心). 동열(東說)의 증손으로,
> 할아버지는 호(濠)이고, 아버지는 세해(世楷)이며, 어머니는 임위
> (林偉)의 딸이다. 1687년(숙종13) 통덕랑으로 알성문과에 병과
> 로 급제, 1693년에 세자시강원사서(世子侍講院司書)가 되고, 세
> 자시강원(世子侍講院)의 필선(弼善)·보덕(輔德)·문학 등을 거쳐
> 1701년 사간원헌납(司諫院憲納)으로 있을 때에는 궁중의 절수
> (折受: 공공 토지를 떼어서 차지함) 폐단과 양남(兩南: 영남과 호
> 남)의 급재(給災: 재해에 따른 구제책으로서의 물자지급)에 관한
> 소를 올려 대책을 세우게 하였다. 1703년 동래부사(東萊府使)로
> 나가 대마도(對馬島)와 교역하는데 조정에 품의(稟議)하지 않고
> 전결(專決)하였다는 이유로 파직된 바도 있다. 이듬해 다시 승지
> 로 기용, 충청도관찰사를 지내고 동지부사(冬至副使)로 청나라에
> 갔다가 귀국, 승지·대사간·강원도관찰사·이조참의를 역임하였
> 다. 1720년(경종 즉위년) 예조참판으로 승진, 소론의 입장에서
> 세제(世弟: 뒤의 영조)책봉을 주장하는 노론을 적극 탄핵하였고,
> 이듬해 경기도관찰사·형조판서·우참찬·공조판서·대사헌 등을

---

47) 肅宗大王二十九年癸未, 公之後昆壽星, 適於錦城朴判書泰恒家, 見有短琴, 琴之
裏面有字諱標識, 的是公之琴, 故推來收藏于齋室, 而有時自鳴, 爲雲仍愛賞寓慕
之資. 歲辛卯, 瑟工貪其精妙, 乘夜偸去, 跟而推得, 則去柱毀絃, 換以瑟材, 壽
星之孫東瀚欲爲修葺, 付于高山柳某, 未及施工, 忽於壬子失于灰燼, 可勝痛哉.
≪지포선생문집≫ 420쪽.

두루 역임하였다. 영조가 즉위하자 삭탈관직되었다가 1727년 정미환국으로 다시 기용되어 형조판서·좌참찬·좌찬성·예조판서·판돈녕부사(判敦寧府事) 등을 역임하였다.48)

이처럼 실존사실이 분명한 인물이다. 그리고 김수성의 손자로서 해체된 금을 수리하고자 애를 쓴 김동호는 앞서 언급한 바 있듯이 김구를 제향하는 도동서원을 사액서원으로 인정받기 위해 청액상소를 올리는 과정에서 ≪동문선≫을 토대로 ≪지포선생문집≫을 재구성하여 출간하고 김구의 신도비를 다시 세우는 등 김구를 현창하기 위해 많은 노력을 한 실존인물이다. 그리고 ≪지포선생문집≫에 수록할 김구의 연보를 정리한 인물이기도 하다. 그런 김동호가 청액상소를 위한 자료 확보 차원에서 정리한 연보에 근거가 없는 황당한 얘기나 거짓말을 기록해 넣었을 리 없다. 게다가 김동호가 이런 고사를 연보에 기록하여 ≪지포선생문집≫ 부록으로 편간하여 세상에 내놓을 때에 판서 박태항도 아직 생존하고 있었다. 이러한 정황으로 보아 숙종 29년(1701)에 김구가 사용하던 금이 발견된 것은 사실이고 그 금이 신비한 연주를 할 만큼 정교하게 만들어진 금이라는 점을 충분히 미루어 짐작할 수 있다. 그리고 이런 금을 탔던 김구는 음악에도 정통했던 인물임을 알 수 있다.

---

48) 네이버 지식백과 : 박태항(朴泰恒), 한국민족문화대백과, 한국학중앙연구원. https://terms.naver.com/entry.nhn?docId=556313&cid=46622&categoryId=46622

개성에서 작고한 김구는 초산의 산기슭(椒山之麓)에 장사를 지냈다고 한다.49) 그러나 초산이 어디인지 현재로서는 확인하기가 쉽지 않다. 언제 묘소의 현 위치인 부안군 변산면 운산리 산3-1번지로 이장하였는지는 알 수 없다. 이에 대해서는 근인 김형관의 추론이 있을 뿐이다

> 지석문에 의하면 선생(김구)의 묘소가 지금 부안의 지지포(知止浦: 즉 부안군 변산면 운산리 산3-1번지)와 서로 다르니 어떤 연고인가? 이는 … 중략 … 고려 말에 군사공(郡事公) 형제분50)이 '망복귀향(罔僕歸鄕)' 즉 새로 건국된 조선의 신하가 되지 않겠다는 뜻으로 고향 부안으로 내려올 때 이곳으로 면봉(緬奉＝緬禮: 무덤을 옮겨서 다시 장사지냄)하셨기 때문이리라.51)

이때에 이장하면서 초산의 묘소에 장사지낼 때 함께 묻었던 묘지석도 그대로 옮겨 묻었다. 그러나 세월이 흐르고 임진왜란, 병자호란 등 여러 난을 거치면서 김구의 묘는 초목에 묻혀 실전되고 말았다. 그런데, 조선 숙종 무오년 1678년에 김구의 후예인 김홍탁(金弘逴)이 그의 아비를 장사지내는 과정에서 우연히 공의 묘지석(墓誌石)을 발견함으로써 김구의 묘소를 다시 찾게 되었

---

49) "十一月二十三日, 葬于椒山之麓" ≪지포선생문집≫ 권3, 〈김구묘지명〉, 1984, 195쪽.
50) 김구의 7세손으로서 고부군사를 지낸 김광서와 김광신 형제를 말한다. 김광서와 김광신 형제에 대해서는 본서 제Ⅲ부의 제2장에 상세히 기술되어 있다.
51) ≪지포선생문집≫ 권3, 〈김구묘지명〉, 성균관대학교대동문화연구원 1984, 196쪽.

다. 그러나 김홍탁은 김구의 묘를 명당으로 보고 그의 아비를 김구의 묘에 최대한 가깝게 매장하기 위해 공의 묘지석을 발견한 사실을 숨기고 묘지석을 감춰버렸다. 병신년(1716)에 홍탁이 죽으면서야 일의 시말이 밝혀졌다. 무술년(1718)에 김구의 여러 자손들이 관아에 송사를 내어 김구의 묘에 매우 가까이 자리해 있던 홍탁의 아비 묘를 제거함으로써 김구의 묘역이 제 모습을 찾게 되었다. 다행히도 당시에 발견된 묘지석은 크게 훼손되지 않아서 현재 국립중앙박물관에 보관되어 있으며 지석의 크기는 가로 52㎝ 세로 56.5㎝이다. 지석의 명문은 《조선금석총람》에 수록되어 있다.

김구의 묘지석은 원나라 지원 15년 즉 1278년 김구가 작고하던 그해에 새겨서 관과 함께 매장했던 유물이다. 따라서 묘지석의 기록은 김구가 작고하던 당년의 생생한 기록으로서 가장 믿을 수 있는 기록인 것이다. 이에, 묘지석의 내용 중 신도비명과 중복되지 않은 새로운 사실과 신도비명의 내용을 확실하게 증명할 수 있는 내용이 담긴 부분을 발췌하여 풀이함으로써[52] 지금까지 전개한 김구의 생애에 대한 고찰에 근거 없는 과장이나 불필요한 윤색이 없었음을 증명하고자 한다.

---

[52] 묘지석에 더러 결자가 있어서 전문을 다 풀이하기가 쉽지 않고 일부 행적에 대한 기록은 이미 살펴본 신도비명의 내용과 일치하므로 중복을 피하기 위해 기술을 생략하고 김구의 삶에 대해 총괄한 부분을 중심으로 원문과 함께 번역문을 게재한다.

공은 17세에 성균시에 합격하고 22세가 되던 해 봄에 을과에서 2등으로 합격하였다 … 중략 … 신축년 가을에 한림원에 들어간 이후로 6년 동안 세 번 자리를 옮겼다. … 다 청화한 요직을 거쳤으며, 단 한 번도 외직으로 나간 적이 없으니 이는 문장을 잘 쓰는 대가로서 하루라도 조정에서 문건을 작성하는 일을 떠날 수 없었기 때문이다. 기사년 겨울에 은청광록대부문창좌상 벼슬을 받았고, 다음 해에는 추밀원겸좌상시의 직에 나아갔다. 그 다음 해에는 금자대부의 가자되어 정당문학이 되었고, 참지정사겸대위중서평장사에 임명되었다. 현재의 왕께서 즉위한지 2년 째 되는 해에는 원나라에서 조칙을 내려 관직의 이름을 일괄적으로 바꾸었으므로, 공도 오늘날의 직책을 받게 된 것이다. 이러한 직책을 맡는 동안에 훌륭한 인재들을 많이 추천하였으므로, 사람들이 서로 공을 칭하여 마음이 진실하고 행동이 고결하며, 외모가 중후하고 언행이 매우 맑다고 하였고, 사사로운 이익을 챙기는 데에는 관심을 두지 않고, 관직의 일은 매우 민첩하게 처리하여 재상의 자리에 있는 10년 동안 단 한 번도 자신의 영달을 계획한 것이 없이 오직 나라 걱정을 하였다고 평하였다. 불의를 보았을 때에는 피함이 없이 과감하게 말을 하였으니 사람들은 공의 이와 같은 본성과 본심을 사랑하고 공경하였다. … 당시에 큰 학자였던 문순공 이규보의 천거를 받은 후, 세상에는 변고들이 많아서 그 임무를 지속적으로 수행하기가 어려웠다. 공은 하는 일마다 내용적인 면에서는 '의(義)'를 표방하고, 문장을 쓸 때에는 정교한 기교를 발휘하여 아직 말로 표현되기도 전에 오히려 종이 위에 표현하여 써냄으로써 수천 리 밖에서도 그가 쓴 글을 보는 사람으로 하여금 마치 얼굴을 마주하고 말하는 것처럼 느끼게 하였으니 조정이 오늘날까지 이처럼 편안한 것은 모두 공의 문장 때문이다. 아! 충성과 믿음을 근본으로 삼고

의리가 담긴 문장이 귀에 쟁쟁하게 울리고 눈에 가득 차게 하여 후대에도 길이 남을 만하나 공의 뒤를 이을 후사(後嗣)인 낭관(郎官: 김여우)이 이러한 사실을 돌에 새겨 후세에 전하고자 하여 나에게 이 글을 지어주기를 간절히 청하므로 나와 낭관은 수년 동안 함께 교분을 가졌고, 의리를 따르는 사이였으므로 감히 거절하지 못하고 이 글을 쓰게 되었으나 내 글이 부족할까봐 심히 부끄럽다. 공은 춘추 68세인 지원(至元) 15년 9월 26일에 병으로 송도의 광리(廣里) 자택에서 서거하였으니, 왕이 심히 애석해하면서 그에게 작위를 증직하고 시호를 내리는 뇌문(誄文: 조사弔辭)을 지어 그의 서거를 슬퍼하였다. 그해 11월 23일에 초산(椒山)의 산기슭에 장사를 지냈다. 이로써 그에 대한 애도와 영광의 절차가 다 갖춰지게 되었다. 먼저 장가든 박씨부인은 내시령(內侍令) 동정(同正)인 박□□의 딸인데 …(망실된 결자로 인해 해석이 안 됨)… 후부인(後夫人) 최씨는 예빈경으로 치사(致仕)한 최변(崔抃)의 딸이다. 이 사이에서 3남1녀의 자녀를 두었으니, 큰 아들은 약관에 과거에 급제하여 초임지가 □산목부사였으며, 다음 딸은 보문서교감랑(寶文署校勘郎)에게 시집을 갔고, 둘째 아들은 수창궁녹사(壽昌宮錄事)이나 아직 결혼하지 않아 그를 모실 부인이 없는 상황이다. 셋째 아들은 머리를 깎고 중이 되어 조계종의 스승인 안화대선사(安和大禪師)에게 의탁하였다. 이들 자녀들이 모두 상을 치르는 동안 진정을 다하여 슬퍼하였지만 몸을 손상시키는 불효의 경지에는 이르지 않았으니 아! 진정한 효자들이로다. 공의 덕행과 문장의 아름다움과 공이 맡았던 관직과 업적과 가정의 돈독함에 대한 기록은 정치에 관련된 문서와 집안의 가첩(家牒)과 문장가들의 기록과 역사가들의 기록에 다 상세하게 갖추어져 있으니, 이 지석에서는 공이 죽은 날과 장사지낸 시기 등과 자녀들의 수만을 기록하여 고법(誥法)에 어긋나지 않게 하고자 할 따름이다. 공을 칭송하기 위해 명문을 새기니 명문은 다음과 같다. "날개가 아름다운 봉황새이며, 비늘이 아름다운 용이로구나. 공의 문장을 찬미하자면 푸른 하늘에 빛나는 밝은 태양에 비유해도 다 기릴 수 없고, 그가 맡은 관작에 대해 칭송하자면 옥당(玉堂: 문장을 담당하는 관직)과 황각(黃閣: 문장을 담당하는 관직)으로 시종일관 하였다 하리라. 강한 의리와 독실한 실천으로 평생을 살다 목숨을 다하였으니, 그가 남긴 큰 덕을 이 돌에 새겨 영원무궁토록 전하노라." 지원 15년 무인 11월[53]

이 묘지석의 내용은 대부분 앞서 살펴본 〈신도비명〉의 내용과

---

[53] 年十七中成均試, 二十擧春榜擢乙科第二人及第. … 중략 … 至辛丑秋, 入直翰林院, 三遷六年之間耳. …履歷悉是淸華, 而未嘗出外艮, 以大手筆不可一日暫離於朝庭故也. 己巳冬, 受銀靑光祿大夫文昌左相, 明年入樞院兼左常侍, 又明年加金紫爲政堂文學, 歷拜參知政事兼大尉中書平章事. 今上卽祚二年乙亥, 奉大元國詔勅, 改定官號, 換授今職. 其間掌衡司馬主席春闈, 推薦皆名士搢紳, 相賀至稱淳眞行潔, 貌厚言沅, 拙於私, 敏於官. 相位十年不以自營爲計, 憂在社稷. 敢言無所避, 而人盡愛敬, 此公之本也. …文順公以巨儒薦名奏, 厥後變故紛紜, 是任尤難. 公觸事不筆辭義俱妙巧, 說所未到刑于紙, 使數千里外之見者, 如對面言, 以致今日之安, 此公之文也. 噫! 忠信爲本, 義理之文, 鏘鏘然入耳目足, 爲不朽, 而賢嗣郎官又欲銘于石, 以壽泉臺之傳, 請益勤勤. 予與郎官嘗數年同質于此, 情好不渝, 義不敢拒, 勉强以書, 然甚慚, 公春秋六十有八, 至元十五年九月二十六日寢疾, 卒于松京廣里之私第. 上深加□遺之歡, 下□將斯之□, 贈爵以寵之, 諡謀以傷之. 以十一月二十三日葬于椒山之麓, 愛榮終始於是乎備矣. 先娶朴氏, 內侍令同正朴□□□女, … 後夫人崔氏, 禮賓卿致仕弁之女, 有三男一女. 長曰弱冠登科, 見爲□山牧副使. 一女適寶文署校勘郎, 仲男壽昌宮錄事, 未有室侍大夫人. 季則落髮, 依曹溪寺安和大禪師, 凡是持喪盡情唯不至毁滅, 嗚呼! 孝矣哉! 若夫公之德行文章之美, 官資揚歷之詳與夫家世之懿, 有政籍, 有家牒, 有詞志, 此不細備, 略記其卒之日, 葬之時, 附以閨庭子女之數, 期不失誥法爾. 銘曰 : "羽之鳳, 鱗之龍, 欲美其文章則靑天白日不可譬, 欲稱其官爵則玉堂黃閣始而終, 壽折□心義篤匪躬, 乃銘厥德, 傳之無窮." 김구, 《지포선생문집》, 195쪽.

같은데 일부분에 약간의 차이가 있다. 김구의 초취부인이 박씨라는 점은 신도비문에는 언급되지 않은 내용이고, 둘째 아들 종우(宗盂)가 김구가 작고할 당시에 수창궁녹사(壽昌宮錄事)라는 관직에 있었으나 아직 결혼을 하지 않아서 그를 모실 부인이 없는 상황이었다는 점과, 셋째 아들 숙우(叔盂)는 머리를 깎고 중이 되어 조계종의 스승인 안화대선사(安和大禪師)에게 의탁하였다는 점도 신도비문을 비롯한 다른 기록에는 나타나지 않은 내용이다. 특기할 만 한 점은 이 묘지석에서도 당시 사람들이 김구를 "마음이 진실하고 행동이 고결하며, 외모가 중후하고 언행이 매우 맑다고 칭송하였고, 사사로운 이익을 챙기는 데에는 관심을 두지 않고 관직의 일은 매우 민첩하게 처리하여 재상의 자리에 있는 10년 동안 단 한 번도 자신의 영달을 계획한 것이 없이 오직 나라 걱정을 하였다."고 평가했다는 점이다. 그런가 하면 "불의를 보았을 때에는 피함이 없이 과감하게 말을 하였으니 사람들은 공의 이와 같은 본성과 본심을 사랑하고 공경하였다"는 평도 특별히 관심을 가져야할 부분이다. 김구는 평생 동안 매우 정의롭게 산 인물임을 알 수 있다.

제3장 김구, 성리학 도입의 선도적 역할

1. 고려 중기 이전, 북송 성리학의 고려 유입(流入)

고려는 개국 초기부터 사상적으로 불교와 도교는 물론 풍수, 도참(圖讖) 등 재래사상과 유학을 넓게 수용하여 정치적 안정을 도모하고 민심 수습을 꾀했다. 이러한 까닭에 흔히 고려 전기를 유·불·도(儒·佛·道) 3교의 융합시대라고 말한다. 불교는 종교적인 영역에서 백성들의 안정된 삶을 도왔으며, 유교는 정치와 교육 측면에서 질서를 잡고 통치의 원리를 제공하였고, 도교는 천문, 지리. 음양, 의약 등 자연과학적인 영역에 적지 않은 영향을 주었다.[1)]

이러한 유·불·도 삼교의 융합상태는 고려 중기를 넘어서면서 제각기 분열과 타락상을 드러낸다. 당시 유학자들의 학문경향은 중국 당나라 말기의 문학적 분위기로부터 영향을 받아 유가의 경전을 연구하는 학문인 경학(經學)을 중시하기보다는 유미주의적인 성격을 띤 사장지학(詞章之學) 즉 시나 문장을 아름답게 지어 즐기며 그러한 문장쓰기를 연구하는 학문을 추구하였다. 당시 유학에 나타난 이러한 경향은 과거시험에서 시와 부(賦)를 짓는 것을 겨루는 제술과(製述科)의 비중이 높아짐에 따라 더욱 가중되

---

1) 유승국, 《한국의 유교》, 세종대왕기념사업회, 1980. 140-143쪽.

었다. 불교는 고려 초기부터 왕실의 보호아래 정치와 매우 밀접한 관계를 갖게 되었으나 시대가 흐르면서 여러 방면에서 사회적 해악을 드러내게 되었고, 도교는 미신적인 기복행사(祈福行事)를 주로 행함으로써 혹세무민하는 타락상을 보이는 경향이 짙었다. 이러한 상황에서 고려 후기에는 내적으로는 각종 민란이 발생하였으며 무신들이 집권하여 무단정치를 행하였고 외적으로는 몽고의 침입을 받기에 이르렀다. 몽고의 침입에 따라 무신정권이 무너지면서 몽고가 중원에 세운 나라인 원나라의 간섭을 받는 이른바 '원간섭기(元干涉期)'를 맞게 된다. 원나라의 부마국이 됨으로써 다시 왕권이 강화되면서 기왕의 무신권력을 대체할 권력층으로서 신흥사대부 세력이 등장한다. 이들 신흥사대부들은 지방의 농토를 경제적 기반으로 삼아 자본을 축적하고 과거제도를 통하여 중앙관계에 진출하였는데, 이들은 내우외환으로 인한 국가 존망의 위기 앞에서 시대적 책임감과 구국의 사명감을 가진 당시의 지식인들로서 뭔가 새로운 사상을 도입하여 당시에 누적되어있던 정치·사회적 적폐를 해결하고자 하였다.

이 시기에 이루어진 유학 부흥을 향한 노력과 신유학으로서의 성리학의 유입은 무신 정권 시기에 유학에서도 나타났던 말기적인 폐단을 척결하고자 하는 유학 내부의 자주적인 반성인 동시에 지식인으로서 시대적 문제를 해결하고자 하는 신흥사대부들의 사명감과 책임감으로부터 비롯된 것이라고 할 수 있다. 특히 신흥사대부들은 원나라의 간섭으로 인하여 문란해진 정치기강을 바로 세우고자 큰 사명감을 갖고 이러한 문제에 대한 해결책을 찾는 데에 적극적으로 참여하였다. 이처럼 정치기강을 확립하고 인륜질서를 회복하고자 노력한 신흥사대부들은 자연스럽게 전통 유학과 새로이 나타난 성리학이 표방하는 인륜을 중시하는 윤리질서와 포폄을 정확히 하고 역사를 바로 기술하고 정확히 평가하는 춘추의리(春秋義理)라는 대의명분론에 관심을 갖게 되었으며 이러한 관심으로 인해 내적으로는 기존 유학을 부흥시키고자 하는 의지가 표출되고, 외적으로는 성리학을 하나의 대안적 성격의 학문으로 보고 성리학이 고려에 유입되도록 적극적인 유도 역할을 하였다. 따라서 고려 말의 성리학은 "비일시, 비일인(非一時, 非一人)" 즉 어느 한 시기에 특별한 어느 한 사람에 의하여 '도입(導入)'된 것이라고 하기 보다는 당시 사회의 시대적 요구에 의해 여러 사람들의 다양한 관심과 노력의 결과로 자연스럽게 '유입(流入)'되었다고 하는 것이 보다 더 타당성이 있을 것이다. 물론, 원나라에 사신으로 파견되거나 원나라의 수도인 대도(大都: 오늘날의 북경)로 유학을 갔거나 혹은 다른 어떤 계기로 인해 중국학자들과 교유를 하게 된 문인과 학자들의 관심과 노력이 큰 역할을 하였다. 그렇다면 그들 문인 학자들이 언제부터 새로운 이념으로서의 성리학 혹은 당시 사회의 주류 사상이자 종교로 작용하고 있던 불교에 대한 상대적 이념으로서의 유학에 대해 관심을 갖게 되었는지를 가늠해 보는 것은 고려의 성리학 유입을 연구하는 데에 매우 필요한 과정이라고 생각한다.

그동안 우리 학계에 보고된 가장 일반적이고 전통적인 시각에서 본다면 성리학은 안향(安珦 1243-1306)에 의해 '도입'된 것으로 알려져 있지만2) 최근에는 안향보다 훨씬 이전에 도입되었다는 설도 설득력을 가지고 대두하고 있다. 안향 이전에 도입되었다는 설을 제기하는 측에서는 고려 중기에 이미 북송 성리학에 대한 이해가 깊었고 실제로 고려의 학자들이 중국의 송나라에 가서 중국의 학자들을 직접 만나고 왔다는 기록도 있으므로 북송시대의 성리학이 고려에 이미 수입되었을 것이라는 견해를 제시한다.3) 그들은 성리학이 우리나라에 전래되기 시작한 때를 단언하기는 어렵지만 대체로 북송에서 성리학이 발흥할 무렵인 고려 인

---

2) ≪고려사절요≫의 '안향(安珦)'에 대한 기록 「충렬왕 16년(1290), 연경(燕京: 大都)에 머물면서 주자(朱子)의 저서를 손으로 베끼고 공자와 주자의 진상(眞像: 초상화)을 모사하다.」라는 조(條)의 아래에는 다음과 같은 설명이 있다. 당시 고려에는 주자의 저서가 아직 세상에 성행하지 않았는데 선생이 비로소 그것을 보게 됨으로써 마음으로부터 기쁨을 느꼈다. 그것이 공문(孔門: 공자의 학문에 드는 문)의 정맥(正脈)임을 알고 드디어 그 책을 손으로 베끼고 또 공자와 주자의 화상을 베껴 돌아오니 이때부터 주자의 저서를 중시하여 넓으면서도 간명한 공부의 경지에 깊이 도달하였다. 3월에는 왕을 호종하여 돌아왔다. 만년에는 항상 회암(晦菴)선생(주자=주희)의 화상을 걸어 둠으로써 사모하는 뜻을 다하였는데 급기야는 자신의 호를 주자의 호와 같은 글자를 사용하여 회헌(晦軒)이라 하였다. ≪高麗史節要≫ 권23, 충렬왕(忠烈王) 32년 9월. "晚年常掛晦菴先生眞, 以致景慕之意, 遂號晦軒."
3) 이에 대해서는 최영성, 〈高麗中期 北宋性理學의 受容과 그 樣相-북송 성리학의 전래시기와 관련하여〉, ≪大東文化研究≫ 31집, 1996과 李源明, 〈高麗中期 北宋性理學의 傳來와 性格考〉 서울여자대학 논문집, 1989, 이원명, 〈고려시대 성리학 수용 연구〉, 국학자료원 1997 등을 참고할 수 있다.

종 전후(11~12세기)로 시대를 설정한다. 그 이유로 당시 고려에서는 송나라의 서적을 적극 수집해 들여왔고, 김양감(金良鑑)과 윤언이(尹彦頤) 같은 학자가 사신의 임무를 띠고 송나라에 가는 한편, 송나라 사신들이 고려에 빈번히 왔으며 중국으로 유학을 떠나는 고려의 학생들도 적지 않았기 때문에 당시 중국의 학문이 바로 수입될 수 있었다는 점 등을 든다. 또한 고려 시대 학자이자 대표적인 교육자였던 최충(崔冲)이 설립한 구재학당(九齋學堂)의 여러 재명(齋名) 즉 건물이름이 솔성(率性), 성명(誠明), 대중(大中) 등 성리학자들이 특별히 중시한 텍스트였던 ≪중용(中庸)≫의 용어로 되어있다는 점에서도 고려 중기에 이미 성리학이 전래되었을 가능성을 볼 수 있다고 주장한다.

그러나 고려가 북송 성리학을 받아들였다는 설을 부정하는 측에서는 당시 고려의 정치 환경을 들어 북송 성리학의 유입에는 적지 않은 무리가 있다고 주장한다. 설령 무인집권기 이전에 북송 성리학이 유입되었다고 하더라도 1170년에 시작하여 1258년까지 이어진 약 90년간의 무신집권 기간 동안 그 학문이 지속적으로 발전하지 못하고 사실상 단절되었으므로 고려 말에 이르러 무신집권의 붕괴와 함께 왕권이 회복되면서 다시 부흥하기 시작한 유학의 내용 안에 북송 성리학이 존재하고 있기가 쉽지 않다는 견해를 펴면서 사실상 고려 말에 부흥하여 조선의 건국이념으로 성장한 성리학은 주희 성리학이 근간을 이루고 있으므로 고려의 성리학 도입은 주희 성리학에 초점을 맞춰 논의해야한다는 주장을 한다. 이러한 이유로 기존의 연구자들은 대부분 고려 지식인들이 성리학에 대해 진지하게 관심을 표명하기 시작한 것은 대체로 1260년 이후인 것으로 추정하고 있다. 즉 내적으로 1258년 무신정권 붕괴로 왕권이 회복되고 이듬해인 1259년에는 몽고와의 강화가 성립되었으며, 1260년에는 새로운 왕인 원종(元宗)이 즉위하면서 역사적 변화 속에서 개혁의 의지가 사회적 분위기로 자리함으로써 새로운 개혁적 이념이 필요해짐에 따라 이 시기에 성리학이 개혁을 꿈꾸는 사회에 주요한 관심 대상으로 떠오를 수 있었다고 생각하는 것이다. 더욱이, 외적으로도 몽고제국에서 칭기즈칸의 손자인 쿠빌라이가 1260년에 정권을 잡은 후 한족들이 이룬 '한문화(漢文化)'를 한층 더 적극적으로 수용하면서 마침내 1271년에 원나라를 건국하였다는 점은 고려의 개혁 분위기에도 적지 않은 영향을 끼쳤으리라는 짐작을 할 수 있다. 다시 말해, 당시 쿠빌라이는 이미 남송의 성리학을 받아들였을 때이므로 그 시기(1260년 전후)에 성리학이 보다 더 강한 흡인력을 가지고 고려에 유입되었을 가능성이 높다는 것이다. 게다가, 바로 이 시기에 안향이 과거에 급제하여 관직에 나가고, 이어 1289년에 좌부승지를 거쳐 원나라 황제로부터 동쪽의 고려와 일본 정벌의 전진기지라고 할 수 있는 정동행성(征東行省)의 원외랑(員外郎: 정6품), 좌우사랑중(左右史郎中: 정5품) 등의 직을 제수 받고 '유학제거(儒學提擧: 유학제거사라는 관청의 우두머리)'에 발탁되었다는 점을 들어 이 시기야말로 고려에 성리학이 '도입'되는 시기라고 말한다. 〈회헌연보(晦軒年譜)〉 즉 안향의 연보에는 안향이 성리학을 도입한 과정이 다음과 같이 기술되어 있다.

> 안향은 유학제거로 임명된 1289년 11월 충렬왕을 호종하여 원나라의 수도인 대도(大都)에 건너가 처음으로 ≪주자전서(朱子全書)≫를 대하고 그것이 공자를 따르는 학문의 정맥이라 생각하여 손으로 베끼고, 공자와 주자의 진상(眞相:초상화)을 모사하여 갖고 귀국하였다.4)

이처럼 안향에 의하여 성리학의 도입이 보다 더 구체화 된 것은 사실이며 뒤이어 이재(彝齋) 백이정(白頤正 1247-1323)에 의해 보다 더 본격적으로 이루어진다.

이상에서 살펴본 바와 같이 우리 학계에서 진행되어온 성리학의 도입시기와 주도인물에 대한 연구는 거의 대부분 주자성리학을 중심으로 안향을 논의의 중점에 놓고서 이루어졌다. 그러나 필자는 앞서 잠시 언급했던 것처럼 고려의 성리학은 이미 북송 성리학의 유입이라는 바탕위에 남송 성리학 역시 '비일시비일인

---

4) 留嚥京 手抄朱子書 又摹寫孔子朱子眞相 朱子書未及盛於世 先生始得見之 深自得乎. 知其爲孔門正脈, 遂手錄其書, 又寫孔朱眞相而歸.〈晦軒年譜〉甲寅 충렬왕16년. 김용희(金容禧)가 쓴 〈晦軒先生實紀跋〉에도 같은 내용이 기록되어 있다. 安子(安珦)之生, 當宋之淳祐三年癸卯, 距朱子歿四十三歲. 後四十八年庚寅, 如元, 得見朱子書, 知其爲孔子嫡傳, 手抄以歸, 即朱子歿後九十一年, 而其書東. 書東, 道亦東矣.〈晦軒先生實記〉권5.

(非一時非一人)' 즉 어느 한 시기에 어느 한 사람에 의하여 '도입'된 것이라고 하기 보다는 당시 사회의 시대적 요구에 의해 여러 사람들의 다양한 관심과 노력의 결과로 자연스럽게 '유입(流入)'되었다고 하는 것이 보다 더 타당하다고 생각한다. 왜냐하면 하나의 외래문화가 수입되어 정착하기 위해서는 그것을 정착하게 하는 사전 분위기가 조성되어 있어야 하기 때문이다. 사전 분위기가 조성되어 있지 않은 상태에서는 어느 한 사람이 아무리 강한 의지를 가지고 어떤 문화를 수입해 왔다고 하더라도 그것이 뿌리를 내리기가 쉽지 않다. 안향은 이러한 '유입'의 과정에서 다른 사람들 보다 좀 더 두드러진 역할을 한 것으로 보는 것이 타당할 것이다.

게다가 고려에는 적어도 중기에 이미 북송의 성리학이 유입되었을 가능성이 매우 높다. 왜냐하면 고려 중기에 이미 북송 성리학 외의 다른 문화가 충분히 고려에 유입되어 있었기 때문이다. 동시대의 다른 문화가 충분히 들어와 있었다면 당연히 북송 성리학도 고려에 들어왔어야 한다. 서예를 예로 들어 당시 고려에 유입된 북송문화의 정황을 살펴보자면 다음과 같은 점들을 거론할 수 있다. 이인로(李仁老)의 ≪파한집(破閑集)≫에는 김부식(金富軾)의 글씨와 관련하여 다음과 같은 기록이 있다.

> 화엄대사 경혁(景赫)과 추부(樞府: 중추원) 김입지(立之＝金富軾)[5)]가 초서로 이름을 날렸다. 그러나 중익(仲翼)과 주월(周越)

의 속된 기운을 면하지는 못하였다.6)

　여기서 말하는 중익(仲翼)은 중국 송나라 인종 때 태부시승(太府寺丞)을 역임했던 인물이다. 초서와 예서를 잘 썼고 특히 비백초서(飛白草書)를 잘 씀으로써 당시에 필명이 있었던 인물이다. 그러나 글씨의 격이 높지 못하여 중국 서예사에 이름이 남을 만큼 예술적 성과가 큰 인물은 아니다. 생졸년은 미상이나 송나라 인종의 재위기간이 1023년-1063인년 점을 고려의 연표에 대비해 보면 고려의 제8대 왕인 현종(1009-1031)으로부터 11대 왕 문종(1046-1083) 시대에 걸쳐 산 인물임을 추론할 수 있다. 고려시대 전기에 해당하는 시기를 산 인물인 것이다. 주월(周越) 역시 생졸년은 미상이나 중익보다는 필명이 있고 중국 서예사에서도 더러 거론이 되는 북송 초기 인물이다. 그는 중국 서예사상 최고 수준의 서예가로서 '북송사대가(北宋四大家)'의 한 사람으로 추앙받는 황정견(黃庭堅: 1045-1105)이 젊은 시절에 좇아 스승으로 모시고 서예 공부를 했던 인물이기도 하다. 그러나 황정견은 훗날 주월의 글씨에 대해 다음과 같은 평가를 했다.

---

5)　혹자는 '立之'는 김부식의 자가 아니고 그의 아들 김돈중(金敦中)의 자라고 한다. ≪大東韻府群玉≫에는 김부식의 자가 입지인 것으로 기록되어 있다. 吳世昌 編, ≪槿域書畫徵≫, 한국미술연구회 기획, 시공사, 1998, 상권 66쪽.
6)　華嚴大師景赫, 樞府金公立之, 以草書擅名. 然未免仲翼·周越之俗氣. 李仁老, ≪破閑集≫. 위의 책, 같은 곳, 재인.

나는 초서를 30여 년 배웠다. 처음에는 주월을 본받았기 때문에 그 후 20여 년 동안 속기(俗氣: 세속적인 분위기)를 털어 벗어내지 못하다가, 만년에 소재옹(蘇才翁: 蘇舜欽)의 글씨를 보고서야 옛 서예가들의 필의(筆意)를 깨달았고, 그 후에 장욱(張旭), 회소(懷素), 고한(高閑)의 묵적을 얻어 보고서야 비로소 필법의 오묘한 이치를 다소나마 깨닫게 되었다.7)

주월의 글씨에 대한 황정견의 이러한 평과 고려 말기 문인인 이인로의 평은 완전히 일치한다. 황정견과 이인로 두 사람 다 주월의 글씨에 대해 '속기(俗氣)'를 면치 못했다는 평을 한 것이다. 그런데 중요한 것은 고려 중기의 인물인 김부식이 이미 북송 초기의 서예가인 중익이나 주월의 글씨를 모방하여 배움으로써 중익이나 주월의 서예에 내재한 단점인 속기를 면하지 못하였다는 평을 받았다는 사실이다. 이점을 통하여 우리는 고려 중기에 이미 북송의 문화가 고려에 깊숙이 유입되어 있었음을 확인할 수 있다. 다시 말하자면 중국에서조차 속기가 있는 글씨로 평가를 받았고 그다지 널리 알려지지 않은 서예가인 중익이나 주월의 글씨를 고려의 김부식이 학습했다는 것은 중국 송나라의 상층문화 즉 송나라에서 최고 수준으로 평가를 받는 문화만 고려에 '도입(導入)'된 것이 아니라, 북송의 전반적인 문화 즉 서예로 말하자

---

7) 予學草書三十餘年, 初以周越爲師, 故二十年抖擻俗氣不脫, 晚得蘇才翁子美書觀之, 乃得古人筆意. 其後, 又得張長史·僧懷素·高閑墨積, 乃窺筆法之妙. 黃庭堅, 《山谷集》 권28.

면 중익이나 주월 수준의 서예문화도 자연스럽게 '유입(流入)'되어 고려사회에 깊숙이 자리하고 있었다는 것을 의미한다. 이처럼 섬세한 안목으로 북송의 서예를 수용할 상황이었다면 당시 북송의 학문을 비롯한 기타 문물을 수용하는 자세도 이와 다르지 않았을 것이다. 고려의 4대 명필의 한 사람으로서 이른 바, '신품사현(神品四賢)'의 제2현으로 칭송을 받고 있는 서예가 석탄연(釋坦然 1070-1159)의 경우를 통해서는 고려에 또 한사람 북송사대가인 소식(蘇軾) 즉 소동파(蘇東坡)의 글씨가 유입되어 이미 깊숙이 자리하고 있었음을 확인 할 수 있다. 최자(崔滋)는 ≪보한집(補閑集)≫에서 "송나라 사람 중에 고운 비단과 좋은 먹을 가지고 국사(國師: 釋坦然)에게 글씨를 써달라는 사람이 있자, 국사는 권적(權適)에게 시를 지으라고 부탁하고 그 시를 써서 송나라 사람에게 주었다."[8]고 하면서 당시에 권적이 지은 다음과 같은 시를 소개하고 있다.

　　蘇子文章海外聞,　소동파의 문장은 해외에까지 소문이 났는데
　　宋朝天子火其文.　송나라 천자는 그 글을 다 불살랐다네.
　　文章可使爲灰燼,　문장은 태워 재로 만들 수 있으나
　　落落雄名安可焚.　높고 높은 그 이름이야 어찌 불사르겠는가.[9]

---

8) 宋人有李精縑妙墨, 求國師筆跡者, 請學士權適作詩, 寫以附之. 이인로, ≪보한집≫. 오세창 편, ≪근역서화징≫, 한국미술연구회 기획, 시공사, 1998, 상권 75쪽에서 재인.
9) 위의 책, 같은 곳.

송나라 천자가 소동파의 글을 불살랐다는 것은 소동파가 당시 신법을 주장하던 왕안석(王安石)과 그들의 지지를 받던 승상 채경(蔡京)에게 모함을 당하여 정계에서 밀려날 때 소동파의 문장이 불살라진 사건을 말한다. 소동파의 시문을 불사른 후, 당시 정권을 잡은 채경은 친소동파 계열 문인들의 이름을 일일이 비석에 새겨 그들의 자손까지 영원히 벼슬에 나가지 못하게 하는 조치를 하였는데 이른바 '원우당적비(元祐黨籍碑)'[10]가 그것이다. 이때에 소동파의 시문이 불태워지는 화를 당했음에도 불구하고 소동파의 시문이 고려에 들어와 유행했기 때문에 권적은 위와 같은 내용의 시를 석탄연에게 지어주었던 것이다. 이러한 점으로 볼 때 이미 고려사회에는 북송시대의 문화가 거의 북송과 동시기에 깊숙이 유입되었으며 특히 소동파의 시문은 당시 고려를 풍미하고 있었다는 점을 확인할 수 있다.[11] 더욱이 시의 내용이 송나라 황제와 조정이 소동파와 같은 위대한 문인을 홀대하고 있다는 점을 강하게 비판하고 있다는 점에서 당시 고려의 문인들이 송나라의 문화는 물론 정계와 문화계의 소식까지도 정확하게 파

---

[10] 소동파를 비롯하여 사마광, 문언박, 황정견, 진관 등 당시 명망이 높던 문인이자 정치가였던 309명을 '간신의 당'으로 규정하고 온 세상에 공표하기 위해 그 이름을 새긴 마애비석이다.
[11] 당시에 소동파의 시가 고려 사회에 크게 유행하였다는 점은 이규보의 다음과 같은 기록을 통해서도 확인할 수 있다. "요즈음 시를 하는 사람들은 특히 소동파의 시를 좋아한다. 그러므로 해마다 과거시험 합격자를 발표하는 榜이 붙고 나면 사람마다 모두 "올해도 또 30명의 소동파가 출현하였구나."라고 말하곤 하였다.(方今爲詩者, 尤嗜讀東坡之文, 故每歲榜出之後, 人人以爲今年又三十東坡出矣.」 이규보, 〈답전리지논문서(答全履之論文書)〉, ≪동국이상국집≫ 권26.

자료6 (좌) 석탄연 <문수원중수기(文殊院重修記)>
(우) 소동파 <신규각비(宸奎閣碑)>

악하고서 평가하고 있었음을 알 수 있다. 사실, 석탄연도 소동파 글씨의 영향을 많이 받았다.12) 오늘 날까지 전해오는 석탄연의 대표작인 〈문수원중수비(文殊院重修碑)〉 비액은 소동파의 글씨와 많이 닮아 있다.〔자료6: 석탄연 〈문수원중수비〉와 소동파 〈신규각비〉〕 서예나 시문뿐 아니라, 회화부분에서도 당시 고려는 북송과 깊이 교류하고 있었다.13) 이러한 여러 정황으로 보아 고려에

---

12) 김병기, ≪서예란 어떠한 예술인가≫, 미술문화원, 1992, 396쪽 참고.
13) 북송과 회화부분의 교류는 고려의 화가 이녕(李寧)의 경우를 통해서 확인 할 수 있다. 다음은 ≪고려사≫에 기록된 내용이다. 이녕은 젊어서부터 그림으로 이름이 났다. 인종 때 추밀사 이자덕을 따라 송나라에 가니 송나라 휘종이 한림대조 왕가훈, 진덕지, 전종인, 조수종 등에게 명하여 이녕에게 그림을 배

는 북송의 문물을 수용하는 통로가 활짝 열려 있었음을 알 수 있고, 이러한 점을 통해 고려 중기 무신집권 이전의 고려에 북송 성리학이 상당히 깊게 유입되어 있었으리라는 짐작을 어렵지 않게 할 수 있다.

2. 주희(朱熹) 성리학 도입에 선도적 역할

고려 중기 이전에 북송의 성리학이 이미 고려에 유입되어 있었다면 학계에서 일반적으로 말하고 있는 "안향에 의한 성리학 도입설"은 재고의 여지가 많아진다. 안향이 성리학을 '도입'하기 위해 적극적으로 노력하기 전에 이미 일부 선진적인 생각을 가진 인물들이 고려에 본래 들어와 있던 북송 성리학의 분위기를 부흥시키려는 의지를 가지고 남송의 주희 성리학이 '유입'될 수 있는 분위기를 조성하는 데에 적극적인 노력을 했다고 할 수 있기 때문이다. 즉 안향에 앞서 주희 성리학을 도입했거나 주희 성리학이 유입될 수 있는 학문적 문화적 사회적 바탕을 다진 인물이 있

우게 하였다. 그리고 우리나라의 예성강을 그리라고 명하였는데 이녕이 그려 바치자 휘종이 감탄하며 칭찬하기를 "근래 고려의 화공으로 사신을 따라온 자가 많았으나 오직 이녕만이 뛰어난 솜씨구나." 하며 술과 비단을 내렸다. 또 때마침 송나라 상인이 그림을 바쳤는데 휘종이 '중국의 기품(奇品)'으로 여겨 기뻐하며 이녕을 불러 자랑하자, 이녕이 말하기를 "이것은 사실 제가 그린 것입니다" 라고 답했다. 인종이 그 말을 믿지 않자, 이녕이 그 그림을 가져다가 표구한 뒷장을 뜯어보니 과연 그의 성명이 있었다. 오세창 편, 앞의 책 70쪽 '이녕' 조에서 재인.

다는 뜻이다. 바로 김구가 그 대표적인 예이다. 그는 내적으로는 본래 고려에 존재하던 유학(儒學: 孔·孟 중심의 유학과 함께 북송 유학을 포함한)을 부흥시키는 데에 노력하였고 외적으로는 원나라로부터 남송 성리학이 유입되는 분위기를 만들었거나 직접 도입에 나선 것으로 볼 수 있는 여러 행적들을 남기고 있다. 김구는 당시에 이미 불교가 가진 한계를 자각했으며 원나라에 사신으로 다녀오며 당시 원나라의 남송유학 수용 상황을 직접 확인할 수 있었을 것이라는 점, 그리고 원나라의 유학자로 유명한 왕악(王鶚)이라는 인물과 각별한 교유가 있었다는 점 등에서 유학을 진흥하기 위해 노력한 인물임에 분명하고, 또 남송 성리학의 학문적 면모를 직접 경험했을 수 있다고 판단하기 때문에 그를 주희 성리학이 유입될 수 있는 분위기를 조성하여 유입의 바탕을 다진 인물, 나아가서는 주희 성리학을 도입하는 데에 큰 역할을 한 대표적인 인물로 보고자 하는 것이다.

앞서 본 장의 첫 부분에서 잠시 살펴보았듯이 고려는 무신집권 이전에는 법률과 제도 및 교육과 인재 선발 등 나라를 다스리고 백성을 교화하는 방면에서 유학을 적극적으로 수용하였다. 고려의 관학이 정비되는 것은 대개 성종(960-997, 재위 981-997) 때부터인데 당시 관학의 핵심인 경사육학(京師六學)은 국자학(國子學), 대학(大學), 사문학(四門學), 율학(律學), 서학(書學), 산학(算學) 등으로, 이 중에서도 특히 중시되었던 것은 국자학과

대학, 사문학이었다. 여기에서 교육한 교과는 효경(孝經)과 논어(論語)를 필수로 하여 1년간 수학하고 다음 단계인 소경과(小經科)에서는 상서(尙書), 공양전(公羊傳), 곡량전(穀梁傳) 중 하나의 경전을 택해 2년 반 동안 공부하고, 다시 중경과(中經科)에서는 주역(周易), 모시(毛詩), 주례(周禮), 의례(儀禮) 중에서 한 경전을 택하여 2년 동안 공부하였다. 마지막 단계인 대경과(大經科)에서는 예기(禮記)와 좌전(左傳) 중 하나를 택하여 3년 동안 배우게 하여 총 8년 반의 교과 이수기간을 필요로 하였다. 이러한 교과 과목은 과거시험 과목과 밀접하게 연관되어 있었다. 이러한 관학(官學) 외에 사학(私學)도 흥성하였는데 12공도(公徒) 중 가장 유명했던 최충(崔沖)의 문헌공도(文憲公徒)는 학문을 닦는 교실을 아홉으로 나누어 9재(齋)를 설립하였는데 그 이름이 경업(敬業), 진덕(進德), 수도(修道), 솔성(率性), 낙성(樂性), 태화(泰和), 대빙(待聘), 성명(誠明), 조도(造道) 등이었다. 먼저 경업재(敬業齋)에서 '육예지문(六藝之文)'을 익히고 다음에 진덕재(進德齋)로 나아가는 등 차례로 순서를 밟아 마지막 조도재(造道齋)에서 끝마치며 각 단계를 건너뛰지 못하도록 엄격하게 규정하였다.14)

  이러한 상황으로 보아 고려 중기 이전에 고려는 정치행정과 교육, 인재선발 등을 모두 유학에 근거하여 시행했음을 알 수 있

---

14) 정옥자, 〈여말(麗末) 주자성리학(朱子性理學)의 도입에 대한 시고(試考)〉, 진단학보, 권51, 1981.

다. 그러다가 무신집권 시절에는 유학에 바탕을 둔 정치이념이 퇴색하고 교육과 인재선발 제도도 무너져 유가들은 깊은 산속으로 은거해 버리거나 아예 출가하여 불문(佛門)에 들어감으로써 유학이 크게 위축되었다. 그러나, 오랜 역사 속에서 유학이 생활 속에 깊이 뿌리를 내리고 있었기 때문에 무신집권이 붕괴하고 왕권이 회복되면서 유학도 되살아났다. 이러한 점은 전혀 유학문화를 접해 보지 못했던 몽고족의 원나라가 금나라에서 넘어온 유신(遺臣)과 남송의 유학자들을 수용하면서 비로소 유학을 경험하는 상황과는 많이 다르다. 몽고족의 원나라는 유학의 불모지에 유학의 씨앗을 파종하기 시작했지만 고려는 무신집권으로 인하여 잠시 소홀했던 유학을 다시 회복하는 상황에 있었던 것이다. 그렇지만 몽고의 침입을 받고 몽고의 간섭기에 들어서면서부터는 몽고문화의 영향을 받지 않을 수 없었기 때문에 몽고의 원나라가 유학에 대해 어떤 태도를 취하느냐에 따라 고려의 유학에 대한 인식도 달라질 수밖에 없었다. 따라서 몽고의 침략시기로부터 몽고가 세운 원나라와 결혼 동맹을 맺은 충렬왕 때까지를 걸쳐 살며 고려 조정의 문한을 담당했던 김구가 유학에 대해 가질 수 있었던 신념이나 인식을 보다 더 깊이 파악하기 위해서는 당시 원나라가 유학에 대해 취한 태도를 살펴 볼 필요가 있다. ≪지포선생문집≫에 부록으로 실려 있는 〈김구연보〉 가희(嘉熙) 4년 경자년(1240)조에는 다음과 같은 기록이 있다.

필요에 의해 임시로 부여받은 직한림의 자격으로 서장관의 직에 배정되어 몽고에 갔다. 여행기록으로 ≪북정록≫을 남겼으며 도중에 지은 시 4수가 있다.15)

김구의 나이 30세이던 해다. 이때에 몽고는 아직 '원(元)'이라는 국호를 사용하지 않을 때이며 나중에 태조로 추존된 와활태(窩闊台) 12년에 해당하는 해이다. 이 때 김구를 서장관으로 삼아 대도로 간 사절단이 어떤 임무를 띠고 몽고에 갔는지는 아직 확인할 수 없다. 따라서 이때 김구가 누구를 만나고 왔는지도 알 수 없다. 이런 상황에서 김구가 몽고로부터 유학 혹은 성리학의 영향을 받았는지의 여부를 알기 위해서는 당시 몽고의 유학이 어떤 상황에 처해 있었는지를 확인하여 추론할 수밖에 없다. 그러나, 몽고에서 유학을 교육한 기관인 국자학에 대한 정사(正史)의 기록은 매우 간단하다. ≪신원사(新元史)≫에는 다음과 같은 기록 한 줄이 전할 뿐이다.

> 태종6년(1234) 계사년에 풍지상(馮志常)을 국자총교(國子總敎)로 삼아 측근 신하들의 자제 18인이 입학하였다.16)

그러나, 북경지방에서 발행된 가장 이른 시기의 지방지인 ≪석

---

15) ≪지포선생문집≫ 403쪽. 이 사실은 ≪고려사≫ 권106 〈열전〉19 「김구」전에도 기록되어 있다.
16) 太宗六年癸巳, 以馮志常爲國子學總敎, 命侍臣子弟十八人入學. ≪신원사≫ 권81, 중화서국 배인본, 3029쪽.

진지(析津志)≫17)를 보면 좀 더 자세한 기록을 확인할 수 있다.

> 태종 5년 계사, 처음으로 4개의 독서과정을 설립하여 몽고의 자제들로 하여금 한족들의 문자를 배우게 하였는데 연경에 있는 공자사당을 국학의 건물로 사용하였다.18)

이에 대해 허유임(許有壬)이 쓴 〈상도공자묘기(上都孔子廟記)〉는 보다 더 구체적으로 다음과 같은 기록을 남기고 있다.

> 태종이 즉위한 후 몽고 귀족 자제 18인을 택하여 한어와 한자를 배우게 하였다. 한족 관리들의 자제들도 참여하여 몽고어와 활쏘기 등을 배웠다. 네 개의 조로 나누어서 가르침을 펼쳤는데, 중서령이었던 양유중(楊惟中)으로 하여금 그 일을 주로 담당하게 하였다. 별도로 집을 지어주고 교육하였으며 회초리를 들어 감독하게 하였다.19)

위에서 말한 태종 6년, 5년, 즉위년은 각기 1234, 1233, 1229

---

17) 이 ≪석진지≫의 저자는 원나라 때 대도의 유학제거와 숭문감승을 맡았던 웅몽상(熊夢祥)이다. 그러나 이 책은 명나라 때에 이미 산실되었었다. 다행히도 최근에 다시 자료를 모아 북경도서관에서 ≪析津志輯佚≫이라는 이름으로 출간하였다.(1983)
18) 熊夢祥, ≪析津志輯佚≫, 北京圖書館, 1983, 197쪽.
19) 太宗嗣立, 擇必闍赤子十八人, 學漢語文字. 漢官子弟參學國語弓矢. 且分四隊以敎, 命中書令楊惟中主其事, 作屋居之, 餼廩育之, 榎楚督之, 迄定宗朝不輟. 許有壬, 〈上都孔子廟記〉, ≪至正集≫(宣統3年刊本)권44, 34쪽. 인용문 중의 '必闍赤'은 몽고어 bichechi에 대한 음역으로서 본뜻은 祕書, 書記라고 한다. 이 점에 대해서는 蕭啓慶, ≪蒙古史論叢≫ 上冊, 臺北, 允晨文化實業股分公司, 1980, 365-463쪽 참고. 이 문장에서 必闍赤은 學生이라는 의미로 사용되었다.

년에 해당한다. 따라서 원나라 태종 연간에 취해진 이러한 조치는 김구가 대도(大都: 북경)에 가기 7~11년 전에 이루어졌다. 따라서, 김구가 대도에 갔을 때는 이미 원나라에 유학진흥의 분위기가 충분히 형성되었고 당시 대도에는 남송의 신학문인 성리학이 유입되어 성하고 있었을 것으로 보인다.

　원나라 태종은 칭기즈칸의 셋째 아들 오코타이 칸 즉 보르지긴 오코타이(孛兒只斤窩闊台)이다. 우리가 흔히 '와활태'라고 부르는 인물로서 원나라 세조 쿠빌라이 칸의 아버지이다. 이때는 아직 '원(元)'이라는 국호를 사용하지 않았고, 사후에 태종이라는 묘호도 바로 주어진 게 아니다. 쿠빌라이 칸이 정식으로 원나라를 세운 후, 태종이라고 추존하였다. 이처럼 '원'이라는 나라를 세우기도 전에 이미 몽고는 대도의 공자사당에 국자학을 설치하고 몽고의 귀족자제에게는 한어와 한자를 가르치고 한족의 자제들에게는 몽고어를 배우게 함으로써 상호간에 소통할 수 있는 방안을 적극적으로 모색한 것이다. 이러한 일의 실무를 담당한 인물이 바로 양유중(楊惟中)인데 양유중을 천거하여 이런 일을 맡긴 사람은 왕즙(王檝: 약1188-1140)이다. 왕즙은 남송 사람으로서 몽고가 금나라를 멸망시킨 후, 남송과 대치한 상태에 있을 때 몽고와 남송 사이의 외교적 회담을 처음으로 담당했던 인물이다. 결국 남송이 망한 후에 그는 원나라의 관직에 나아가 원나라로 하여금 한족의 문화를 수용하도록 하는 데에 많은 역할을 하였다.[20] 이렇게 원나라를 한화(漢化)시키는 데에 노력한 왕즙은 금나라의 유신으로서 몽고에 들어와 관직에 나아간 후 몽고를 한화시키는 데 가장 큰 역할을 한 인물로 평가를 받고 있는 야율초재(耶律楚材 1189-1241)와 매우 밀접한 관계에 있었던 인물이다. 그런데, 당시에 공자사당을 건축하여 국자학으로 사용하는 문제에 대해서 야율초재도 다음과 같은 기록을 남기고 있다.

> 왕거천(王巨川: 王檝)은 병란으로 불타버린 자리에 처음으로 공자사당을 세웠다. 을축년 2월 8일에 여러 대부들을 거느리고 사당에 예를 올렸다. 여러 유자(儒者)들이 서로 축하하며, "이제부터 우리 유가의 도가 크게 빛을 발할 것 같다."고 하였다.[21]

이러한 정황으로 보아 몽고가 중원에 자리 잡기 시작하면서 이미 남송과 금나라의 한족 유신(遺臣) 유학자들에 의해서 국가의 교육기관인 국자학을 중심으로 유학이 본격적으로 보급되었음을 알 수 있다.

국자학이 건립된 이후 많은 사람들이 국자학에 관여하였는데, 그 때에 국자학에 관여했던 사람들 중에는 당시 가장 성했던 종

---

20) 왕즙(王檝)에 대해서는 ≪원사(元史)≫, ≪신원사(新元史)≫에 다 전(傳)이 있다. 그러나 그 기록이 소략한 편이다. 1968년, 대만의 학자 손극관(孫克寬)은 ≪원대한문화지활동(元代漢文化之活動)≫이라는 저서에서 여러 자료를 모아 왕즙의 생애와 활동에 대해 비교적 구체적인 사실을 밝힌 바 있다. 손극관, ≪원대한문화지활동≫, 대만중화서국, 1968, 331-337쪽 참고.
21) 야율초재 칠언율시 〈석전(釋奠)〉의 서문. ≪담연거사집(湛然居士集)≫ 권3, ≪흠정사고전서≫ 전자판.

교인 도교의 주류인 전진교(全眞教)와 밀접한 관계에 있는 사람들이 있었다. 가장 중요한 사람으로서 이지상(李志常 1193-1256)과 풍지형(馮志亨)을 들 수 있다. 특히 이지상은 구처기(丘處機 1148-1227)22)의 18대 제자중의 한 사람으로 당시 도교계에 널리 알려진 인물이다. 1238년에 전진교의 교주자리를 이어받기도 하였는데 그는 본래 유학에 조예가 깊은 사람이었다. 몽고가 중원에 들어온 초기 유가에 대한 박해가 심해지자23), 도교에 입문하여 도사로 활동하다가 몽고가 유학을 중시하기 시작하여 국자학을 세우자 다시 유학으로 돌아와 국자학에 관여하게 된 것이다.24) 이러한 까닭에 왕악(王鶚)도 그를 "본래 유학자였으나 나

---

22) 자는 통밀(通密), 호는 장춘자(長春子), 일명 장춘진인. 산동성 서하현(棲霞縣) 출생. 도교의 한 파인 전진교의 개조인 왕중양(王重陽)의 가르침으로 학문이 깊어져 전진교 7진인(眞人)의 한 사람이 되었다. 정치적 수완이 탁월하여 교단의 쇠퇴를 막았으며, 금나라와 송나라의 부름에도 응하지 않고 사태를 주시하다가 칭기즈칸의 부름에는 응하여 인도 지방까지 가서 면세의 특권과 도교에 대한 총관할권을 얻었다. 이를 바탕으로 전진교는 원나라 때 크게 발전할 수 있었다.
23) 몽원은 중원에 들어온 초기에는 한족의 문화를 말살하려는 정책을 폈다. 그리하여 중국의 최상층 지식분자 그룹인 유가를 철저히 배격하여, 직업별 신분을 10등급으로 나누었는데 유가를 제 9등급에 두었다. "一官, 二吏, 三僧, 四道, 五醫, 六工, 七獵, 八娼, 九儒, 十丐." 송, 정사초(鄭思肖), ≪심사(心史)≫. / "滑稽之雄, 以儒者爲戱曰 : 我大元典制, 人有十等 : 一官, 二吏 ; 先之者, 貴之也, 謂其有益於國也 ; 七匠, 八娼, 九儒, 十丐, 後之者, 賤之也, 謂其無益於國也" 謝枋得, ≪疊山集≫ / 이 외에 도종의(陶宗儀), ≪철경록(輟耕錄)≫, 대만 세계서국, 1978, 33쪽에도 같은 내용이 수록되어 있다.
24) 몽고가 취한 유학에 대한 박해를 피해 숨었던 사람이 다시 유학 진흥을 위해 나타났다는 것은 당시 원나라 조정에 유학진흥의 분위기가 충분히 형성되어 있었음을 의미한다.

중에 도교를 배우기로 결심한" 인물로 평가하였다. 왕악은 이지상의 비문인 〈진상진인도행비문(眞常眞人道行碑文)〉에서 이지상에 대해 다음과 같이 말하였다.

> 당시에 하남지역이 몽고에 귀속되었을 때, 연경지역을 떠도는 사대부들 중에는 왕왕 이름을 숨기고 유가의 행적을 피하여 도교에 의탁하곤 하였다. 공은 잔치에 초대하는 것처럼 꾸며 하루에도 수십 명의 사람을 불러 도교의 재당(齋堂)에서 밥을 먹이곤 하였는데 혹자가 번거롭지 않느냐고 했지만 공은 그렇지 않다고 답하였다. 그가 선비들을 대접하는 정성이 이와 같았다.25)

이러한 정황으로 볼 때에 당시에 전진교의 지도자였던 도사들은 사실상 도교의 신자가 아니라 유가에 대한 몽고의 박해를 피하여 일시적으로 도교에 종사했으나 실질적으로는 유자였음을 알 수 있다. 본래 유가였던 그들은 국자학과 공자사당이 건설되자 다시 유가로 돌아와 유학을 부흥시키기 위해 힘을 다했던 것이다. 이처럼 외적으로는 전진교의 지도자이면서 내적으로는 사실상 유학자였던 이들이 국학을 관장했다는 사실은 당시 몽고인들이 주도하던 조정에서 전진교의 도사들이 큰 발언권을 가지고 있었음을 의미한다. 그런데, 이들이 발언권을 가지고 유학을 진흥하는 데에 앞장설 수 있었던 것은 사실상 금나라 유신으로서 몽

---

25) 時河南新附, 士大夫之流于燕者, 往往竄名道籍. 公委曲招宴, 飯於齋堂, 日數十人. 或者厭其煩, 公不恤也. 其待士之誠類如此. 王鶚, 〈眞常眞人道行碑文〉, ≪甘水仙源錄≫ 권3, 154쪽.

고의 대한(大汗: 몽고족의 황제 격 칭호)을 만나 적극적으로 그들을 한화시키기 위해 노력한 야율초재의 역할이 미리 작용하였기 때문이다. 야율초재는 앞서도 잠시 언급한 바 있듯이 평소에 "유학으로써 나라를 다스리고 불교로써 인심을 다스린다.(以儒治國, 以佛治心.)"는 생각을 가지고 전쟁 중에도 유가의 선비들을 중용하여 처음으로 과거제도를 부활시키기 위해 노력하고[26], 몽고의 황제로 하여금 한족의 문화를 수용하고 유학을 부흥시킬 것을 적극적으로 권고한 인물이다. 야율초재의 이러한 공로는 1233년 몽고군이 대도에 입성한 후 금나라 때의 문호인 원호문(元好問 1190-1257)이 야율초재에게 써 보낸 편지를 통해서도 확인할 수 있다.

> 천하라는 이 커다란 그릇은 결코 한사람의 힘으로 들 수 없는 것입니다. 그리고 한 국가가 어떤 습속을 형성하는 것도 또한 한사람이 주도해서 할 수 있는 일이 아닙니다. … 중략 … 생각하건대, 남송 사대부들 중에는 하남지방으로 끌려온 사람들이 많이 있습니다. 그들로 하여금 욕된 생활을 벗어나게 하고 노역을 당하지 않도록 돌봐주시기 바랍니다. … 중략 … 각하께서 이러한 일들을 해주시

---

[26] 사실, ≪고려사≫에는 원나라에서 과거를 시행하게 된 데에는 근본적으로 고려 충선왕의 역할이 컸다는 기록이 있다. "일찍이 요수(姚燧)의 의견을 황제에게 그대로 건의해 허락을 받은 것인데, 뒤에 이맹(李孟)이 평장사가 되었을 때 황제에게 다시 건의함으로써 과거제가 본격적으로 시행되었으니 사실 과거제의 부활은 충선왕의 발의에 의한 것이었다.(科擧之設, 王嘗以姚燧之言, 白于帝, 許之, 及李孟爲平章事, 奏行焉, 其原盖自王發也.)" ≪고려사≫ 권34, 〈세가〉 제34「충선왕」2.

면 주변에서도 그 일을 하게 되어 마침내 한족들의 의관과 예악 그
리고 정치기강과 문장들이 되살아 날 것입니다.27)

  이러한 편지와 함께 원호문은 54명의 사대부명단을 야율초재
에게 넘겨주면서 그에게 이들 유학자들을 잘 보호함으로써 장차
크게 등용하라고 말한다. 야율초재는 원호문의 말대로 그러한 내
용을 원나라 태조에게 알려 몽고족로 하여금 한족 유학자들을 보
호하고 한문화를 부흥시키려는 방향으로 마음을 바꾸게 하였다.
이렇게 한문화를 부흥시키기 위해 노력한 야율초재는 1190년부
터 1244년까지 살았던 인물이며 그 기간에 몽고의 대한(大汗)을
상대로 유학을 비롯한 한문화를 수용할 것을 적극 권고하여 실천
했으므로 김구가 몽고에 사신으로 갔던 1240년대 훨씬 이전부터
몽고의 대한(大汗)들은 유학을 부활하고 공자묘를 정비하거나 재
건하였으며, 남송의 문인사대부들을 보호하고 수용하는 정책을
폈다는 것을 알 수 있다. 이러한 점으로 보아 김구가 몽고에 사
신으로 갔을 때에는 이미 몽고에 유학부흥의 분위기가 충분히 형
성되었다고 할 수 있다. 그러므로 몽고에서 이러한 분위기를 직
접 목도하고 돌아온 김구는 고려에서 유학을 부흥시켜야할 필요

---

27) 夫天下大器非一人之力可擧而國家所以成就人才者亦非一日之事也.… 중략 … 誠以閣
下之力使脫指使之辱息奔走之役.…중략… 他日閣下求百執事之人, 隨左右而取之,
衣冠禮樂紀綱文章盡在于是, 將不能少助…. 원호문, 〈상야률중서서(上耶律中書
書)〉, ≪원유산선생전집(元遺山先生全集)≫. ≪흠정사고전서≫ 소천작(蘇天爵)
편, ≪원문류(元文類)≫ 권37에서 재인.

성을 더욱 더 절감하고 당시 신흥혁신세력의 한 사람으로서 유학을 진흥하는 데 앞장서게 되었다고 할 수 있다.

3. 왕악(王鶚)과의 교유와 성리학 유입 선도

앞서 김구의 생애를 고찰하는 과정에서 언급한 바 있듯이 〈김구연보〉에는 다음과 같은 기록이 있다.

> 김구는 글을 잘 지어 …중략… 원나라로 가는 표문(表文) 등 모든 문서를 다 담당하였는데 쓴 글의 내용이 모두 이치에 맞아서 그가 쓴 글로 인하여 원나라 황제로부터 고려가 많은 보호를 받을 수 있었다. 원나라의 한림학사였던 왕악(王鶚)은 김구가 올린 표문을 볼 때마다 매우 아름다운 문장이라고 평하면서 김구를 직접 만나 볼 수 없음을 한탄하곤 하였다.[28]

이 기록은 ≪고려사·열전≫ 및 ≪동국통감(東國通鑑)≫, ≪여사제강(麗史提綱)≫, ≪동사회강(東史會綱)≫, ≪동국사략(東國史略)≫ 등에도 다 실려 있다. 이러한 점으로 보아 당시 원나라 조정에서도 김구의 명성이 자자했음을 짐작할 수 있는데 특히 왕악(王鶚)이 김구를 크게 칭송하였다는 점을 통하여 왕악과 김구 사이에는 특별한 교유가 있었음을 짐작할 수 있다.(이 점에 대해서는 제5장에서 상세히 논하기로 한다.) 김구와 교류가 깊었던 왕악이 당

---

28) ≪지포선생문집≫, 407쪽.

시에 원나라에서 문형(文衡)을 잡고 있었으므로 왕악이 어떤 인물인지를 살펴본다면 그와 교류하였던 김구가 원나라로부터 받은 영향을 짐작할 수 있을 것이다.

왕악(王鶚 1190-1273)은 자가 백일(百一)[29]이며 개주(開州) 동명(東明: 오늘날의 산동성 동명현 남쪽) 사람이다. 금나라 애종(哀宗) 정대(正大) 원년(1214)에 장원하여 봉직대부(奉直大夫)와 한림문자(翰林文字)를 역임하였으며, 좌우사낭중(左右史郎中)과 한림수찬(翰林修撰)을 겸직했던 인물로서 금나라의 유신(遺臣)이자 유학자이다. 원나라 세조 쿠빌라이가 아직 황위에 오르기 전에 이미 왕악의 명성을 듣고 특별히 막북(漠北)으로 사람을 보내어 왕악을 극진한 예우로 영접하여 데려갔다. 쿠빌라이의 특별한 신임을 받은 왕악은 쿠빌라이가 원 세조로 즉위하던 중통(中統) 원년(1260: 당시 70세)에 한림학사(翰林學士) 승지(承旨)를 제수 받았으며 지원(至元) 원년(1264)에는 자선대부(資善大夫)에 가자(加資: 품계가 오름)되었다가 지원 5년(1268)에 관직에서 물러났다. 금나라가 멸망한 이후 왕악은 금나라의 역사와 한족의 문화를 보존·부흥시키는 것을 자신의 책임으로 여기고 금

---

[29] 김구의 처음 이름이 백일(百鎰)이었는데 왕악의 자인 백일(百一)과 완전히 동음이다. 이점도 예사로 넘길 일만은 아닌 것 같다. 왕악의 자 '百一'에는 '남이 한 번 할 때 나는 100번 노력해서라도 남보다 나아지겠다.'는 의지가 담겨있다고 할 수 있다. 왕악의 자가 자신의 이름인 '百鎰'과 동음임을 발견하고 한편으로는 왕악보다 더 큰 의지를 표현하며 공자와 같은 사람이 되겠다는 뜻에서 공자의 이름인 '丘'와 같은 글자인 '坵'로 개명했을 것이라는 추론이 가능하다고 생각한다. 앞으로 더 연구해야 할 과제이다.

나라의 역사인 ≪금사(金史)≫를 찬술하는 한편 원나라 황제에게 적극 건의하여 한족의 문화를 수용하게 함으로써 원나라 즉 몽고의 황제를 한화(漢化)시키는 데에 큰 역할을 한 인물이다. 왕악이 원나라 황제를 한화하는 데에 노력했다는 점은 그가 처음으로 쿠빌라이를 만났을 때에 쿠빌라이를 향해 강의한 책들이 ≪효경≫, ≪서경≫, ≪역경≫과 제자백가에 나타난 치국의 도리였다는 점을 통해서 짐작할 수 있다. 당시 쿠빌라이는 왕악의 강의를 들은 후 "내가 지금 당장 너의 말을 실행에 옮길 수는 없겠지만 먼 훗날 네가 말한 것을 실행하지 않을 수 없을 것이다."고 답했다고 한다.30) 첫 만남에 큰 감명을 받은 쿠빌라이는 왕악에게 말(馬)을 하사하고 그의 측근 신하였던 활활(闊闊), 자정(紫禎) 등 다섯 사람31)을 왕악에게 보내 특별히 한족의 문화를 공부하라는 조치를 했으며 아울러 왕악에게 "대도(북경)로 이사하라."고 하면서 집도 하사했다.32) 이때 왕악은 쿠빌라이에게 청하기를 "천병(天兵: 몽고군에 대한 높임말)이 채(蔡: 오늘 날의 하남성 채현) 지방을 정복하자 금나라 황제는 스스로 목매어 자살하여 여수(汝水) 근처에 화장하여 장사를 지냈습니다. 예에 의한다면 저는 옛 임금의 복(服: 喪服)을 입은 신하입니다. 원컨대 채(蔡)지방에

---

30) 가소민(柯劭忞), ≪신원사(新元史)≫「왕악」전.
31) 소계경(蕭啓慶), ≪몽원사신연(蒙元史新硏)≫, 대만, 윤신(允晨)문화출판사, 1994, 111쪽.
32) 가소민(柯劭忞), ≪신원사(新元史)≫「왕악」전.

가서 우리 황제에게 제사를 지낼 수 있게 허락해 주십시오."라고 하자, 쿠빌라이는 곧바로 허락하였다.33) 이처럼 쿠빌라이 앞에서도 당당하게 자신이 모셨던 옛 군주에 대해 한족 전통문화의 장의예절에 따라 제사를 올리고 싶다는 이야기를 했다는 점으로 보아 왕악은 유학에 관한 신념과 몽고황제를 설득하고자 하는 의지가 매우 강하였으며 쿠빌라이 또한 그런 왕악을 신임하여 그의 말을 수용하였음을 알 수 있다. 이러한 인물이 김구와 깊은 교류관계를 갖고 김구의 문장이 아름다움을 칭송하였다는 점을 통하여 김구는 왕악과의 교류를 통해서도 당시 원나라에서 부흥하던 유학의 분위기를 익히 알고 있었을 것이라는 짐작을 할 수 있다. 이러한 점으로 인하여 김구는 고려에서의 유학부흥에 더욱 힘을 기울이게 되었던 것이다.

4. 불교의 진부성 비판과 안향(安珦)과 함께한 유학부흥운동

앞서 살펴 본 바 있듯이 김구와 당시의 권신 최항이 〈원각경〉을 새기면서 그에 대한 발문을 지으라고 하자, "벌은 노래 부르고 나비는 춤추며 온갖 꽃이 다 새롭게 피었구나. 이 모든 것이 다 화장세계(華藏世界: 불국정토)여서 그 안에 온갖 아름다움이 다 깃들어 있으니, 종일토록 원각경 설법한답시고 중얼거리느니

---

33) 天兵克蔡, 金主自縊, 其奉御絳山, 焚葬汝水之傍, 禮爲舊君有服, 願往葬祭. 위의 책, 같은 곳.

입을 봉한 채 남은 봄이나 잘 보내는 것이 훨씬 나을 것일세."라고 함으로써 최항의 미움을 사서 출척 당했었다.34) 당시의 상황을 〈김구연보〉는 다음과 같이 설명하고 있다.

> 당시는 거국적으로 불교를 믿어 신분이 높은 사람이든 낮은 사람이든 모두 불교에 의지해 기복(祈福)의 욕심을 채우고자 하는 때였는데 최항은 최이(崔怡)의 아들이자 최충헌(崔忠獻)의 손자로서 당시에 국정을 완전히 장악하고 권세가 임금을 능가하여 사람을 죽이고 살리는 생사여탈권을 가졌다. 그렇기 때문에 만약 그가 하고자하는 일에 대해 조금이라도 그의 뜻대로 못하게 방해하는 자가 있다면 반드시 견제하여 함정에 빠뜨리곤 하였다. 공은 이 사건으로 인하여 문을 닫고 행적을 감추어 최항이 권세를 부리는 시대가 끝나기를 기다리며 감가(坎坷)의 세월 10년을 은거하며 보내게 된 것이다.35)

물론, 김구가 이런 시를 짓게 된 것은 정치적인 측면에서 권신 최항을 질시하고 배척하는 입장에 서 있었기 때문이지만 당시 대부분의 백성들이 불교를 신봉하고 불교의 세력이 막강했던 상황에 비추어 본다면 김구가 이런 시를 지은 데에는 당시의 낡은 불

---

34) 崔沆雕圓覺經令坵跋之坵作詩曰: 蜂歌蝶舞百花新, 摠是華藏藏裏珍. 終日啾啾說圓覺, 不如緘口過殘春. 沆怒曰 謂我緘口耶 遂左遷. ≪고려사≫ 권106 〈열전〉19 「김구」전. 김구, ≪지포선생문집≫ 405쪽.
35) 當時擧國崇信佛法, 上下奔走要福之場. 沆以怡之子, 忠獻之孫, 世執國命, 權傾人主, 生殺與奪, 惟其所欲, 小有不如意者, 必擠陷之, 公自是杜門斂跡以終. 崔沆之世坎坷十餘年. 金坵, ≪지포선생문집≫ 405쪽. 또 김구의 신도비에도 이와 같은 기록이 있다. 같은 책 424-425쪽 참조.

교에 대한 비판의식이 작용한 점도 없지 않았을 것이다. 아울러 새로운 사상으로서의 유학을 부흥시켜야겠다는 의지를 표현한 점도 있다고 할 수 있다. 이 사건으로 인해 김구는 이후 10년 동안 전북 부안으로 낙향하여 자신이 부흥시키고자 했던 유학을 교육을 통하여 후학들에게 전파함으로써 훗날 고려가 낡은 불교의 굴레에서 벗어나 새로운 이념으로써 유학을 부흥하고 남송 성리학을 수용하는 데에 커다란 역할을 하였다. 이러한 점 때문에 ≪지포선생문집≫에 서문을 쓴 송환기(宋煥箕)도 "더구나 불교가 매우 횡행하고 오랑캐 풍속을 거부할 수도 없었던 그 시대에 부처에 아첨하는 권신을 나무라고 오랑캐에 복종하는 요망한 환관을 탄핵하는 것이야말로 어찌 뛰어난 행실이 아니겠는가?"[36]라고 칭송하였다. 이처럼 김구는 유학을 진흥하고자 하는 강한 의식이 있었으며 당시 신흥사대부로서 타락한 불교를 벗어나 새롭게 사상을 혁신하고자 하는 의지가 강했기에 사실상 파직이라는 불명예와 불이익을 당하면서도 그런 의지를 실천으로 옮길 수 있었다. 김구의 이러한 의지는 문성공(文成公) 안유(安裕 = 安珦)와의 교류를 통해서도 확인할 수 있다. 〈문정공 김구 행장〉에는 다음과 같은 기록이 있다.

　　공은 타고난 성품이 진실하고 겉치레의 꾸밈이 없으며 올곧고 법

---

36) 況在竺敎肆行, 夷俗未變之時, 譏權臣之媚佛, 劾妖宦之服胡者, 尤豈不卓衛哉! 위의 책, 225쪽.

도가 있었다. 문성공 안유와 더불어 도의로써 나이를 따지지 않는 교유를 하며 경전을 강론하고 연마하여 후생들을 교육함으로써 학문을 드높이고 문화를 창달하는 것을 자신의 소임으로 삼았다.[37]

이 글에서 보는 바와 같이 김구는 안유와 더불어 망년지교를 나누며 낡은 불교를 대신할 새로운 사상으로서 유학을 부흥시키려는 노력을 한 것이다. 회헌 안유(안향)는 김구보다 32세 연하이다. 적지 않은 나이 차이인데도 이런 차이를 넘어 망년지교를 나누었다는 것은 연상의 선배가 연하의 후배에게 선도적인 역할을 하면서 후배를 인정하고 후배와 같은 길을 갔음을 의미한다. 이것은 안향의 성리학 도입 이전에 김구가 이미 성리학을 접하여 성리학의 대체를 알고 있었고, 불교를 대체할 사상으로서 성리학이 갖는 중요성을 충분히 인식하고 있었으며 성리학이 유입 혹은 도입될 수 있는 사회적 분위기를 조성하는 데에 큰 역할을 했음을 의미한다.

앞서 언급한 바 있듯이 현재 우리 학계에서는 일반적으로 안향이 "유학제거로 임명된 1289년 11월 충렬왕을 호종하여 원나라의 수도로 건너가 비로소 ≪주자전서(朱子全書)≫를 대하고 그것이 공문(孔門)의 정맥이라 생각하여 손으로 베끼고 공자와 주자의 진상(眞相: 초상)을 모사하여 갖고 귀국"함으로써 비로소 성리

---

[37] 公資性, 惆愊無華, 方直有度, 與安文成公裕爲道義忘年交, 講磨經傳, 敎授生徒, 慨然以興學右文爲己任. 앞의 책, 449~450쪽.

학이 도입된 것으로 파악하고 있다. 이처럼 ≪주자전서≫를 들여오고 화상을 가져왔다는 구체적 증거가 있다는 이유로 우리 학계는 안향을 성리학의 '도입자'로 규정하고 있는 것이다. 그런데 김구는 안향보다 49년 먼저 원나라의 수도인 대도(북경)에 갔다. 김구가 대도에 갔을 때 대도는 이미 유학부흥은 물론, 남송 성리학이 유입되어 있는 분위기였다. 게다가 김구는 당시 원나라 유학의 대가인 왕악과 교유를 하고 있던 상황이다. 뿐만 아니라, 김구의 맏아들 김여우(金汝孟) 또한 안향보다 18년이나 앞서 1271년에 원나라에 가서 원나라와 고려 사이에 결혼동맹을 성사시키는 외교적 성과를 얻음38)과 동시에 원나라에 3년 동안 머물며 당시 원나라의 유학 동향을 살피고 돌아와 그의 동생 김승인(金承印)으로 하여금 1313년에 강릉향교를 건립하게 한다.39) 따라서, 김구의 장자 김여우와 넷째아들 김승인의 행적을 보다 면밀하게 살펴본다면 김구와 그의 아들들이 유학을 진흥하고 성리학을 도입하는 데에 노력한 점을 확인할 수 있을 것이다. 김구가 후학인 "문성공 안유(안향)와 더불어 도의로써 망년지교를 맺어 경전을 강론하고 연마하여 후생들을 교육함으로써 학문을 드높이고 문화를 창달하는 것을 자신의 소임으로 삼았다."는 점으

---

38) 이 점에 대해서는 본서 제6장 제2절 및 제3절 참고.
39) 물론 김승인이 향교를 세우기 전에도 고려에는 여러 향교가 있었다. 그러나, 강릉향교는 이전의 향교와 다른 점이 있었던 것으로 보인다. 이러한 까닭에 더러 학계에서는 강릉향교를 '우리나라 최초의 향교'로 인식하고 있다. 이 점에 대해서는 본서 제6장 제4절 참고.

로 보아 김구가 고려 말에 보인 유학을 진흥하고 성리학을 도입하려는 의지와 활동은 안향보다도 더 적극적이고 선도적이었다고 할 수 있을 것이다. 대만의 연구자인 왕명손(王明蓀)은 이러한 김구에 대해서 다음과 같은 평을 하였다.

> 문정공 김구(차산)는 벼슬에 나아가고 물러남에 급급하지 않으면서 문성공 안향(유)와 더불어 도와 의로써 사귀면서 경전을 가르치고 또 경전의 내용을 스스로 실천하며 연마함으로써 교육을 일으키는 것을 자신의 책무로 삼았으니 그가 품은 포부는 일반의 속된 유학자들과는 비할 바가 아니었다. 또한 가야금과 독서를 즐기면서도 후학들을 가르칠 때에는 교육과정을 엄격하게 세움으로써 그의 문하에서 많은 인재들이 배출되었다. 내가 보기에 안향과 더불어 이학(理學:성리학)을 창도하며 같은 길을 갔던 사람인 것 같다. 비록 역사의 기록 중에는 그가 정자(程子:程顥 程頤 형제)와 주자(朱子:朱熹)의 학문으로 학술계에서 유명했다는 언급은 없지만 말이다.[40]

김구가 고려 말에 남송 성리학이 유입되는 데에 안향이나 백이정보다 앞서 선구적인 역할을 하였음은 분명하다. 차후, 더 많은 연구가 이루어져야 하리라고 생각한다.

---

40) 왕명손(王明蓀), 〈원대 성리학의 흥성과 고려로의 전입〉, ≪부안3현 - 김구, 유형원, 전우 연구≫, 전북대학교 BK+한·중문화 '화이부동(和而不同)' 창의인재 양성 사업단, 2017, 597쪽.

5. 성리학 도입의 선구자
   김구 장자(長子) 김여우(金汝盂)와 서계자(庶季子) 김승인 (金承印)

〈김구 연보〉에는 다음과 같은 기록이 있다.

> 8월 戊辰, 아들인 한림학사 여우가 세자를 수행하여 원나라에 사신으로 갔다가 돌아왔다.41)

그리고 이 연보의 주(註)에는 다음과 같은 설명이 있다.

> 6월 기해에 충렬왕이 세자로서 인질이 되어 원나라에 들어가게 되었다. 공의 아들인 여우가 한림학사로서 세자를 수행하여 원나라 조정에 들어가 세자의 혼인을 청하였다. 이후 4년 동안 혼사를 성사시키는 데에 큰 공헌이 있었다.42)

그런데, 이 부분과 관련하여 ≪고려사≫에는 다음과 같은 기록이 있다.

> 6월 기해일. 세자 왕심(王諶)을 몽고에 질자(質子)43)로 보내면서

---

41) 8月 戊辰 子翰林學士汝盂 隨世子還自元. ≪지포선생문집≫ 412쪽.
42) 六月己亥忠烈王以世子入質于元公之子汝盂以翰林學士隨行爲世子講婚於兀朝周旋四載多有勳勞矣, 위의 책 410~411쪽.
43) 이때의 질자(質子) 즉 인질에 대해서 이승한은 다음과 같은 풀이를 하였다. "이때의 인질은 신체를 구속하는 포로의 신분을 말하는 것이 아니고, 정치 견습을 위한 유학과 비슷하다." 이승한, ≪쿠빌라이칸의 일본 원정과 충렬왕≫,

상서우승 송분(宋玢), 군기감 설공검(薛公儉), 호부랑중 김서(金
㥘) 등 20명으로 하여금 호종하게 하고 또 추밀원부사 이창경(李
昌慶)을 시켜 여행길을 호위하게 했다. 그 편에 보낸 표문은 이러
했다. "저로부터 재상들에 이르기까지 각자의 자제들을 번갈아 입
시(入侍)시키기로 결정하고, 먼저 세자 및 조정신하의 맏아들 20
명과 각 관청의 직원 1백 명을 보냅니다."44)

이때 김여우는 당시 이부상서로서 조정의 신하였던 아버지 김
구의 맏아들 자격으로 세자를 수행하여 원나라에 들어간 것이다.
원나라에 들어간 김여우는 한림학사로서 원나라 황제에게 문한을
올려 세자와 원나라 공주와의 결혼을 주선하는 데에 특별한 공을
세웠다. 이로 인해 김여우는 충렬왕으로부터 공신녹권인 단권(丹
券)을 하사받았다.

병술년에 충렬왕이 원세조의 딸 안평공주에게 장가들었다. 6월 계
해 원종이 승하하였다. 8월 무진 충렬왕이 우리나라로 돌아와 즉
위하였다. 그리고 여우(汝盂)에게 단서(丹書)를 하사하였는데 그
단서에 의하면 "신미년에 내가 사직을 안정시키기 위하여 원나라
조정에 들었을 때 아주 험하고 어려움을 당했는데 그대는 오로지
나라만 생각할 뿐 집안을 돌보지 않고 애써 노력하여 나를 수행함
으로서 4년 내내 한 마음으로 나를 보살펴 주었다. 뿐만 아니라

푸른역사, 2009, 213쪽.
44) 己亥 遣世子諶, 入質于蒙古, 尙書右丞宋玢, 軍器監薛公儉, 戶部郞中金㥘等二
十人從之, 又命樞密院副使李昌慶, 調護其行. 表奏云, "自臣至于輔相, 欲令子弟
相遞入侍, 而先遣世子與衣冠胤冑二十人, 衙內職員百人進詣." 丁未 王受菩薩戒
于內殿. 《고려사》 권27 〈세가〉 27 원종 3.

천자의 나라에 혼인을 청하여 혼인이 이루어짐으로써 다시 이 땅에 영광이 비추게 되었다. 이에 나는 그 공로를 치하하고 너의 수고로움을 기록으로 남기고자 한다."고 하였다. 이 단서 목판은 현재 (부안의) 도동서원에 보관되어 있다.45)

이때, 김여우와 함께 원나라에 들어간 송분(宋玢), 설공검(薛公儉), 김서(金惰), 이창경(李昌慶) 등에 대해서는 ≪고려사≫, ≪고려사절요≫ 등에 별다른 기록이 없으며, 세자와 원나라 공주의 결혼을 성사시키는 데에 공을 세웠다는 이유로 단권을 받은 사람은 아무도 없다. 단서를 받은 사람은 오로지 김여우 한 사람 뿐이다.46) 이러한 점으로 보아 김여우가 원나라와 고려 사이에

---

45) ≪지포선생문집≫ 411쪽.
46) 철권(鐵券)을 받은 사람도 김부원(金富允)와 최영(崔瑩) 두 경우뿐이다.
   ○ 도첨의찬성사로 벼슬을 마친 김부원(金富允)이 졸하였다. 부원은 군졸 출신으로 소박하고 겉치레가 없으며 성품이 공정하였다. 일찍이 왕을 따라 원나라에 들어갔었는데, 비록 험난한 국면을 당하여도 절조를 지켜 굽히지 않았다. 원나라 세조가 그의 명망을 알고서 정동성 관원에 제수하였고, 우리 왕은 그에게 철권을 주었다.(都僉議贊成事致仕金富允, 卒, 富允, 起自卒伍, 質樸無華, 稟性公正, 嘗從王入元, 雖値險難, 執節不移, 世祖知其名, 授征東省官, 王賜鐵券.) ≪고려사절요≫ 제22권 충렬왕 4(계묘 29년).
   ○ 최영(崔瑩)에게 해도도통사(海道都統使)를 겸하게 하였다. 최영이 우(禑: 고려 우왕禑王))에게 아뢰기를, "신이 일을 맡은 것이 이미 많은데, 또 해도를 도통(都統)하면 신이 감당하지 못할 듯합니다. 또, 지금 전함이 겨우 1백 척밖에 안 되며, 수졸은 겨우 3천 명입니다. 만일 군사를 출동시킨다면 1만 명은 써야 하는데, 창고가 모두 비었으니 어떻게 공급한단 말입니까." 하였다. 우가 이르기를, "방비하고 막는 일이 급하므로 부득이 경으로 겸하게 하는 것이니, 굳이 사양하지 말라. 또 우리나라의 군수(軍需)로써 1만여 명의 군사를 먹이기가 참으로 어려우니, 경은 3천 명의 군사를 써서 한 명이 백 명을 감당하게 하라." 하였다. 영이 아뢰기를, "신이 이미 늙어서 제때에 배알하지 못하는데, 이제 다행히 나와 뵈었으니 한 말씀 드리겠습니다. 전하께서

결혼 동맹을 체결하는 데에 특별히 큰 공을 세웠음을 짐작할 수 있다.

앞서 살폈듯이 몽고는 쿠빌라이 이전에 이미 유학에 대한 관심을 가지고 유학을 부흥하려는 일련의 정책들을 폈고, 특히 쿠빌라이는 한족의 문화를 받아들여 유학을 크게 진흥시키려고 노력한 황제이다. 그러한 황제를 김구의 아들이 직접 대면했다는 것은 당시 몽고에 보급되어 있던 유학의 영향을 받고 왔다는 증거일 수 있으며, 무엇보다도 중요한 점은 김여우가 몽고의 문화적 분위기를 파악하고 왔다는 점이다. 몽고의 문화적 분위기에 따라 고려가 택할 문화와 학문의 분위기가 달라질 수 있는데 김구의 아들 김여우는 유학을 중시하는 몽고의 분위기를 인지함으로써 그 역시 귀국 후에 유학 부흥에 노력하였으며 그의 아우에게 영향을 미쳐 강릉 안무사(按撫使)로 나가있는 아우 김승인(金承印)으로 하여금 강릉에 향교를 건립하게 한 것이다. 이러한 점은 김여우가 아버지 김구에 의해 평소 유학의 정신이 함양되어있었기 때문에 가능했을 것이라고 본다.

김구의 넷째 아들인 김승인 역시 고려 말기 한국의 유학 발전

는 조심하고 공경하고 두려워하소서. 백성의 편안하고 위태한 것이 모두 주상의 마음에 달려 있습니다." 하였다. 우가 영의 공을 녹(錄)하여 철권(鐵券)을 내려주었다.(以崔瑩, 兼海道都統使, 瑩, 白禑曰, 臣任事旣多, 又都統海道, 臣恐不堪, 且今戰艦纔百艘, 戍卒僅三千, 臣若行師, 當用兵萬餘, 倉廩匱竭, 何以供億, 禑曰備禦事劇, 不獲已, 以卿兼之, 其無固辭, 且以吾國軍需, 餉萬餘兵誠難矣, 請卿用三千, 使一當百, 瑩曰臣已老, 不得以時上謁, 今幸進見, 請陳一言, 願殿下操心惕厲, 百姓安危, 皆繫上心, 禑尋錄瑩功, 賜鐵券.)

과 성리학의 전파에 큰 족적을 남기는 일을 했다. 강릉에 우리나라 최초로 제향과 교육을 겸하는 기능을 갖춘 향교를 건립한 것이다. 강릉향교는 1313년 김승인이 강릉안무사로 나갔을 때 화부산(花浮山) 아래에 건립하였다는 것이 공인된 설이다.47) 김구는 아들 넷을 두었는데 모두 과거에 급제하였다. 장남 여우는 문과에 급제하여 상서겸문한학사(尚書兼文翰學士)에 올랐고 충선공(忠宣公)이라는 시호를 받았다. 차남 종우(宗孟)는 문과에 장원급제하여 봉선대부(奉善大夫) 전교시(典校寺) 부령(副令)을 지냈다. 김종우의 사위가 바로 원나라 순제의 제2황후인 기황후의 오빠인 기철(奇轍)이다.48) 셋째 아들인 숙우(叔孟)는 우탁(禹倬)

---

47) 강릉향교는 1313년에 강릉안무사인 김승인(金承印)이 화부산(花浮山) 아래에 설립하였는데, 1411년에 소실되자 강릉 대도판관(大都判官) 이맹상(李孟常)이 유지 68인과 발의하여 1413년에 중건하였다. ≪한국민족문화대백과≫, 한국학중앙연구원. 전자판.
48) 김구와 그의 아들 김여우, 김승인 등이 고려 말에 정치, 외교, 문학 등에서 탁월한 업적을 남긴 인물임에도 불구하고 김여우 이후, 6세 동안 후손 중에 걸출한 인물이 배출되지 않을 뿐 아니라 행적도 분명하지 않다. 이러한 점에 대하여 혹자는 김구의 손서 즉 김종우의 딸이 기철의 부인이었다는 점과 연관 지어 기철이 처형당하면서 부안김씨 일문도 연좌되어 벌을 받음으로써 가세가 쇠미해진 것으로 추론하기도 한다. 즉 원나라가 쇠약해지자, 1356년 김구의 손녀사위인 기철이 자신의 지위를 지키기 위해 친척과 일당을 요직에 앉히고 역모를 꾀하였으나 사전에 공민왕에게 발각되어 권겸(權謙), 노책(盧頙) 등과 함께 주살되었는데 이때에 부안김씨도 기철의 부인이 부안김씨라는 이유로 연좌되어 처벌을 받았을 것이라는 추론을 하는 것이다. 이에 대해서 하태규는 다음과 같은 의견을 제시했다. "고려시대 연좌율로 보았을 때 김종우의 계열이 기철의 죽음으로 직접적으로 피해를 보았다고 단정하기는 어렵다. 고려시대 형률상 처족은 연좌율의 대상이 아니었다. … 연좌율에 의하면, 기철의 모, 처, 형제, 자매, 손자 등은 사형의 대상은 아니지만 몰관 유배의 대상이었다. … 이와 같이 기철의 처첩이나 형제 자매 손자에게 까지 연좌율

과 함께 동방(同榜) 급제하여 승랑(丞郞)의 직에 올랐다. 김승인은 김구의 서자임에도 과거에 급제하여 대사성까지 올랐다. 고려시대에는 서얼차대가 조선시대처럼 심하지 않았기 때문에 가능한 일이었다. 1931년에 발간된 ≪부안읍지≫는 김승인의 강릉향교 건립에 대해 다음과 같은 기록을 전하고 있다.

> 문정공 김구가 안유와 더불어 도의를 강마하고 성인의 학문을 펼쳤는데 맏아들 김여우가 여러 고을에 학교가 없는 것을 개탄스럽게 여겨 충렬왕을 수행하고 원나라에 갔을 때 원나라의 학교제도를 살피고 돌아와 그 동생 승인에게 전하였다. 김승인이 강릉안무사로 부임하여 향교를 건립하였다. 이처럼 김승인이 향교를 건립하자 다른 군현들에서 이를 본떠 조선팔도에 향교가 건립되기에 이르렀다.49)

여기서 말하는 안유는 바로 안향이다. ≪부안읍지≫의 이 기록이 당시의 어떤 사실(史實)을 근거로 기록한 것인지 확인할 수는 없으나 기술된 내용만으로 보자면 지금까지 논의한 내용에 대한 결론으로 삼을 수 있을 만큼 설득력이 있는 기록이다. 평소 김구

이 적용되었지만, 외족이나 처족, 사위의 집안에 대한 처벌은 없었던 것으로 보인다. 그것은 고려가 준용한 당율에도 연좌규정은 없기 때문이다. 이상과 같은 점을 고려한다면, 기철이 복주(伏誅)되면서 부안김씨 일문이 기철의 처가라는 이유로 연좌에 의한 피해를 입었을 가능성은 없다고 보인다." 하태규, 〈김구의 손서 기철의 행적과 부안김씨 - 김구 3세 이후 자손의 부진과 관련하여-〉, 제4회 부안3현 학술대회 자료집, 2017, 34쪽. 전북대학교 BK21+한중문화 '화이부동' 창의인재양성사업단.

49) ≪부안읍지≫, 〈인물편〉「김여우」조, 1931.

가 견지하고 있던 유학부흥에 대한 강한 의지와 그가 밟아온 행적, 그리고 아들 김여우의 행적에 비추어 볼 때 넷째 아들 김승인이 부친인 김구와 형인 김여우의 영향아래 강릉에 향교를 건립했을 가능성은 충분히 있다.

6. 유학부흥의 사명감과 김구의 이름(名), 자(字), 호(號)

'고명사의(顧名思義)'라는 말이 있다. '이름을 돌이켜 보며 그 뜻을 생각한다.'는 뜻이다. 예로부터 한자문화권에서는 훌륭한 뜻이 담긴 이름을 짓고 그 이름이 품고 있는 뜻을 생각하며, 그 뜻에 부합하는 행동을 하고자 노력하였다. 그러므로, '고명사의'는 몸과 마음을 닦는 수신의 한 방법이라고 할 수 있다. 송나라 사람 소순(蘇洵 1009-1066)이 두 아들의 이름을 '식(軾)'과 '철(轍)'로 짓고, 거기에 경계의 뜻을 담아 〈명이자설(名二子說: 두 아들의 이름을 지으면서)〉이라는 글을 지어 두 아들로 하여금 평생을 두고 고명사의하게 한 것이 바로 그러한 대표적인 예이다.50) 이처럼 이름에는 평생의 좌우명이 담겨 있으며 이러한 이

---

50) 수레바퀴(輪)와 바퀴살(輻), 수레덮개(蓋)와 수레뒤턱의 나무(軫)는 모두가 수레에서 자신이 해야 할 직책을 갖고 있으나, 수레 앞턱에 가로 댄 나무(軾)는, 단지 형식일 뿐, 하는 역할이 없는 것 같다. 비록 그렇기는 하지만, 만약 수레앞턱의 가로 나무를 제거해 버린다면 우리는 그것을 완전한 수레라고 볼 수 없다(비록 그것이 꾸밈이요, 형식이어서 쓸모없는 것이기는 하지만 완전한 수레를 이루기 위해서는 그것 또한 필요한 것이다). 식(軾)아! 나는 네가 겉치레에 지나치게 소홀함을 걱정하노라.(즉, 언어나 행동이 세속과 조화를

유로 옛 사람들은 이름을 무척 소중히 여겼다. 그리고 이름은 개개인을 상징적으로 대표하는 것이기 때문에 이름을 소중히 여긴다는 것은 바로 개인의 인격을 높인다는 뜻이었으므로 사람들은 자신의 이름이나 타인의 이름을 함부로 부르지 않았다. 이에, 소중한 이름 외에 가볍게 부를 수 있는 자(字)와 호(號)가 생겨나게 되었다.

≪예기(禮記)≫ 권1 〈곡례(曲禮)〉(상)에는 "남자는 20세에 관례를 행하고 자를 짓는다.(男子二十, 冠而字.)"는 말과 "여자가 혼인을 약속하면 계례를 행하고 자를 짓는다(女子許嫁, 笄而字)"는 말이 있으며, 그 주에는 "관례를 행하고 자를 짓는 것은 그 이름을 소중히 여기기 때문이다. 출가를 약속했으면 15세에 계례를 행하고, 그렇지 않으면 20세에 계례를 행하는데 이 또한 성년이 되는 의식이므로 자를 짓는다.(冠禮字之, 敬其名也. 許嫁則十五而笄, 未許嫁則二十而笄, 亦成人之道也. 故字之.)"라는 설명이 있다.51) 남녀가 모두 성인으로 인정을 받는 나이에 자를

이루지 못하고 모든 일에 너무 강직하기만 할까 염려된다.) 천하의 수레는 수레바퀴 자취를 따라가지 않는 것이 없으나 수레의 공능을 말함에는 수레바퀴 자취는 들지 못한다. 비록 그렇기는 하나 수레가 넘어지고 말이 죽더라도, 재난이 수레바퀴 자취에는 미치지 않는다. 이 수레바퀴라는 것은 화와 복 사이에 있는 것이다. 철(轍)아! 나는 네가 면하리라는 것을 안다.(나는 네가 험난한 세상을 살면서도 화를 면할 수 있을 것임을 안다.) 輪, 輻, 蓋, 軫, 皆有職乎車, 而軾獨若無所爲者. 雖然去軾則吾未見其爲完車也. 軾乎! 吾懼汝之不外飾也. 天下之車, 莫不由轍 而言車之功轍不警焉. 雖然車仆馬斃. 而患不及轍, 是轍者禍福之間. 轍乎! 吾知免乎. 소순(蘇洵), 〈명이자설(明二子說)〉≪가우집(嘉祐集)≫ 권15. 또, ≪상설고문진보대전≫, 보경문화사, 1983, 187쪽.

취했으며 그 까닭은 성인이 되었으므로 이름을 함부로 부를 수 없는 데에 있는 것이다. 그러므로 자는 반드시 명과 어떤 형태로든 관련이 있어야한다. 예를 들자면 제갈량(諸葛亮)은 명이 '량(亮)'이므로 '亮'의 '밝다'는 의미와 같은 의미의 '밝을 명(明)'자를 취하여 자를 '공명(孔明)'이라고 했으며, 당나라 때의 문호인 한유(韓愈)는 명의 '愈'가 가진 '나아지다, 나아가다'와 반대의 의미를 가진 '물러날 퇴(退)'자를 택하여 '퇴지(退之)'라는 자를 취했다. 한유의 아버지가 한유에게 원래 '愈(나을 유: 일정한 대상보다 뛰어나다)'라는 이름을 지어준 까닭은 자식이 남보다 앞서 나아가기를 바랐기 때문인데 그런 이름을 받은 한유는 앞서 나아가려는 의지가 지나치게 강하여 남보다 월등한 인물로 성장하였다. 이에, 한유의 아버지는 한유가 20세를 맞아 관례를 행하는 날 "이제부터는 남보다 낫기 위해 나아가려고만 하지 말고 뒤로 물러설 줄도 알아야 한다."는 의미에서 물러갈 '퇴(退)'를 사용하여 '퇴지(退之)'라는 자를 지어준 것이다. 이처럼 옛 사람들은 관례를 행할 때면 또 하나의 이름으로서 자를 반드시 지었다.

  자가 이름보다 가볍게 부를 수 있는 것이라면, 호는 자보다도 더 허물없이 부를 수 있는 칭호이다. 자가 동연배 이상의 사람들이 부르는 이름이라면 호는 연하의 아래 사람도 허물없이 부를 수 있는 이름이기 때문이다. 우리나라 사람 중에 호를 짓는 법에

---

51) ≪예기(禮記)≫, 십삼경주소본(十三經注疏本), 대만 동승출판사업공사(東昇出版事業公司), 29쪽.

대해 최초로 언급한 사람은 고려시대 이규보(李奎報 1168-1241)인 것 같다. 그는 다음과 같이 말하였다.

> 옛 사람 중에는 호로써 이름을 대신한 사람이 많았다. 거처하는 곳을 취하여 호를 삼은 사람도 있고, 그가 간직한 것을 근거로 하거나 혹은 소득한 실상을 호로 삼은 사람도 있었다. 왕적(王績)의 호 동고자(東皐子), 두보(杜甫)의 호 초당선생(草堂先生), 하지장(賀知章)의 사명광객(四明狂客), 백거이(白居易)의 향산거사(香山居士) 등은 그들이 거처하는 곳을 취하여 호를 삼은 것이고, 도잠(陶潛)의 오류선생(五柳先生), 구양수(歐陽修)의 육일거사(六一居士) 등은 그들이 가진 것을 근거로 취한 호이며, 장지화(張志和)의 현진자(玄辰子), 원결(元結)의 만랑수(漫凉叟)라는 호는 그들이 터득한 바의 실상을 호로 삼은 것이다.[52]

이규보의 이 말을 토대로 호를 짓는 법칙을 귀납해 보면 '소처이호(所處以號: 거처하는 곳의 지명을 호로 삼은 경우)', '소축이호(所蓄以號: 아끼는 물건을 호로 삼은 경우)', '소우이호(所遇以號: 자신이 처한 시대적, 사회적 상황을 반영하여 호를 지은 경우)', '소지이호(所志以號: 자신의 의지를 담아 호를 지은 경우)' 등 네 가지로 정리할 수 있다. '소처이호'의 예를 들자면, 정도전

---

[52] 古之人以號代名者多矣. 有就其所居而號之者. 有因其所蓄. 或以其所得之實而號之者. 若王績之東皐子. 杜子美之草堂先生. 賀知章之四明狂客. 白樂天之香山居士. 是則就其所居而號之也. 其或陶潛之五柳先生. 鄭熏之七松處士. 歐陽子之六一居士. 皆因其所蓄也. 張志和之玄眞子. 元結之漫浪叟. 則所得之實也. 이규보, 〈백운거사어록〉, ≪동국이상국집≫ 권20. 전자판.

의 호 삼봉(三峯)은 단양의 도담삼봉(島潭三峯)을, 이황의 퇴계(退溪)나 도산노인(陶山老人)은 안동의 퇴계와 도산이라는 지명을 호로 취한 것이고, '소축이호'의 예로서는 고려 의종 때의 인물인 정서(鄭敍)의 경우를 들 수 있는데 그는 동래에 유배된 후 정자를 짓고 오이를 심었다는 의미인 '축정종과(築亭種瓜)'라는 말을 써서 자신의 생활을 표현했는데 여기서 '과정(瓜亭)'이라는 호를 취하였다. '소우이호'는 사람이 처한 환경이나 여건으로부터 호를 취한 경우인데 벽산청은(碧山淸隱) 김시습(金時習), 직봉포의(直峯布衣) 김우옹(金宇顒) 등의 호에서 보는 것처럼 '은(隱: 은자)', '옹(翁: 노인)', '포의(布衣: 벼슬을 안 한 사람)', '수(叟: 늙은 이)', '거사(居士: 벼슬을 하지 않고 향리에서 사는 사람)', '산인(山人: 산에서 은거하는 사람)' 등이 붙은 것이 특징이다. 끝으로, 자신의 의지와 이상을 담아 지은 '소지이호'의 경우를 들 수 있는데, 옛 사람들이 사용한 호의 대부분이 소지이호의 호이므로 그 예는 수없이 많다.53)

---

53) ≪역옹패설≫의 저자인 익재 이제현의 다른 호가 '역옹(櫟翁)'인데 역옹이란 호를 취한 이유를 "역목(櫟木)이 재목으로는 쓸모가 없는 나무이기 때문에 목수의 도끼에 찍힘을 당하지 않고 천수를 다할 수 있는 것과 같이 나도 역목처럼 훌륭한 인재가 되지 못한다는 마음가짐으로 함부로 나서지 않음으로써, 난세에 보명(保命)하고자 한다."고 밝힌 바 있다. '소지이호'의 대표적인 예이다. 율곡의 어머니인 사임당 신씨는 주나라 문왕의 어머니인 태임(太姙)을 스승으로 삼아 훌륭한 어머니가 되겠다는 의지의 표현으로써 사임당(師姙堂)이라고 호하였다. 이상, 자와 호에 대한 기술은 김병기, 〈자와 호〉, ≪서예란 어떠한 예술인가≫, 미술문화원, 1990, 375쪽 참고.

이상, 이름의 중요성과 자를 짓는 예와 호를 짓는 법을 통해서 볼 때 김구의 명과 자와 호에는 특별한 의미가 담겨 있음을 발견할 수 있다. 먼저 이름 '구(坵)'는 공자의 성명인 '공구(孔丘)'의 '丘'와 완전히 같은 글자이다. '丘'는 '언덕 구'라고 훈독하는데 공자의 두상이 언덕처럼 중앙부위가 약간 깊고 가장자리가 언덕처럼 솟았기 때문에 '丘'라는 이름을 지었다는 점은 널리 알려진 바다.54) '丘'가 공자의 이름 글자가 된 후, 사람들은 공자를 존경하는 의미에서 '丘'자를 함부로 사용하는 것을 삼갔다. 이런 이유로 '언덕'이라는 의미를 나타내는 글자를 다시 만들 필요를 느껴 후기자(後起字)로서 '丘'에 '토(土)'를 덧붙인 '坵'자가 만들어지게 되었다. 그러므로 '丘'와 '坵'는 사실상 완전히 같은 글자이다.

 이름은 본래 부모가 지어주는 것이다. 그런데 김구의 초명은 백일(百鎰)이었다. '일(鎰)'은 무게를 재는 단위로 쓰이는 글자이다. 그러므로 '百鎰'은 곧 '100鎰'이다. 성격적으로도 중후하고 국가와 사회를 위해서도 무게감이 있는 일을 하라는 의미에서 그런 이름을 지어 주었을 것이다. 그런데 그 이름을 버리고 다시 공자의 이름과 사실상 같은 '坵'라는 이름을 짓게 된 것은 공자와 같은 사람이 되라는 부모의 당부가 담겼거나 아니면 공자와 같은 사람이 되겠다는 본인의 강한 의지를 반영한 것이라고 할 수 있다.(115쪽 주 29 참고)

---

54) 魯襄公二十二年而孔子生. 生而首上圩頂, 故因名曰丘云. 사마천, ≪사기≫, 〈공자세가〉.

다음으로 김구의 자인 '차산(次山)'은 앞서 살펴본 자를 짓는 방법에 정확히 부합하는데 이름을 '언덕'을 뜻하는 글자인 '坵'로 지었기 때문에 자는 언덕과 비슷한 의미인 '山'자를 취하여 '次山'이라고 한 것이다. 그렇다면 '次山'의 '次'는 무슨 의미일까? 바로 '두 번째' 혹은 '다음'이라는 뜻이다. 그러므로 '次山'은 '두 번째 산'이라는 뜻도 되고 '다음 산'이란 뜻도 된다. 김구는 공자를 산으로 보고 자신을 '공자 다음의 두 번째 산' 혹은 '공자의 뒤를 이을 공자 다음의 산은 바로 나'라는 의미를 취하여 '次山'이라는 자를 취한 것이다. 자는 대부분 스승 혹은 부모가 지어 주는 것이므로 김구의 부친인 김의(金宜)가 이 자를 지었다면 김구의 부친이 자신인 김구에게 매우 큰 사명감을 부여한 것이고 만약 김구 스스로 이러한 자를 지었다면 이는 이것은 대단한 자부심의 표현이라고 아니할 수 없다. 결코 자만이나 허영이 아니라, 공자의 뒤를 이어 유학을 부흥하겠다는 강한 의지의 표명이며 자부심인 것이다. 당나라의 한유(韓愈)가 고문운동을 펼쳐야 할 이유로 '도통(道統)'을 내세우며 맹자 이후에 끊긴 도통을 자신이 있겠다는 의지를 밝혔는데[55] 김구는 맹자도 거치지 않고 곧바로 공자의 뒤를 이어 유학을 부흥시키겠다는 의지를 천명한 것이다. 그런데 김구는 이러한 유학 부흥의 의지를 구현함에 있어서 고려 사회에

---

55) 堯以是傳之舜, 舜以是傳之禹, 禹以是傳之湯, 湯以是傳之文武周公, 文武周公傳之孔子, 孔子傳之孟軻. 軻之死, 不得其傳焉. 한유, 〈원도(原道)〉, ≪상설고문진보대전≫, 보경문화사, 1983, 114쪽.

이미 유입되어 있던 북송 성리학과 김구 당년에 몽고에서 수용하기 시작한 금나라와 남송의 유학을 바탕으로 삼아야겠다는 생각을 했다. 이에, 그는 호를 지을 때 성리학에서 가장 중요시하는 텍스트의 하나이며 주자 성리학의 근간을 이루는 ≪대학(大學)≫에 나오는 3강령 중 최후 완성단계인 '지어지선(止於至善: 지극한 선에서 멈춤)'에서 '止'자를 택하여 '지포(止浦)'라고 하였다. 뒷글자로 '浦(포구 포)'를 택한 것은 김구의 원래 고향이 바닷가인 전북의 부안이었을 뿐 아니라, 그가 원각경을 새기는 사업을 진행하는 권신 최항을 조롱하고 불교를 폄하했다는 이유로 무신집권 세력의 횡포에 밀려 부안 변산의 포구마을에 은거하였기 때문이다. 이 포구마을에서 은거생활하면서 김구는 지역의 인재들을 모아 교육에 힘썼는데 학생들이나 마을 사람들이나 ≪대학≫에 나오는 '지어지선(止於至善)'의 '止'가 의미하는 바를 알아야 한다는 뜻에서 이 포구마을의 이름도 '지지포(知止浦)'라고 명명하였다. 이에 대해 김인순(金麟淳)은 다음과 같은 설명을 붙이고 있다.

> 공께서 일찍이 지지포에 물러나 계시면서 자호(自號)하기를 지포(止浦)라 하였으니 지지(知止)가 바로 지선(至善)의 극치에 이르는 것이라고 여겼던 공의 학문하는 큰 틀을 볼 수 있다. 그리고 이 지선(至善)으로써 자손을 교화하고 후학들을 지도하여 마침내 부풍(扶風: 扶安)의 어진 사대부들이 공의 문하에서 나온 이가 많았으니 이에 사원(祠院)을 세워 김구선생을 높이 모시는 것은 당연한 일이라 할 것이다.[56)]

김인순은 지지포라는 포구 이름으로 인해 김구가 나중에 '지포'라는 호를 취했다고 했으나 실은 김구가 '지포'라는 호를 먼저 짓고 '止於至善'의 '止'를 알리는 교육을 실시함으로써 자연스럽게 마을 이름이 '지지포'로 불리게 되었거나 아니면 아예 처음부터 김구가 나서서 마을 이름을 '지지포'로 명명한 것으로 보는 것이 보다 더 타당할 것이다. 실지로 〈김구 연보〉와 〈신도비명〉은 "공이 처음엔 부안현 동쪽 선학동(仙鶴洞)에 자리 잡아 계시다가 또 부안현 서쪽 변산 바닷가에 집을 지어 그곳을 지지포(知止浦)라 이름하고 두 곳을 왕복 소요하면서 거문고와 서책으로 노년을 보내고 후학들을 교육하되 엄격히 과정을 세우니 한때 인재가 이곳에서 많이 배양되었다."라고 하여 김구가 자신이 거처하던 곳을 지지포라고 명명한 것으로 기록하고 있다. 이는 김구가 초기에 은거했던 '선학동(仙鶴洞)'이라는 마을이 김구가 은거한 이후로 '신선과 같은 인물이 은거하는 마을'이라는 의미에서 '선은동(仙隱洞)'이라고 불리게 된 경우와 맥을 같이 한다.[57]

이상에서 살핀 바와 같이 김구의 명과 자와 호에 담긴 의미만으로도 그가 유학부흥에 대해 얼마나 강한 의지를 가지고 노력하였는지를 짐작할 수 있고, 특히 ≪대학≫에 나오는 3강령 중 최후 완성단계인 '지어지선(止於至善)'을 강조했다는 점에서 그가 이미 주희를 중심으로 하는 남송 성리학에 뜻을 두고 성리학의

---

56) 김인순, 〈지포선생문집〉 발문, ≪지포선생문집≫, 472-480쪽.
57) 전우(田愚), 〈문정공 김구선생 유허비〉, ≪지포선생문집≫, 197쪽.

보급에 심혈을 기울였음을 알 수 있다.58)

---

58) 이 뿐 아니라, 김구를 주벽으로 모신 서원이 비록 사액서원은 아니었지만 조선시대 최초로 건립된 서원이며 그 이름이 '도동서원(道東書院)'이었다는 점도 유심히 살펴볼 필요가 있다. '도동(道東)'이란 '도를 동쪽으로 옮겨왔다'는 의미인데 이는 김구가 중국의 유학 혹은 성리학이라는 '도'를 동쪽의 우리나라로 가져오는 데에 큰 작용을 했음을 의미한다. 이러한 해석은 조선 초기의 유학자인 한훤당(寒暄堂) 김굉필(金宏弼)을 제향하는 서원인 대구의 도동서원이 '도동서원'이라는 이름을 내건 것도 김굉필이 중국의 동쪽나라 즉 우리나라에 성리학이 하나의 도로써 정착하게 하는 데에 공이 있었음을 강조하기 위해서이다. 대구의 도동서원은 1568년에 지방 유림들이 비슬산 동쪽 기슭에 세울 때는 쌍계서원(雙溪書院)이라고 이름 하였고, 1573년에 사액될 때에도 '쌍계서원(雙溪書院)'이라는 현판을 받았다. 임진왜란으로 소실되었다가 1605년에 사림들이 지금의 자리에 사우를 중건하였는데 그때는 '보로동서원(甫勞洞書院)'이라고 하였다. 1607년에야 사액을 청하자 '도동서원'이라는 이름으로 사액하였다. 이때 도동서원이라고 이름을 바꾼 까닭은 상술하였듯이 김굉필을 중국의 동쪽 나라인 우리나라의 성리학이라는 도를 정착시키는 데에 공헌한 인물로 추앙하고자 했기 때문이다. 김구를 주벽으로 배향한 부안 '도동서원'의 이름도 이러한 관점에서 해석해야 할 것이다. 그렇다면, 우리나라 최초의 사액서원인 소수서원보다 9년이나 앞서 건립되었고, 김굉필을 주벽으로 제향하는 서원이 도동서원이라는 이름을 사용하기 73년 전인 1534년에 건립된 부안의 도동서원이 우리나라에서 처음으로 '도동'이라는 이름을 취한 것은 김구가 '도'를 '동쪽'으로 옮겨온 행적, 즉 성리학을 도입하는 데에 세운 공을 기리기 위함이었다고 할 수 있다. 이러한 점에서 본다면 김구야말로 안향보다 훨씬 앞서 유학부흥과 성리학의 도입을 주도한 인물이라고 할 수 있다.

제4장 김구 ≪지포선생문집≫의 편간

1. ≪지포선생문집≫의 편간 과정

김구는 고려 말의 큰 학자이자 명 문장가였고 지대한 외교 업적을 남긴 정치가이다. 그러나 정작 그가 남긴 글에 대한 구체적인 연구와 분석은 거의 이루어진 것이 없다. 시에 대해 개괄한 한 두 편의 논문 외에 그의 문학작품 전반에 대해 논급한 논문은 사실상 전무하다고 할 수 있다. 김구에 대해 언급할 때면 연구자들은 으레 그가 보낸 표전문을 본 원나라 황제가 "말하는 바가 간곡하고 사실에 맞으니 이치로 보아 응당 승인하고 허락하여야 한다."라고 답했다는 이야기와 "원나라의 한림학사 왕악이 그의 글을 볼 때마다 잘 지은 글이라고 칭찬하면서 얼굴을 보지 못하는 것을 한탄하였다."는 ≪고려사≫의 기록을 자주 인용하면서도 정작 그가 지은 표전문이나 왕악에게 보낸 서한문에 대해 구체적으로 분석하여 연구한 논문은 아직까지 학계에 보고된 것이 없다. 물론 김구의 문집 ≪지포선생문집≫이 후대에 구성된 것이기 때문에 그가 남긴 문장의 전모를 볼 수는 없다. 안타깝게도 그가 지은 시문의 대부분이 망실되었기 때문이다. 김구가 남긴 편지글도 겨우 세 편에 불과하다. 이러한 까닭에 그동안 연구자들이 자료 부족을 이유로 연구를 기피해 온 감이 없지 않다. 그러나 아무리 짧은 글이라도 상세히 뜯어보면 그 안에서 새로운 사실을 발견할 수 있다. 비록 남아서 전해오는 글이 많지는 않지만 앞으로 김구에 대한 연구는 김구가 남긴 글에 대한 상세한 분석을 통해 이루어져야 할 필요가 있다. 그렇게 하기 위해서는 ≪지포선생문집≫이 후대에 구성되는 과정과 그렇게 구성된 ≪지포선생문집≫이 갖는 가치를 먼저 추적해 볼 필요가 있다.

≪지포선생문집≫은 김구 생전에 이루어졌다거나 김구 사후에 바로 이루어진 책이 아니다. 어떤 이유에서인지 분명히 본래 있었던 것으로 여겨지는 문집은 사라지고 지금 전하는 ≪지포선생문집≫은 조선시대 순조 원년(1801)에야 출간된 것이다. ≪지포선생문집≫ 서문에는 다음과 같은 설명이 있다.

> 우리나라 문장이 고려시대에 있어서 왕성하지 않은 것은 아니었지만 대개 그 남긴 문집들이 세간에 널리 펼쳐진 것이 매우 적고, 또 더러는 그 당시 수집 출판한 것도 병화에 타버림으로써 본래의 실적이 사라져 후세에 전할 수 없었으리라 생각된다. 내가 일찍이 동문선을 열람하다가 늘 이러한 점을 안타깝게 여겼으니 지포 김공의 사적이 곧 그중의 하나였다. 그러던 어느 날, 공의 후손 익(瀷)이 공의 유고 세 책을 가지고 나를 찾아와 보이기에 나는 나도 모르게 벌떡 일어나 한번 두루 읽고서 공에 대해 더욱 상세하게 알 수 있었다. … 중략 … 책의 분량이 비록 적기는 하나 각 문체가 두루 다 갖추어져 있어서 그다지 초라한 편은 아니다. 어찌 깃털 한 개의 값진 빛깔과 고기 한 점의 아름다운 맛이 아니겠는가? 여러 곳에서 나온 글들을 수집하여 정밀하게 교정함으로써 조금도 그릇

되거나 뒤섞이지 않게 한 것은 이런 일을 추진한 여러 후손들의 성의가 다 근실하였기 때문이다. 처음으로 문집 간행을 주창한 인물은 공의 18세손인 동호(東灝)이다.1)

이 서문의 작자는 송환기(宋煥箕)이고 서문을 쓴 때는 '숭정후 삼을묘계동하한(崇禎後三乙卯季冬下澣)' 즉 '숭정 연호를 사용하기 시작한 후 세 번째 맞은 을묘년 겨울'이니 서기로 환산하면 1795년이다.2) 정조 19년에 김구의 18세손인 동호가 ≪동문선≫ 등 여러 곳에서 김구의 시문을 찾아내어 ≪지포선생문집≫을 구성한 것이다. 그런데 김인순이 쓴 발문에는 발문을 쓴 연대가 1801년으로 기록되어 있다. 발문에는 다음과 같은 문장이 있다.

> 공의 향사를 받드는 도동서원에 배알하고 공의 유집을 물어보았던 바, 대개 세대가 오래인데다가 병화까지 겪어 남아있는 것이 겨우 시문 몇 편과 공의 16세손 홍철(弘哲)이 엮은 연보한 권이 있을 뿐이라 여러 유생들이 바야흐로 출판할 것을 계획했으나 성취하지 못했다가 두 해를 지나 지난 해 겨울에야 비로소 완성하게 되었다, 공의 후손 진사 종택(宗澤)이 나에게 발문을 부탁하기에 내가 이 유집을 가장 먼저 보게 되었는데 특히 감모하는 마음이 마지않은 것은 그 당시 오랑캐에게 복종하는 무리를 탄핵하고 부처에 아첨하는 자를 기롱한 사실이 뚜렷하며 당시 임금님의 표창과 원나라

---

1) ≪지포선생문집≫, 국역부분 6쪽.
2) 현행 번역본에는 간지 년도 계산을 잘 못하여 1795년에다 다시 60년을 보태어 1855년으로 기록하고 있다. 서문을 쓴 宋煥箕의 생몰년이 1728-1807년이므로 서문을 쓴 연대가 결코 1855년일 수 없다. 명백한 단순오류이다.

사람들이 칭찬한 공의 문장들이 빛나고 또 빛나서 국사(國史)와 읍승(邑乘)의 기록이 찬란하다. 뿐만 아니라 정태사(鄭太師: 鄭㝚)의 비명과 송이사(宋貳師: 宋煥箕)의 서문이 또 극진하거늘 내 어찌 감히 덧붙여 말할 수 있겠는가.3)

이러한 사실로 보아 1795년부터 시작된 편간사업이 1799-1801년 사이에 완성되어 1801년에야 출간하였음을 알 수 있다. ≪지포선생문집≫은 현재 서울대학교 규장각, 국립중앙도서관, 연세대 중앙도서관 등에 소장되어 있으며 부안김씨 승지공파 재실인 취성재에 보존되어 있던 ≪지포선생문집≫ 목판 57점은 2012년 전북대학교 박물관에 기탁되어 현재까지 보관하고 있다.

그렇다면 ≪지포선생문집≫이 왜 1795년으로부터 1801년 사이에 간행되었을까? 이 점 또한 김구를 주벽으로 제향하는 도동서원을 사액서원으로 격상시키기 위해 사액을 청하는 이른 바 '청액상소'와 관련이 있는 것으로 보인다. 도동서원 청액상소에 관련된 기록은 ≪조선왕조실록≫과 ≪일성록≫에서 볼 수 있는데, 1790년(정조14) 전라도 유생 박태규(朴泰奎) 등은 다음과 같이 상소하였다.

> 부안현 도동서원은 바로 고려조 문정공 김구를 제사하는 곳입니다. 명나라 가정 갑오년(1534 중종29)에 창건하였고, 앞 임금 병오년(1726 영조2)에 이르러 증 영의정 충정공 홍익한(洪翼漢)

---
3) ≪지포선생문집≫, 국역부분 218쪽.

을 추배하였습니다. 대개 문정공이 생전에 머물러 살았던 곳이고 충정공을 사모하는 마음이 깃들어 있는 곳이기 때문이었습니다. 김구는 고려조에 문교가 널리 퍼지지 못하여 이단이 멋대로 횡행하는 시기를 당하여 홀로 유교를 추켜세우고 사교를 배척하여, 정학을 천명함으로써 우뚝하게 백세의 사표가 되었습니다. … 중략 … 그가 옛 성인을 계승하고 후인의 앞길을 안내해준 공로는 참으로 훌륭합니다. 그러므로 앞 시대의 바른 선비인 문성공 이이(李珥)는 김구가 선한 일을 많이 하고 공적을 쌓았다고 칭송하였고, 문정공 송시열은 그를 '명현(名賢)'이라고 칭송하였는데 이는 김구의 비문에 잘 나타나 있습니다.

충정공 홍익한으로 말하자면, 바로 병자호란 후 청나라에 볼모로 잡혀간 3학사의 한 사람으로서 명나라에 대한 충신이자 우리나라의 열사입니다. 그의 절의는 해와 별처럼 찬란히 빛을 발하고 있어서 저희들이 다시 열거할 필요가 없습니다. 한 분은 도학으로 다른 한 분은 충절로 서원에 제향하였고 학문과 행실이 탁이한 진사 최수손(崔秀孫)을 함께 서원에 배향하여 백세토록 길이 제사지낼 것이니 사액하는 것이 마땅합니다. 삼가 바라건대 어서 액호(額號)를 내려주소서.[4]

이렇게 상소를 하였으나 정조의 허락을 받지 못하여 사액이 이루어지지 않았다.[5] 그런데 이러한 청액상소를 올리기 위해서는 도동서원의 권위를 한 층 높일 필요가 있었다. 도동서원의 권위를 높이기 위해서는 당연히 주벽인 김구의 위상을 높여야 했다.

---

4) ≪정조실록≫ 14년(1790) 2월 13일(갑자).
5) 같은 내용의 기록이 ≪일성록≫ 정조 14년(1790) 2월 13일(갑자)에도 보인다.

바로 이러한 필요에 따라 김구의 위상을 높이기 위해 그의 문집인 ≪지포선생문집≫을 재구성하여 간행하는 작업을 서둘렀던 것이다. 비록 청액상소가 받아들여지지는 않았지만 청액상소를 다시 올려 훗날을 도모하기 위해서는 문집발간이 절실하게 필요했기 때문에 처음 청액상소를 올린 1790년도 이후, 사액이 관철되지 않는 상황에서 힘을 보태기 위한 노력으로 18대손 김동호 등이 ≪동문선≫과 ≪고려사≫ 등에서 김구의 시문을 뽑아 1795년에 편집을 완성한 것이다.

2. ≪지포선생문집≫의 구성과 가치

1) ≪지포선생문집≫의 구성

≪지포선생문집≫은 권1에는 시, 권2~3은 문을 수록하고 있으며 권3의 후미에는 부록이 첨부되어 있다. 권수(卷首) 즉 책머리에는 1795년에 송환기(宋煥箕)가 지은 서문이 있고 뒤를 이어 목록이 있다. 권1에는 칠언절구, 칠언율시, 칠언고시가 실려 있으며, 그중에는 1240년에 서장관으로 원나라에 갔을 때 지은 ≪북정록(北征錄)≫ 중에 수록되어 있었다고 하는 몇 편이 포함되어 있다. 권2는 왕의 제작명령에 부응하여 지은 글을 모은 응제록(應製錄)으로서 왕세자옥책문(王世子玉冊文) 등

교책(敎冊) 4편과 마제(麻制) 1편, 그리고 표전(表箋) 68편이 실려 있다. 이 중에 표전은 원나라에 보낸 통문으로서 김구의 문장 실력이 드러나 보이는 부분으로 알려져 있다. 이들 표전은 연대순으로 수록되어 있고 제목 아래에는 이 표전을 지은 시대적 배경이 비교적 상세하게 기록되어 있다. 권3에는 계(啓), 소(疏), 서(書), 비명(碑銘) 등이 실려 있다. 이중 서(書) 3편은 원나라의 한림학사인 장(張)학사에게 보낸 것이 한 통, 왕학사에게 보낸 것이 두 통이다. 권3의 뒷부분은 부록인데 16세손 김홍철(金弘哲)이 편찬한 〈연보〉와 외손 정실(鄭寔)이 지은 신도비문, 그리고 부안 현감으로 와있던 먼 외손 안동김씨 김인순(金麟淳)이 지은 발문이 수록되어 있어서 사실상 제4권의 역할을 하고 있다. ≪지포선생문집≫에 수록된 김구가 지은 시문의 편수를 보면 다음과 같다.

- 칠언절구 4편
- 칠언율시 6편
- 칠언고시 2편
- 敎冊 5편
- 表箋 69편
- 啓 1편
- 疏 5편
- 書 3편
- 碑銘 2편 도합: 95편

이들 시문은 모두 ≪동문선≫에서 따온 것이기 때문에 서거정(徐居正)이 ≪동문선≫을 편찬할 때 김구의 시문을 95편 골라서 수록하였음을 알 수 있다. 여기서 김구가 제주 판관으로 부임했을 때 제주부사로 있으면서 김구의 문장을 아들에게 보여주며 "이것은 시부(詩賦)의 교범이니 너는 공손히 이것을 받들어 간직하여 두어라!(此詩賦之準繩汝謹藏之)"라고 했다는 인물이며 ≪보한집(補閑集)≫의 편자로 널리 알려진 최자(崔滋)의 시문 중에 동문선에 수록된 시문을 살펴서 상호 비교해볼 필요가 있다. ≪동문선≫에 수록된 최자 등 다른 인물의 시문의 편수를 표로 제시하면 다음과 같다.

(표) ≪동문선(東文選)≫에 실린 최자(崔滋)의 시문

연번	권차	문체	제목
1	제2권	부(賦)	서도(西都)·북경(北京)·강도(江都)를 읊은 부(三都賦)
2	제2권	부(賦)	국가의 위기를 앞세우기 위하여 인상여가 염파를 피한 것을 읊은 부(相如避廉頗以先國家之急賦)
3	제6권	칠언고시(七言古詩)	은문 금 태위에게 연회를 감사하는 시를 올리다 (上恩門琴太尉謝宴詩)
4	제9권	오언율시(五言律詩)	최교감 시의 운을 따라 남제의 버들을 노래하다 (南堤柳崔校勘韻)
5	제9권	오언율시(五言律詩)	원덕후 만사(元德太后挽詞)

6	제14권	칠언율시 (七言律詩)	교지(敎旨)에 응하여 성변(星變)을 풀이하는 소재(消災) 도량(道場)에서(禳星變消災道場應敎)
7	제14권	칠언율시 (七言律詩)	봉답 김정당(奉答金政堂)
8	제14권	칠언율시 (七言律詩)	곡 최승제 종번(哭崔承制宗藩)
9	제14권	칠언율시 (七言律詩)	선경전 행 대장경도량 음찬시 (宣慶殿行大藏經道場音讚詩)
10	제18권	칠언배율 (七言排律)	교방 소아(敎坊小娥)
11	제18권	칠언배율 (七言排律)	이수(李需)의 교방(敎坊)의 동기(童妓) 시를 차운하며(次李需敎坊少娥詩韻)
12	제18권	칠언배율 (七言排律)	복차운(復次韻)
13	제20권	칠언절구 (七言絶句)	곡 조승제 백기(哭趙丞制伯琪)
14	제20권	칠언절구 (七言絶句)	국자감 직려에서 채진봉학의 울음을 들으며(國子監直廬聞採眞峯鶴唳)
15	제26권	제고 (制誥)	제 종실 전 위 수태위 신안공 교서 (除宗室恮爲守大尉新安公敎書)
16	제27권	제고 (制誥)	관고(官誥)
17	제28권	제고 (制誥)	관고(官誥)
18	제27권	제고 (制誥)	조계종 선사 혼원 위 대선사 교서 (曹溪宗禪師混元爲大禪師敎書)
19	제27권	제고 (制誥)	지념업 선사 조유 위 대선사 교서 (持念業禪師祖猷爲大禪師敎書)
20	제27권	제고 (制誥)	조계종 삼중 신화 위 선사 관고 (曹溪宗三重神化爲禪師官誥)
21	제43권	표전	양 은청광록대부 상서우복야 한림학사

		(表箋)	승지　표(讓銀靑光祿大夫尙書右僕射翰林學士承旨表)
22	제43권	표전 (表箋)	장군 조숙장 양 조정대부 천우위 섭대장군　표(將軍趙叔章讓朝靖大夫千牛衛攝大將軍表)
23	제84권	서(序)	속파한집서(續破閑集序)
24	제104권	치어 (致語)	등석에 선도를 바칠 때 교방의 치어(燈夕獻仙桃敎坊致語)
25	제117권	비명 (碑銘)	만덕산 백련사 원묘국사 비명 병서 (萬德山白蓮社圓妙國師碑銘 幷序)

2) ≪지포선생문집≫의 가치 - ≪동문선≫에 수록된 다른 문인의 문장 분량과 비교

시와 문을 합하여 모두 25편이 수록되어 있다. 김구의 시문 합계 95편에 비해 훨씬 적은 1/4에 해당하는 분량이다. 이러한 점에 비추어 볼 때 서거정의 눈에 비친 김구의 시문은 최자의 그것보다 선택의 가치가 훨씬 높았다고 추론해 볼 수 있다. 그런가 하면, 김구 만년에 김구와 함께 수찬관으로 일하며 신종, 희종, 강종 세 왕조의 실록을 편찬한 이장용(李藏用)의 시문 중에 ≪동문선≫에 수록된 것은 다음과 같다.

(표) ≪동문선≫에 실린 이장용(李藏用)의 시문

연번	권차	문체	제목
1	제14권	칠언율시 (七言律詩)	제 동진산 문주사 차운 (題童津山文珠寺次韻)

2	제14권	칠언율시 (七言律詩)	선월사 사량정 차운 (禪月寺四涼亭次韻)
3	제14권	칠언율시 (七言律詩)	유 선월사(遊禪月寺)
4	제14권	칠언율시 (七言律詩)	원조(元朝) 왕백일(王百一) 학사(學士) 왕악(王鶚)에게 지어 보냄 (投元朝王百一學士鶚)
5	제14권	칠언율시 (七言律詩)	홍수(紅樹)
6	제14권	칠언율시 (七言律詩)	임 습유(林拾遺)가 와서 연사시를 보이기에 한 수를 지어 대존숙(大尊宿) 장하(丈下)에 부침(林拾遺來示蓮社詩因成一首寄呈大尊宿丈下)
7	제14권	칠언율시 (七言律詩)	임 습유의 운을 또 써 드림 (用林拾遺韻又呈)
8	제18권	칠언배율 (七言排律)	이수(李需)의 보문사(普門寺) 시를 차운하며(次李需普門寺詩韻)
9	제18권	칠언배율 (七言排律)	삼각산 문수사(三角山文殊寺)
10	제20권	칠언절구 (七言絶句)	자관(自寬)
11	제20권	칠언절구 (七言絶句)	자비령(慈悲嶺)
12	제26권	제고 (制誥)	제 재신 박문성 이자성 송순 임경숙 교서 (除宰臣朴文成李子晟宋恂任景肅教書)
13	제26권	제고 (制誥)	마제(麻制)
14	제26권	제고 (制誥)	이방무 위 추밀원부사 형부상서 관고 (李方茂爲樞密院副使刑部尙書官誥)
15	제26권	제고 (制誥)	민희 위 천우위장상군 지어사대사 관고 (閔曦爲千牛衛上將軍知御史臺事官誥)
16	제27권	제고 (制誥)	약등 위 양가도승록 관고 (若滕爲兩街都僧錄官誥)
17	제28권	책(冊)	왕태자 옥책문(王太子玉冊文)

18	제62권	서(書)	여 오열관인 서(與吳悅官人書)
19	제62권	서(書)	유 몽고사 흑적서(遺蒙古使黑的書)
20	제63권	서(書)	상 도당 서(上都堂書)
21	제108권	상량문(上梁文)	국자감 상량문(國子監上梁文)

모두 21편이다. 역시 김구의 시문 95편에 비해 그 양이 훨씬 적은 1/4에 해당하는 분량이다. 이러한 점을 통해서도 김구의 시문이 월등한 위치에 있었음을 미루어 짐작할 수 있다. 물론, ≪동문선≫에 수록된 수량에만 의지하여 김구 시문의 수월성을 다 증명할 수는 없다. 그러나 조선 초기에 문형을 담당한 큰 문장가였던 서거정의 눈에 든 작품의 수가 많다는 것은 그만큼 작품의 수준이 높다는 것을 간접증명하기에 충분하다고 할 수 있다. 이러한 까닭에 김구보다 약간 뒤의 인물로서 고려 말 최고의 문장가로 손꼽히는 익재(益齋) 이제현(李齊賢1287-1367)도 김구의 시문에 대해서 "아름답기가 더 할 나위 없다.(瑰麗無雙)"[6]고 평가한 것이다. 그런 평가를 한 익재 이제현의 글이 ≪동문선≫에 수록된 상황과 비교해 봐도 김구의 문장이 이제현의 문장과 비견할 만한 수준이었음을 짐작할 수 있다.

다음의 표에서 보는 바와 같이 익재 이제현의 문학작품 중 ≪동문선≫에 채록된 편수는 도합 124편이다. 김구의 95편보다 29편

---

[6] 이제현, ≪역옹패설(櫟翁稗說)≫, 을유문고, 1978, 38쪽.

정도가 많은 숫자이다. ≪동문선≫에 채록된 김구의 문장 편수는 고려 말 최고의 문호로 추앙받는 이제현과 비교해도 그다지 손색이 없는 분량이다. 아쉬운 것은 많은 작품이 다 유실되고 ≪동문선≫에 수록되었던 것 95편만이 현존한다는 점이다.〔사진10-1, 2, 3 ≪지포선생문집≫ 목판 - 전북대학교 박물관 위탁관리〕

(표) ≪익재난고(益齋亂藁)≫ 문체별 편수와 ≪東文選≫에 실린 편수(괄호안의 숫자)

문체		편수	비고
문(文)	기(記)	6	*문장의 문체는 한국고전종합DB ≪익재난고≫ 분류에 따른 것임
	논(論)	2	
	명(銘)	5	
	비(碑)	1	
	비명(碑銘)	15	
	사전서(史傳序)	15	
	서(序)	2	
	사찬(史贊)	6	
	서(書)	6	
	세가(世家)	1	
	송(頌)	1	
	잠(箴)	3	
	찬(讚)	6	
	책문(策問)	4	
	표(表) 전(牋)	15	
	89(77)		
장단구(長短句)	17		
시(詩)	고시(古詩)	2	*편수이지,

	오언고시 (五言古詩)	5(3)	수(首)의 수가 아님
	오언율시 (五言律詩)	11(3)	
	오언절구 (五言絶句)	2	
	칠언고시 (七言古詩)	36(5)	
	칠언율시 (七言律詩)	59(22)	
	칠언절구 (七言絶句)	74(14)	
		187(47)	

≪東文選≫에 수록된 편수 도합 124편

제5장 김구의 외교활동

1. 왕악(王鶚)을 통한 원나라 황제 설득

앞서도 여러 차례 언급한 바 있듯이 김구에 대해 "국사를 논함에 있어서는 간절하고 정직하여 기피하는 바가 없었으며 워낙 문장에 능하였으므로 늘 국가의 중요한 일이 있을 때마다 글을 맡아 지었다. 원나라의 징계와 질책이 없는 해가 없었으나 공이 오랫동안 표를 맡아 짓되 상황에 따라 문장을 조절하여 다 이치에 맞게 함으로써 원나라 황제의 윤허를 많이 받았다. 원나라의 한림학사 왕악은 공이 쓴 표(表)의 문장을 볼 때마다 반드시 아름답다고 칭하면서 김구를 직접 면대할 수 없는 것을 한탄하곤 하였다."[1]는 내용의 〈김구연보〉 기록은 《고려사》〈열전〉 및 《동국통감》, 《여사제강》, 《동사회강》, 《동국사략》 등에도 다 수록되어 있다. 왕악이 김구를 크게 칭송하였다는 기록을 통하여 우리는 왕악과 김구 사이에는 어떤 형태로든 교류가 있었다는 점을 알 수 있다. 왜냐하면 당시에 왕악이 한 이 말이 고려 조정은 물론 김구에게도 전달되었어야만 앞서 열거한 《고려사》 열전

---

1) 至論國事. 切直無所避. 善屬文. 掌詞命. 上國徵詰. 殆無虛歲. 公久掌撰表. 遇事措辭. 皆中於理. 以此多獲允兪. 元翰林學士王鶚. 每見表詞. 必稱美. 恨不得見其面. 《지포선생문집》 415쪽.

외의 많은 전적들이 그 사실을 기록할 수 있었을 터이기 때문이다. 바로 이러한 교류를 현존하는 ≪지포선생문집≫에 실린 두 통의 〈여왕학사서(與王學士書)〉 편지 즉 김구가 왕악에게 보낸 편지가 충분히 증명하고 있다. 이 두 통의 편지는 순전히 김구가 왕악에게 보낸 사신(私信) 즉 개인적인 편지이며 그 사신에는 이미 깊은 교류를 바탕으로 일을 부탁하고 논의하는 대목이 많이 보이기 때문이다. 김구가 편지 제목에 '왕학사'라는 말을 쓴 것으로 보아 현전하는 두 통의 편지는 왕악이 한림학사를 제수 받은 1260년 당시 김구의 나이 50세 이후임을 알 수 있다. 70세의 왕악과 50세의 김구 사이에 곡진한 감정이 바탕에 깔린 편지가 오간 것이다. 이제, 김구가 왕악에게 보낸 편지를 두 통을 문단을 나누어 한 구절씩 상세하게 고찰해 보기로 한다.

1) 왕악에게 보낸 편지 〈여왕학사서(與王學士書)〉[2] 내용 분석

① 閣下以傑出瑞朝之才 ~ 常以哀窮濟急爲己任.

해당 부분을 번역하여 옮기면 다음과 같다.

> 합하께서는 조정(나라)을 빛낼 걸출한 인재로 태어나시어 갑과 과거시험에 으뜸으로 급제하셨으나 중간에 운세가 꽉 막히는 세상을 만나 한 동안 재능과 학식을 감춘 채 때를 기다리셨습니다. 이제

---

2) ≪지포선생문집≫ 권3, 379쪽.

성스럽고 현명하신 황제를 만나 백성들을 위해 일어나 세상에 나오셔서 촌철과 같은 붓끝으로 온 나라에 문화의 윤기가 퍼지도록 하셨고 해와 달이 비추는 곳이라면 어디라도 다 글이 통하는 세상을 만드셨습니다.3)

여기에서 김구는 왕악이 금나라에서 장원급제한 인물이었는데 금나라가 망하는 비운을 당하여 도광양회(韜光養晦)의 생활을 하다가 이제 원나라에 출사하여 문필로 원나라를 문명화하고 있음을 치하하고 있다. 이러한 내용으로 보아 김구와 왕악은 국가 변란의 아픈 감정을 공유하고 있음을 짐작할 수 있다. 즉 금나라 사람 왕악이 몽고의 침입을 받아 조국인 금나라가 멸망함으로써 왕악도 장원 급제까지 한 몸이지만 "운세가 꽉 막히는 세상을 만나" 한 동안 재능과 학식을 감춘 채 살았음을 언급함으로써 조국의 멸망과 불운에 대한 동병상련의 마음을 펴 보이고 있는 것이다. 비록 뒤에 원나라 황제를 칭송하는 구절이 있기는 하지만 몽고의 금나라 침입에 대해서 "운세가 꽉 막히는 세상을 만나"라는 표현을 한 점은 적잖이 의외이다. 몽고의 금나라 병탄과 고려침입에 대한 울분을 공유하지 않은 상태에서는 당시 서슬 퍼런 원나라에 대해 '운세가 꽉 막히는 세상'이라는 표현을 하기가 쉽지 않았을 것이기 때문이다. 편지 안에 "이제 현명하신 황제를 만나"

---

3) 某啓. 前月因使价廻, 備諳閣下佳裕千福, 欣慰欣慰. 閣下以傑出瑞朝之才, 首登黃甲之科, 遭世中否, 韜光待時. 今遇聖明, 爲蒼生而一起, 筆端膚寸, 潤及萬邦, 使日月所照, 皆成文字. 天稟根乎仁義, 常以哀窮濟急爲己任.

라는 구절을 통해 이 편지는 쿠빌라이가 등극하던 해이자 왕악이 한림학사에 임명된 해인 1260년 이후에 보낸 편지임을 알 수 있다.

② 天稟根乎仁義 ~ 寵慰而送還.

해당 부분의 내용은 다음과 같다.

> 천품이 본래 인의를 타고나 늘 곤궁한 사람을 불쌍히 여기시어 그들을 구제하는 것을 자신의 임무로 여기셨습니다. 우리 작은 나라 고려에서 사신이 갈 때면 사신이 하고자 하는 말을 황제에게 잘 아뢸 수 있도록 너그럽고 곡진한 마음으로 도와주심으로써 황제께서 인자하신 마음을 베푸시도록 유도하여 주셨습니다. 전년에 예부시랑 장일(張鎰)이 사신으로 갔을 때에도 머물러 묵을 곳을 잘 챙겨 특별히 후하게 대우해 주셨으며 화려한 의복까지 하사하여 은총과 위안을 베풀어 돌려보내 주셨습니다.[4]

≪고려사≫에 의하면 장일(張鎰)은 원종6년(1265), 원종7년(1266), 원종9년(1269) 등 세 차례에 걸쳐 원나라에 갔다.[5] 따라서 이 편지는 아무리 빨라도 1265년 김구의 나이 55세 이

---

4) 天稟根乎仁義, 常以哀窮濟急爲己任. 每小邦行李之往來也, 款曲敷奏, 導降宸慈. 又於年前, 禮部侍郎張鎰行李, 館待殊厚, 賜以華服, 寵慰而送還.
5) ≪고려사≫ 권26 〈세가〉 26 「원종 2」, 원종 6년: "春正月 乙未 遣廣平公恂, 大將軍金方慶, 中書舍人張鎰等如蒙古, 謝恩獻方物.", ≪고려사≫ 권26 〈세가〉 26 「원종 2」, 원종 7년: 11월 "己亥 遣侍郎張鎰如蒙古, 賀正.", ≪고려사≫ 권26 〈세가〉 26 「원종 2」, 원종 9년 12월: "丙申 脫朶兒還, 王餞于郊, 遣大將軍張鎰, 伴行."

후에 쓴 편지이다. 그런데 앞에서 "이제 현명하신 황제를 만나"라는 구절이 있는 것으로 보아 쿠빌라이가 등극한 초기라고 할 수 있으므로 1265년에 장일이 사신으로 다녀온 후에 쓴 글로 추정할 수 있다. 이 편지 내용을 통해 알 수 있는 점은 김구와 왕악 사이의 교류가 무척 긴밀했다는 점이다. 진즉부터 두 사람 사이에 긴밀한 교류 특히 서로 만난 적이 있는 것 같은 친밀함이 문장 안에 배어있다. 그리고 왕악이 고려 사신에게 매우 호의적이어서 고려의 사신이 갈 때마다 황제에게 말을 충분히 할 수 있는 기회를 만들어 줬는데 이번에 장일에게도 그런 배려를 해주었음에 대해 김구는 감사의 마음을 표하고 있다.

③ 伏承回詔 ~ 亦且欣吾道之東矣.

해당 부분의 내용은 다음과 같다.

> 엎드려 황제께서 답으로 내려주신 조서를 받고 보니 학사께서 우리 사신을 마치 가족을 대하듯이 돌봐 주시고 걱정해 주셨음을 더욱 더 알게 되었습니다. 작은 우리나라의 불편한 부분에 대해 실정을 미리 다 파악하시어 황폐한 우리 땅을 마치 손바닥 위에 놓으시고 친히 보시는 것 같이 하셨습니다. 전매 상품을 교역할 수 있는 교역 장소인 각장(榷場)을 설치하는 일에 대한 논의를 하게 해 주심으로써 일단 안심할 수 있게 되었으며, 사냥을 하는 매를 잡아 공납하던 일도 그만 두게 해 주셨습니다. 게다가 특별히 주석을 붙인 조충지(祖沖之)의 《大明曆》을 이 땅에도 반포해 주셔서 백성

들에게 농사 때를 깨우쳐 알게 해 주심으로써 바다 모퉁이의 백성들로 하여금 다시 크게 밝은 문물의 중흥을 보게 해 주셨습니다. 이렇게 해 주심으로써 이 땅의 백성들이 모두 다 이 작은 나라를 온전하게 보전할 수 있게 되었다는 희망을 갖게 되었으니 이 모든 것이 어찌 합하께서 마치 학처럼 현명한 은자의 말은 아무리 숨어서 해도 결국은 세상에 다 알려 지듯이 그처럼 현명하신 말씀으로 황제께 고해주심으로써 황제로 하여금 그렇게 하도록 한 덕이 아니겠습니까? 온 국민이 모두 기뻐하여 자신도 모르는 사이에 눈물과 콧물이 함께 흘렀습니다. 하물며 합하께서 작은 우리나라에 대해 평소에 황제의 덕화를 입어 유가의 학풍을 숭상하고 있다는 말씀을 황제께 줄곧 해주심으로써 황제께서 문득 ≪조정광기(祖庭廣記)≫ 한 부를 내려주셨으니 그 특별한 선물로 인한 기쁨뿐 아니라, 우리 유가의 도가 동쪽으로 오게 됨이 또한 기쁩니다.[6]

이 대목을 통해서는 장일이 가지고온 황제의 비답에 다음과 같은 내용이 있었음을 알 수 있으며 황제의 그런 비답에 대한 김구의 평가도 함께 볼 수 있다.

- 전매 상품 교역장소인 각장(榷場)을 설치하는 일에 대해 황제가 긍정적인 태도를 보임.
- 고려와 원나라 사이의 무역이 정상적인 관계를 회복하게 됨.

---

6) 伏承回詔, 益知眷邺之尤篤. 凡小邦所未便者, 悉皆先得其情, 如擧荒殘之地, 置之掌上而親賜覽也. 至乃榷場之議立也, 姑使安之. 鷹鶻之請捕者, 亦令罷之. 加又特頒具註大明曆, 曉諭民時, 俾海隅餘黎, 復觀大明文物之重興也. 咸知有望於保全者, 豈閣下力揚皐鶴之聲, 登聞于天之所使然耶? 擧國咸喜, 不覺涕洟之俱下矣. 況承閣下幸謂小邦, '素蒙皇化, 粗尙儒風者, 久矣.' 輒以祖庭廣記一部垂示, 則不惟榮其異貺, 亦且欣吾道之東矣.

- 농사를 짓는 절기를 보는 데에 필수적인 조충지(祖沖之)의 ≪대명력(大明曆)≫을 하사해 줌.
  - 비단 농업 뿐 아니라 새로운 문명의 길을 여는 계기가 됨
- 공자 집안의 족보인 ≪조정광기(祖庭廣記)≫7)를 하사해 줌.
  - 김구가 유학을 '오도(吾道)' 즉 '우리의 도'라고 표현한 점으로 보아 고려가 당시에 유학 부흥에 힘쓰고 있었음을 알 수 있으며, ≪조정광기≫의 하사로 인해 "유가의 도가 드디어 동쪽 우리나라로 오게 되었다."고 생각한 김구의 견해를 읽을 수 있음.

당시 고려는 원나라에 합병되는 망국의 위기에 처해 있었다. 그런데 원나라 황제가 이처럼 호의적이며 고려라는 국가의 존재를 인정하는 비답을 내림으로써 고려의 백성들로 하여금 "이 작은 나라를 온전하게 보전할 수 있게 되었다는 희망"을 갖게 하였다. 그런데 중요한 점은 원나라 황제가 고려에 대해 이처럼 호의적인 비답을 내린 배경에는 바로 왕악의 적극적인 도움이 있었다는 것이다. 그리고 왕악이 그처럼 적극적으로 고려를 도운 이유

---

7) ≪祖庭廣記≫는 곧 ≪공씨조정광기(孔氏祖庭廣記)≫로서 현존하는 가장 오래된 공자 가문의 족보이다. 모두 12권으로 편찬되었으며, 공자의 50대손인 원나라 공원조(孔元措: 1182-약 1252)가 편찬하였다. 이 족보는 ≪가보≫와 ≪조정기≫의 두 족보를 기초로 하여 ≪좌전≫, ≪주례≫, ≪예기≫, ≪사기≫, ≪공자가어≫ 등 30여 종의 사적을 바탕으로 상고하여 오류를 바로잡고 누락된 부분을 보충하였다. 뿐만 아니라 앞에 도상을 넣고, 새롭게 배열하였으며, 옛 비석의 전문을 기재하고 있을 뿐만 아니라 금나라 황통, 대정, 명창 연간에 이르기까지 공씨 가문 사람들의 전기와 금나라 조정이 공씨 가문의 후예들을 특별히 총애하여 대우한 내용까지도 기록하고 있어 공씨 가문의 내력과 역사를 연구하는 저서로서 가치가 뛰어나다. 특히 금나라의 사상사와 유학사를 들여다보는데 매우 가치 있는 사료로 평가된다. 현재 북경도서관에 소장되어 있다.

는 김구와의 교류를 통하여 김구의 간곡한 부탁을 받았기 때문임을 알 수 있다.

④ 節次前去使价 ~ 善爲之辭

해당 부분의 내용은 다음과 같다.

> 엎드려 바라옵건대 절일(節日)을 축하하기 위해 앞서 건너 간 사신에 대해서도 합하께서 한층 더 염려해 주시고 보살펴 주셔서 황제폐하 앞에서 잘 말할 수 있게 해주십시오.8)

이 부분을 통해서 김구와 왕악의 사이가 어느 정도 막역한 사이인지를 알 수 있다. 김구는 왕악에게 실로 어려운 부탁을 할 수 있고, 왕악은 김구의 그런 부탁을 흔쾌히 받아주는 사이였음을 알 수 있다. 뿐만 아니라 이 몇 구절의 편지글을 통해 김구가 단순히 고려의 왕명을 받들어 "오랫동안 표전문을 맡아 지었는데 상황에 따라 문장을 조절하여 다 이치에 맞게 함으로써 원나라 황제의 윤허를 많이 받아내는" 일만 한 것이 아니라, 고려에서 올린 표전문이 원나라 황제에게 제대로 전달되고 또 고려에서 간 사신이 황제를 상대로 고려의 사정을 충분히 설명할 수 있는 기회를 가질 수 있도록 황제의 최측근인 한림학사 왕악을 상대로 우정에 바탕을 둔 적극적이 설득작업을 했음을 알 수 있다. 김구

---

8) 節次前去使价, 伏望閤下, 益加矜護, 卽於天陛, 善爲之辭.

는 당시 큰 어려움에 처한 고려의 외교업무를 도맡아 수행한 최고의 외교관이자 최고수준의 국제 로비스트(lobbyist)였다고 할 수 있는 것이다.

2) 왕악에게 보낸 편지 〈우여왕학사서(又與王學士書)〉9) 내용 분석

① 謹拜書于銀臺內相閤下 ～ 敢忘于心.

해당 부분의 내용은 다음과 같다.

> 삼가 은대내상합께 절하며 글을 올립니다. 지금은 새해가 막 열리는 때라, 섣달을 보내고 새 봄을 맞이하는데 이때에 합하의 몸이 편안하시고 잘 조화를 이루시고 계시며 5복을 더 많이 받고 계시리라고 멀리서 생각합니다. (제가) 입조하여 정성어린 대우를 받들어 받은 이래, 은혜로운 비호(庇護)를 항상 우러르니 어찌 감히 잊을 수 있겠습니까?10)

매우 중요한 구절이다. 김구와 왕악이 이미 전에 상면한 적이 있음을 짐작하게 하는 대목이기 때문이다. 앞서 살펴본 바와 같

---

9) 이 〈又與王學士書〉라는 제목은 후대 사람들이 문집을 편찬하면서 붙인 제목으로 보인다. 김구가 왕악에게 보낸 편지가 한두 편이 아니었을 테지만 세상에 전하는 게 단지 두 편이다 보니 한편에는 〈與王學士書〉, 다른 한편에는 〈又與王學士書〉라는 제목을 붙인 것이다.
10) 謹拜書于銀臺內相閤下. 卽辰三元肇啓, 餞臘賓春. 緬惟體況休和, 益膺五福. 念自入朝奉款來, 常仰恩庇, 敢忘于心.

이 "원나라의 한림학사 왕악은 공이 쓴 표전문을 볼 때마다 반드시 아름답다고 칭하면서 김구를 직접 면대할 수 없는 것을 한탄하곤 하였다." 그런데 이 기록 즉 ≪고려사≫ 열전에도 나오는 "元翰林學士王鶚, 每見表詞, 必稱美, 恨不得見其面."이라는 문장의 "한부득견기면(恨不得見其面)"구에 대해서 지금까지 대부분의 연구자들은 "한 번 대면하지 못한 것을 한스럽게 여겼다."라고 번역하여 활용하였다.11) 이러한 해석에 기초하여 김구와 왕악이 평생 동안 단 한 번도 만난 적이 없어서 왕악이 그 점을 한탄하며 "한 번 만나보기를 원했다"는 식으로 풀이해온 것이다. 그런데 이 편지에서 김구는 "念自入朝奉款來, 常仰恩庇, 敢忘于心." 즉 "(제가) 입조하여 정성어린 대우를 받들어 받은 이래, 은혜로운 비호(庇護:편을 들어주고 보살펴 줌)를 항상 우러르고 있으니 어찌 감히 잊을 수 있겠습니까?"라고 쓰고 있다. 이는 김구가 전에 원나라에 가서 왕악을 만나 많은 도움을 받은 적이 있는 것으로 이해할 수 있는 부분이다. 따라서 ≪고려사≫의 "한부득견기면(恨不得見其面)"구는 전에 만난 적이 있는 김구로부터 오는 글만 볼 수 있을 뿐 '얼굴은 볼 수 없음'을 한탄한 말로 해석해야 할 것이다. 〈김구연보〉에 의하면 김구는 1240년에 원나라에 갔다. 김구의 나이 30세이던 해다. 이때에 몽고는 아직 원(元)이라는 국호를 사용하지 않을 때이며 나중에 태조로 추존된 와활태(窩闊

---

11) ≪지포선생문집≫, 국역부분 179쪽.

台 1229-1242 재위) 12년에 해당하는 해이다. 이때 김구가 어떤 임무를 띠고 몽고에 갔는지는 아직 확인할 수 없다. 따라서, 이때 김구가 누구를 만나고 왔는지도 알 수 없다. 그런데 왕악 (1190-1273)은 1224년(34세)에 금나라 조정에서 과거에 급제하여 진사가 되었으나, 그 후로 10년 후인 1234년에 금나라는 망하고 말았다. 금나라 망할 당시 쿠빌라이는 20세 남짓한 청년으로서 아직 실권을 갖지는 못했지만 그의 어머니의 가르침에 따라, 금나라의 유신(遺臣)들과 학자들을 맞이하고 한족의 문화를 적극적으로 수용하는 정책을 폈다. 바로 이 시기에 왕악은 쿠빌라이에게 발탁되어 쿠빌라이의 막하에 들어간 것으로 보이는데 그때가 바로 1240년대 전후이고, 당시 쿠빌라이는 나이 25세를 전후한 시기로서 금나라의 유신들과 학자들을 적극 수용하면서 큰 꿈을 키우고 있을 때였다.12) 김구가 원나라에 간 것도 바로

---

12) 칭기즈칸의 셋째아들 오코타이의 막내아들인 툴루이의 큰 아들로서 제4대 대칸이 된 몽케(憲宗: 桓肅皇帝)의 동생이 바로 쿠빌라이이다. 1215년에 태어난 쿠빌라이는 어려서는 별로 눈에 띄는 존재가 아니었다. 1251년까지는 툴루이 가문이 권력의 핵심에서 소외되었고, 쿠빌라이는 툴루이 가문에서도 둘째 아들이라는 모호한 위치에 있었다. 하지만 그는 어머니 소르칵타니에게서 많은 영향을 받았는데, 그 중에는 "중국인들을 탄압하고 착취할 것이 아니라, 그들을 보살피고 다독이는 정책을 취해 우리 몽고에 충성하도록 해야 한다. 그들을 멸시하기보다 이해하고, 존중해야 한다."는 가르침도 있었다. 그리하여 그는 일찍부터 해운, 장덕휘, 류병충, 왕순 등 중국의 학자나 승려를 초빙하여 자문을 구했고, 가장 사랑했던 둘째 아들에게는 친킨(眞金)이라는 중국식 이름을 지어주기도 했다.
https://terms.naver.com/entry.nhn?docId=3568534&cid=59014&categoryId=59014

이 시기이다. 사실은 원나라에 간 것이 아니라 쿠빌라이가 아직 원이라는 국호를 사용하기 전의 몽고제국에 간 것이다. 바로 이 때에 김구는 왕악을 만난 것으로 추정된다. 그러한 까닭에 앞서 살펴본 첫 번째 편지인 〈여왕학사〉에서 김구는 왕악이 금나라 조정에서 장원급제 했음에도 '나라가 망함으로써 운명이 꽉 막힌 채 살았던 일'을 거론한 것이다. 이때 김구는 왕악과 깊이 사귀게 되었기 때문에13) 훗날인 1260년에 원나라 조정에서 문한을 맡은 한림학사 승지가 된 왕악과 젊은 날의 교유를 바탕으로 많은 도움을 청하고 또 받게 되는 것이다. 그러므로 김구는 이 편지에서 옛 일을 상기시키며 보살펴 주심에 감사했고, 왕악은 왕악대로 김구의 편지를 받을 때마다 옛일을 떠올리며 친구의 아름다운 문장만 볼 수 있을 뿐 "얼굴을 볼 수 없음을 한탄하여" "恨不得見其面"이라고 한 것이다.

② 今有區區一二事 ~ 可爲痛哭

해당 부분의 내용은 다음과 같다.

이번에도 구차스럽게 아뢰어야할 한두 가지 일이 있는데 황제께

---

13) 이때 김구가 청년 쿠빌라이를 만났을 가능성도 배제할 수 없다. 김구가 아직 원나라가 아닌 몽고제국에 들어갔을 때에는 아왈태 즉 오코타이 칸이 정권을 장악하고 있을 때인데 그 당시에 젊은 쿠빌라이는 이미 한족들의 문화에 심취하여 동화되어 가고 있었으므로 당연히 쿠빌라이와 가장 의견이 맞고 서로 소통할 수 있었을 것으로 생각되기 때문이다.

곧바로 아뢰지 못하고 오직 큰 군자이신 합하께 바랄 뿐입니다. 작은 우리나라는 삼십년 동안 병역을 치른 이후로 백성들이 사용할 물자가 크게 소모되어 그날그날 하루를 지탱해야할 물자와 해마다 바쳐야할 세금마저도 스스로 해결할 수 없는 상황입니다. 하물며 지금 황제의 명령을 받은 세 사람이 함께 동쪽의 왜와 서쪽의 송나라에 관한 일을 알려주며(왜와 송나라를 격퇴해야 한다는 사실을 말하며) 만 명의 병졸과 1천 척의 군함을 제공하라 하니 산에 비록 목재가 있다 해도 갑자기 1천 척의 배를 어떻게 만들며 호적에 있는 백성들을 그 수대로 다 징발한다 해도 군사가 될 만 한 자가 어찌 1만 명에 이를 수 있겠습니까? 설령 그 수를 채운다 해도 장차 큰 바다를 건너 멀리 다른 나라를 정벌한다면 그들인들 우리를 해치려고 하는 악독한 계책을 꾸미지 않겠습니까? 반드시 우리에게만 유감이 깊을 것입니다. 이런 상황이니 그들은 비록 상국(上國: 원나라)은 감히 업신여기지 못하겠지만 우리 작은 나라를 해치기는 매우 쉬울 것입니다. 그렇게 된다면 우리는 바다 위의 조그마한 땅도 보전하지 못하여 황제께서 그동안 품어 돌봐주신 큰 은덕까지 저버리게 될까봐 두렵습니다. 생각이 여기에 이르고 보니 정말 통곡이라도 할 상황입니다.14)

여러 가지 국가적인 현안을 소상하게 설명하고 있다. 원나라로부터 일본 정벌에 필요한 군사를 동원하고 전함을 건조하라는 명

---

14) 今有區區一二事, 不敢徑達于辰聽, 惟望大君子耳. 小邦自三十年兵役以後, 民物大耗, 惟是日支之資, 歲獻之賦, 不能自給. 況今王人鼎至, 諭以東倭西宋之事, 且令供萬卒千艘, 山雖有材, 造船則奚遽至千, 民雖盡籍, 勝兵者豈得至萬. 假使實其數, 將涉大洋, 遠圖他國, 則彼亦能無蠆毒乎? 其必於我憾之深矣. 然則雖不敢侮上國, 卽於小邦, 爲害甚易. 惟是海上之尺地, 恐不能保, 將孤皇帝涵毓之大德. 念至於此, 可爲痛哭.

을 받고서 그 명을 시행하기가 어려움을 호소하는 것이 주된 내용이다. ≪고려사≫에 의하면 1266년에 몽고의 흑적(黑的)이 황제의 칙서를 가져와 우리에게 일본 정벌의 뜻을 전하였다. 전쟁으로 인해 고통 받을 것을 염려한 고려의 국왕과 재상들은 바다가 험하여 일본에 건너가서는 안 된다고 하였지만 오히려 원나라의 질책을 받았다. 이후, 1268년에는 본격적으로 일본 정벌 준비를 시작하였고, 10월에는 원나라의 사신이 와서 고려의 군사와 전함을 점검하였으며 원나라에서 일본으로 가는 해로에 자리하고 있는 흑산도에 가서 수로도 상세히 살피게 하였다. 1270년에 삼별초가 반란을 일으키자, 원나라와 고려 양국의 군사는 그것을 진압하는데 주력함으로써 일본 정벌계획이 잠시 주춤하였다. 1273년 삼별초의 난을 진압한 다음해인 1274년에 일본에 대한 1차 정벌이 있었으나 태풍으로 인해 실패했다. 이후, 가혹하게 전쟁 준비를 하여 1281년에 2차 정벌에 나섰으나 역시 실패하였다. 편지글에 "멀리 다른 나라를 정벌한다면 그들인들 우리를 해치려고 하는 악독한 계책을 꾸미지 않겠습니까?"라는 말로 보아 김구가 왕악에게 이 편지를 보낸 것은 원나라의 처음 지시가 있던 1266년을 보내고 1267년 정월에 새해를 축하하는 절일(節日) 사신을 보낼 때 함께 보낸 편지로 보인다. "왜를 정벌하려 하면 그들은 감히 상국인 원나라에는 대들지 못하겠지만 작은 우리나라를 해치기는 매우 쉬울 것입니다. 이렇게 된다면 우리는 바다 위의 조그마한 땅도 보전하지 못하여 황제께서 그동안 품어 돌봐 주신 큰 은덕까지 저버리게 될까봐 두렵습니다. 생각이 여기에 이르고 보니 정말 통곡이라도 할 상황입니다."라는 말을 통해서 볼 때 당시의 긴박한 상황에서 어떻게 해서라도 황제의 뜻을 바꿔보려고 하는 김구의 의지가 짙게 나타나 있다. 이러한 의지는 다음으로 이어지는 왕악에 대한 부탁의 글을 통해 더욱 분명하게 드러난다.

③ 伏望閣下 ~ 因致緘啓于左右

해당 부분의 내용은 다음과 같다.

> 엎드려 바라옵건대 합하께서는 위험을 밟아가면서 그 먼 나라 일본을 업신여기기가(정벌하기가) 어려움을 헤아리시고, 저희 작은 나라가 두려워하는 바를 처음부터 끝까지 살펴 가엾게 여기시어 깊은 인자한 마음을 발휘하시고 큰 정의를 끌어당겨 조용히 황제께 상달하여 깨닫게 하심으로써 하늘같은 황제의 뜻을 받들어 옮겨 이 작은 나라 고려로 하여금 용서를 받고 불쌍히 여기는 처지에 처하게 해 주시옵소서. 그렇게 해주신다면 합하의 덕을 귀가 울리도록 칭송하겠사오니 그 칭송을 어찌 말로써 다할 수 있겠습니까? 이제 천한 사신이 황제의 대궐에 나아가 신정을 하례할 터이니 이 서한의 내용을 좌우 주변 분들께 잘 알려 주시기 바랍니다.[15]

---

15) 伏望閣下, 諒蹈險鄙遠之難, 哀小邦首尾之畏, 發深仁援大義, 從容曉達于宸聽, 而後奉移天意, 使小邦處恕矜之地, 則耳鳴之德, 曷可殫言. 今差賤价, 詣闕賀元, 因致緘啓于左右.

이 부분의 내용은 다음과 같이 요약할 수 있다.

- 우리의 입장을 소상하게 살피시어 황제에게 조용히 아뢰어 달라.
- 우리 사신이 황제에게 올리기 위해 가지고 가는 표전문의 내용도 이와 같으니 내가 보내는 이 서한의 내용을 토대로 미리 왕학사의 주변에 있는 사람들에게 이 내용을 알려서 여론을 조성해 달라.
- 그렇게만 된다면 우리 고려의 백성들은 왕학사의 덕을 영원토록 칭송할 것이다.

고려의 외교를 책임지고 있는 사람으로서 국가의 위기 앞에서 절실한 심정으로 로비를 벌이고 있는 김구의 모습을 볼 수 있는 글이다. 이처럼 김구는 원나라로 표전문을 보낼 때마다 왕악에게 개인적인 편지를 함께 보내어 왕악의 적극적인 도움을 청한 것이다. 비록 일본 정벌에 대한 쿠빌라이의 의지가 워낙 강하여 일본 정벌계획을 취소하게 하지는 못했지만 왕악에게 보낸 이러한 편지를 통하여 우리는 김구의 외교적 역량과 노력을 충분히 가늠해 볼 수 있다.

□ 부록:
〈여왕학사서(與王學士書)〉와 〈우여왕학사서(又與王學士書)〉
상해(詳解)

■ 與王學士書

學士名鶚. 每見公所奏表辭. 恨不得見其面.

某啓. 前月因使价廻, 備諳閣下佳裕千福, 欣慰欣慰. 閣下以傑出瑞朝之才, 首登黃甲之科, 遭世中否, 韜光待時. 今遇聖明, 爲蒼生而一起, 筆端膚寸, 潤及萬邦, 使日月所照, 皆成文字. 天稟根乎仁義, 常以哀窮濟急爲己任. 每小邦行李之往來也, 款曲敷奏, 導降宸慈. 又於年前, 禮部侍郎張鎰行李, 館待殊厚, 賜以華服, 寵慰而送還. 伏承回詔, 益知眷郵之尤篤. 凡小邦所未便者, 悉皆先得其情, 如擧荒殘之地, 置之掌上而親賜覽也. 至乃榷場之議立也, 姑使安之. 鷹鶻之請捕者, 亦令罷之. 加又特頒具註大明曆, 曉諭民時, 俾海隅餘黎, 復覩大明文物之重興也. 咸知有望於保全者, 豈閣下力揚皐鶴之聲, 登聞于天之所使然耶? 擧國咸喜, 不覺涕洟之俱下矣. 況承閣下幸謂小邦, '素蒙皇化, 粗尙儒風者, 久矣.' 輒以祖庭廣記一部垂示, 則不惟榮其異貺, 亦且欣吾道之東矣. 節次前去使价, 伏望閣下, 益加矜護, 卽於天陛, 善爲之辭. 孟炎方屆. 惟冀爲天下自嗇. 以副翹祝之懇.

1) 鶚: 이 편지를 받는 당사자인 원나라 학사 王鶚이다.
 2) 某: '아무개 모'라고 훈독하는 글자이나 편지 글에서는 자신을 낮추어 말할 때 자신의 이름을 직접 대지 않고 '모(某)'라고 칭하는 경우가 많다.
 3) 价: '클 개', '착할 개'라고 훈독하는 글자인데 하인, 심부름꾼이라는 뜻도 있다. 여기서는 사신이라는 의미로 쓰였다.
 4) 備諳: 두루 알게 됨. 備는 '갖출 비'라고 훈독하는 글자인데 여기서는 '두루'라는 뜻으로 쓰였다. '諳'은 주로 '외울 암'이라고 훈독하지만 '알다(知)'라는 뜻도 있다. 備諳는 두루 알게 되었다는 뜻이다.
 5) 閣下: 정1품의 관직을 높여 부르는 말이다.
 6) 瑞朝之才: 조정(국가)의 큰 인재. 瑞朝의 '瑞'는 상대 나라를 높이기 위해 사용한 말로서 瑞朝는 '복 받은 나라' 정도로 번역할 수 있겠다.
 7) 黃甲之科: 黃甲는 가장 높은 수준의 과거인 갑과 과거에서 급제하여 진사(進士)에 오른 사람들의 명단. 그 명단을 노란 색 종이에 썼기 때문에 '황과'라고 한다.
 8) 遭世中否: '否'는 주로 '아닐 부'라고 훈독하지만 여기서는 '막힐 비'라고 훈독하며 '비색(否塞)' 즉 운수가 꽉 막혔다는 뜻이다.
 9) 韜光: 도광(韜光)은 빛을 감춘다는 뜻으로, 학식이나 재능을 감추고 남에게 알리지 않는다는 뜻이다.
10) 膚寸: 중국 고대에 사용하던 길이를 재는 단위. 손가락 한 마디의 길이를 '촌(寸)'이라고 하고, 손가락 네 마디의 길이를 '부(膚)'라고 하였다. '부촌(膚寸)'은 '짧은 길이'를 표현하는 말이다. ≪公羊傳·僖公三十一年≫: "膚寸而合." 何休 注: "側手爲膚, 案指爲寸."
10) 款曲敷奏: 황제에게 아뢸 수 있도록 너그럽고 곡진한 마음으로 도와 줌.
11) 導降宸慈: 잘 유도하여 황제가 자애로움을 내리도록 함.
12) 舘待: 머물 곳을 마련하여 대우하는 것. 오늘 날로 치자면 대우하는 호텔의 급수를 격에 맞춰 대우하는 것.
12) 回詔: 황제에게 올린 글 즉 상주(上奏)에 대한 회답의 조칙(詔勅).
13) 眷邺: 돌볼 권, 걱정할 휼. 권속으로 여겨 마음으로 돌보고 걱정해 줌.
14) 賜覽: 직역하자면, "살핌을 내려 주심."이라는 뜻. 상대의 보살펴 주심에 대한 경의 표시.
15) 榷場: 전매품에 대한 교역 장소를 설치하는 것.
16) 大明曆: 위진남북조시대 수학가이자 과학자였던 조충지(祖冲之)가 창제한 '역법'. 달리 '갑자원력'이라고도 한다.
17) 皐鶴之聲: ≪시경·소아≫에 "깊은 곳에 자리한 호숫가에서 학이 울어도 그 소리는 천하에 다 들린다네.(鶴鳴於九皐, 聲聞於天)"라는 시에서 유래한 말로서 아무리 깊은 곳에 숨어있더라도 현명한 인자의 말은 세상에 알려지기 마련이라는 뜻. 여기서는 왕악이 황제에게 현명한 진언을 하였음을 비유한 말.

18) 祖庭廣記: 원명은 ≪공씨조정광기(孔氏祖庭廣記)≫로서 현존하는 가장 오래된 공씨 가문의 족보이다. 모두 12권으로 공자의 50대손인 원나라 공원조(孔元措: 1182-약 1252)가 편찬하였다. 이 족보는 ≪가보≫와 ≪조정기≫의 두 족보를 기초로 하여 ≪좌전≫, ≪주례≫, ≪예기≫, ≪사기≫, ≪공자가어≫ 등 30여 종의 사적을 바탕으로 상고하여 오류를 바로잡고 누락된 부분을 보충하였다. 이 뿐만 아니라 앞에 도상을 넣고, 새롭게 배열하고, 옛 비석의 전문을 기재하고 있을 뿐만 아니라 금나라 황통, 대정, 명창 연간에 이르기까지 공씨 가문 사람들의 전기와 금나라 조정이 공씨 가문의 후예들을 특별히 총애하여 대우한 내용까지도 기록하고 있어 공씨 가문의 내력과 역사를 연구하는 저서로서의 가치가 뛰어나다. 뿐만 아니라 특히 금나라의 사상사와 유학사를 들여다보는데 매우 가치 있는 사료로서 평가된다. 현재 북경 도서관에 소장되어 있다.
19) 節次: 절일(節日) 축하 차. 절일을 축하하기 위하여 보내는 사신을 '절일사(節日使)'라고 한다.

■ 왕학사께 보내는 서한

- 학사의 이름은 악(鶚)이다. 김구(金坵)공께서 올리는 표문의 글을 볼 때마다 직접 만나보지 못함을 안타깝게 여겼다.

모(某)는 말씀드립니다. 지난날에 사신이 돌아옴으로써 합하의 요즈음 생활이 아름답고 여유가 있으면 온갖 복을 다 누리시고 계심을 자세히 듣고 알게 되어 제 마음이 기쁘고 위로가 됩니다. 합하께서는 이 복 받은 나라에 걸출한 인재로 태어나시어 갑과 과거시험에 으뜸으로 급제하셨으나 중간에 운세가 꽉 막히는 세상을 만나 한 동안 재능과 학식을 감춘 채 때를 기다리셨습니다. 이제 성스럽고 현명하신 임금을 만나 백성들을 위해 일어나 세상에 나오셔서 촌철과 같은 붓끝으로 온 나라에 문화의 윤기가 퍼지도록 하셨고 해와 달이 비추는 곳이라면 어디라도 다 글이 통하는 세상을 만드셨습니다. 천품이 본래 인의를 타고나 늘 곤궁한 사람을 불쌍히 그들을 구제하는 것을 자신의 임무로 여기셨습니다. 우리 작은 나라 고려에서 사신이 갈 때면 사신이 하고자 하는 말을 황제에게 잘 아뢸 수 있도록 너그럽고 곡진한 마음으로 도와줌으로써 황제께서 인자하신 마음을 베푸시도록 유도하여 주셨습니다. 연전에 예부시랑 장일이 사신으로 갔을 때에도 머물러 묵을 곳을 잘 챙겨 특별히 후하게 대우해 주셨으며 화려한 의복까지 하사하여 은총과 위안을 베풀어 돌려보내 주셨습니다.

엎드려 황제께서 답으로 내려주신 조서를 받고 보니 학사께서 우리 사신을 마치 가족을 대하듯이 돌봐 주시고 걱정해 주셨음을 더욱 더 알게 되었습니다. 작은 우리나라의 불편한 부분에 대해 실정을 미리 다 파악하시어 황폐한 우리 땅을 마치 손바닥 위에 놓으시고 친히 보시는 것 같이 하셨습니다. 전매 상품을 교역할 수 있는 교역 장소인 각장(榷場)을 설치하는 일에 대한 논의를 하게 해 주심으로써 일단 안심할 수 있게 되었으며, 그 일을 그만 두게 해 주셨습니다. 게다가 특별히 주석을 붙인 조충지의 ≪대명력≫을 이 땅에도 반포해 주셔서 백성들에게 농사 때를 깨우쳐 알게 해 주심으로써 바다 구석의 백성들로 하여금 다시 크게 밝은 문물의 중흥을 보게 해 주셨습니다. 이렇게 해 주심으로써 이 땅의 백성들이 모두 다 이 작은 나라를 온전하게 보전할 수 있게 되었다는 희망을 갖게 되었으니 이 모든 것이 어찌 합하께서 마치 학처럼 현명한 은자의 말은 아무리 숨어서 해도 결국은 세상에 다 알려 지듯이 그처럼 현명하신 말씀으로 황제께 고해주심으로써 황제로 하여금 그렇게 하도록 한 덕이 아니겠습니까? 온 국민이 함께 기뻐하여 자신도 모르는 사이에 눈물과 콧물이 함께 흘렀습니다. 하물며 합하께서 작은 우리나라에 대해 평소에 황제의 덕화를 입어 유가의 학풍을 숭상하고 있다는 말씀을 황제께 줄곧 해주심으로써 황제께서 문득 ≪조정광기(祖庭廣記)≫ 한 부를 내려주셨으니 그 특별한 선물로 인한 기쁨뿐 아니라, 우리 유가의 도가 동쪽으로 오게 됨이 또한 기쁩니다.

엎드려 바라옵건대 절일(節日)을 축하하기 위해 앞서 건너간 사신에 대해서도 합하께서 한층 더 염려해 주시고 보살펴 주셔서 황제폐하 앞에서 잘 말할 수 있게 해주십시오. 첫 여름 더위가 바야흐로 다가옵니다. 이 천하를 위해 스스로를 아끼시어 멀리서 간곡하게 축원하는 저의 정성에 부응하여 주시기를 바랄 뿐입니다.

■ 又與王學士書

元宗九年戊辰十月庚寅. 蒙古遣脫朶兒等來點船與兵. 十一月. 遣國子司業李淳益如蒙古. 賀正. 此書似在其時.

謹拜書于銀臺內相閣下. 卽辰三元肇啓, 餞臘賓春. 緬惟體況休和,益膺五福. 念自入朝奉款來, 常仰恩庇, 敢忘于心. 今有區區一二事, 不敢徑達于辰聽, 惟望大君子耳. 小邦自三十年兵役以後, 民物大耗, 惟是日支之資, 歲獻之賦, 不能自給. 況今王人鼎至, 諭以東倭西宋之事, 且令供萬卒千艘, 山雖有材, 造船則奚遽至千, 民雖盡籍, 勝兵者豈得至萬. 假使實其數, 將涉大洋, 遠圖他國, 則彼亦能無蠆毒乎? 其必於我憾之深矣. 然則雖不敢侮上國, 卽於小邦, 爲害甚易. 惟是海上之尺地, 恐不能保, 將孤皇帝涵毓之大德. 念至於此, 可爲痛哭. 伏望閤下, 諒蹈險鄙遠之難, 哀小邦首尾之畏, 發深仁援大義, 從容曉達于宸聽, 而後奉移天意, 使小邦處恕矜之地, 則耳鳴之德, 曷可殫言. 今差賤价, 詣闕賀元, 因致緘啓于左右. 惟冀新年, 爲天下珍嗇, 永庇小邦.

1) 銀臺內相: 송나라 때부터 설치했던 관청으로서 '은대사(銀臺司)'라고 했다. 사방 각지에서 올라오는 주상(奏狀)이나 안독(案牘)을 관장하는 부서이다. 이 관청을 은대문 안에 설치했기 때문에 은대사라고 칭했다. 내상은 내무성의 최고 지위로서 여기서는 당시에 은대를 관할했던 승상이었던 왕악을 지칭함.
2) 三元: 三元은 上元節, 中元節, 下元節을 말하는데 상원(上元)은 음력 정월 보름, 중원은 7월 보름, 하원은 10월 보름을 말한다. 여기서는 정월보름이라는 뜻보다는 새해라는 의미로 쓴 것으로 보인다.
3) 卽辰: 지금.
4) 餞臘賓春: 賓은 동사로 쓰여 '손님 맞을 빈'이라 훈독할 수 있음. 餞臘賓春은 '섣달을 보내고 새봄을 맞이함'이라는 뜻.
5) 蠆毒: 전갈의 독. 남을 해치려고 하는 악독한 계책을 비유하여 이르는 말.
6) 孤: 저버리다.
7) 宸聽: 아뢰는 말을 임금이 들음.
8) 天意: 황제의 뜻.
9) 珍嗇: 상대에게 자신의 몸을 보배로 여겨 아끼라고 당부하는 인사말.

■ 왕학사께 보내는 서한(2)

- 원종 9년 무진년 10월 경인에 몽고에서 탈타아(脫朶兒) 등을 보내 (일본으로 출정할) 전선과 병사를 점검하였다. 11월에 국자사업인 이순익을 몽고로 보내 신년하례를 하게 했는데 이 편지는 이때에 보낸 것 같다.

삼가 은대내상합하께 절하며 글을 올립니다. 지금은 새해가 막 열리는 때라, 섣달을 보내고 새 봄을 맞이하는데 이때에 합하의 몸이 편안하시고 잘 조화를 이루시고 계시며 5복을 더 많이 받고 계시리라고 멀리서 생각합니다. (제가) 입조하여 정성어린 대우를 받들어 받은 이래, 은혜로운 비호(庇護)를 항상 우러르고 있으니 어찌 감히 잊을 수 있겠습니까? 이번에도 구차스럽게 아뢰어야할 한두 가지 일이 있는데 황제께 곧바로 아뢰지 못하고 오직 큰 군자이신 합하께 바랄 뿐입니다. 작은 우리나라는 삼십년 동안 병역을 치른 이후로 백성들이 사용할 물자가 크게 소모되어 그날그날 하루를 지탱해야할 물자와 매해 바쳐야할 세금마저도 스스로 해결할 수 없는 상황입니다. 하물며 지금 황제의 명령을 받은 세 사람이 함께 동쪽의 왜와 서쪽의 송나라에 관한 일을 알려주며(왜와 송나라를 격퇴해야 한다는 사실을 말하며) 만 명의 병졸과 1천 척의 군함을 제공하라 하니 산에 비록 목재가 있다 해도 갑자기 1천 척의 배를 어떻게 만들며 호적에 있는 백성들을 그 수대로 다한다 해도 군사가 될 만한 자가 어찌 1만 명에 이를 수 있겠습니까? 설령 그 수를 채운다 해도 장차 큰 바다를 건너 멀리 다른 나라를 정벌한다면 그들인들 우리를 해치려고 하는 악독한 계책을 꾸미지 않겠습니까? 반드시 우리에게만 유감이 깊을 것입니다. 그러한즉 비록 상국을 감히 업신여기지 못하겠지만 우리 작은 나라를 해치기는 매우 쉬울 것입니다. 이렇게 된다면 우리는 바다 위의 조그마한 땅도 보전하지 못하여 황제께서 그동안 품어 돌봐 주신 큰 은덕까지 저버리게 될까봐 두렵습니다. 생각이 여기에 이르고 보니 정말 통곡이라도 할 상황입니다.

엎드려 바라옵건대 합하께서는 위험을 밟아가면서 그 먼 나라 일본을 업신여기기가(정벌하기가) 어려움을 헤아리시고, 저희 작은 나라가 두려워하는 바를 처음부터 끝까지 살펴 가엾게 여기시어 깊은 인자한 마음을 발휘하시고 큰 정의를 끌어당겨 조용히 황제께 상달하여 깨닫게 하심으로써 하늘같은 황제의 뜻을 받들어 옮겨 이 소방으로 하여금 용서를 받고 불쌍히 여기는 처지에 처하게 해 주시옵소서. 그렇게 해주신다면 합하의 덕을 귀가 울리도록 칭송하겠사오니 그 칭송을 어찌 말로써 다할 수 있겠습니까? 이제 천한 사신이 황제의 대궐에 나아가 신정을 하례할 터이니 이 서한의 내용을 좌우 주변 분들께 잘 알려 주시기 바랍니다. 오직 바라건대 천하를 위하여 합하 스스로를 귀하게 여기시고 아끼시어 길이 소방을 감싸 보호하여 주시옵소서.

■ 왕학사께 보내는 서한(2)

- 원종 9년 무진년 10월 경인에 몽고에서 탈타아(脫朶兒) 등을 보내 (일본으로 출정할) 전선과 병사를 점검하였다. 11월에 국자사업인 이순익을 몽고로 보내 신년하례를 하게 했는데 이 편지는 이때에 보낸 것 같다.

삼가 은대내상합하께 절하며 글을 올립니다. 지금은 새해가 막 열리는 때라, 섣달을 보내고 새 봄을 맞이하는데 이때에 합하의 몸이 편안하시고 잘 조화를 이루시고 계시며 5복을 더 많이 받고 계시리라고 멀리서 생각합니다. (제가) 입조하여 정성어린 대우를 받들어 받은 이래, 은혜로운 비호(庇護)를 항상 우러르고 있으니 어찌 감히 잊을 수 있겠습니까? 이번에도 구차스럽게 아뢰어야할 한두 가지 일이 있는데 황제께 곧바로 아뢰지 못하고 오직 큰 군자이신 합하께 바랄 뿐입니다. 작은 우리나라는 삼십년 동안 병역을 치른 이후로 백성들이 사용할 물자가 크게 소모되어 그날그날 하루를 지탱해야할 물자와 매해 바쳐야할 세금마저도 스스로 해결할 수 없는 상황입니다. 하물며 지금 황제의 명령을 받은 세 사람이 함께 동쪽의 왜와 서쪽의 송나라에 관한 일을 알려주며(왜와 송나라를 격퇴해야 한다는 사실을 말하며) 만 명의 병졸과 1천 척의 군함을 제공하라 하니 산에 비록 목재가 있다 해도 갑자기 1천 척의 배를 어떻게 만들며 호적에 있는 백성들을 그 수대로 다한다 해도 군사가 될 만한 자가 어찌 1만 명에 이를 수 있 겠습니까? 설령 그 수를 채운다 해도 장차 큰 바다를 건너 멀리 다른 나라를 정벌한다면 그들인들 우리를 해치려고 하는 악독한 계책을 꾸미지 않겠습니까? 반드시 우리에게만 유감이 깊을 것입니다. 그러한즉 비록 상국을 감히 업신여기지 못하겠지만 우리 작은 나라를 해치기는 매우 쉬울 것입니다. 이렇게 된다면 우리는 바다 위의 조그마한 땅도 보전하지 못하여 황제께서 그동안 품어 돌봐 주신 큰 은덕까지 저버리게 될까봐 두렵습니다. 생각이 여기에 이르고 보니 정말 통곡이라도 할 상황입니다.

엎드려 바라옵건대 합하께서는 위험을 밟아가면서 그 먼 나라 일본을 업신여기기가(정벌하기가) 어려움을 헤아리시고, 저희 작은 나라가 두려워하는 바를 처음부터 끝까지 살펴 가엾게 여기시어 깊은 인자한 마음을 발휘하시고 큰 정의를 끌어당겨 조용히 황제께 상달하여 깨닫게 하심으로써 하늘같은 황제의 뜻을 받들어 옮겨 이 소방으로 하여금 용서를 받고 불쌍히 여기는 처지에 처하게 해 주시옵소서. 그렇게 해주신다면 합하의 덕을 귀가 울리도록 칭송하겠사오니 그 칭송을 어찌 말로써 다할 수 있겠습니까? 이제 천한 사신이 황제의 대궐에 나아가 신정을 하례할 터이니 이 서한의 내용을 좌우 주변 분들께 잘 알려 주시기 바랍니다. 오직 바라건대 천하를 위하여 합하 스스로를 귀하게 여기시고 아끼시어 길이 소방을 감싸 보호하여 주시옵소서.

2. 국립통역관양성기관 '통문관(通文館)' 설립

앞서 김구 신도비명를 중심으로 김구의 생애를 살피는 과정에서도 언급했듯이 김구는 우리 역사상 최초로 국립통역관양성기관인 통문관(通文館)의 설치를 건의하여 실행에 옮겼다.

원나라로 보내는 외교문서를 전담하여 작성하고, 또 원나라 조정에서 문한을 담당하며 원세조의 각별한 신임을 받고 있던 한림학사 왕악과의 개인적인 친분을 이용하여 적극적인 외교를 펼쳤던 김구는 외교의 현장에서 외국어가 얼마나 중요한 작용을 하는지에 대해서 잘 알고 있었다. 김구 자신이 작성하는 외교문서는 문재가 뛰어난 본인이 작성하면 되지만 실지로 면대하여 해결해야 하는 외교에서는 외국어가 필수일 수밖에 없다는 점을 절감하고 있었던 것이다. 그런데 당시 원나라에 사신으로 가는 고려 조정의 중신들이나 원나라와 직접 부딪쳐 무역을 하는 고려의 상인들이 다 몽고어나 중국어에 능통한 것은 아니었다. 고려와 원나라 사이의 소통을 위해서는 통역이 반드시 필요한 상황이었다. 그런데 당시의 고려 조정은 오랜 무신정권아래서 형성된 특권층이 권력을 장악하는 현상이 곳곳에서 나타났고, 무신정권이 무너진 후에도 한번 형성된 이러한 사회적 분위기는 쉽게 사라지지 않았다. 이러한 특권층 인물 중에는 고려가 원나라의 간섭을 받지 않을 수 없는 당시 상황을 악용하여 고려인으로서의 자존심과 자주성을 포기하고 강대국인 원나라의 비위를 맞추며 일신의 부귀영화를 누려보겠다는 이른 바 '부원세력(附元勢力: 원나라에 빌붙은 세력)'들이 있었다. 따라서 고려 조정은 원나라를 오랑캐로 간주하여 원나라 왕조의 위엄을 인정하지 않으려는 반원(反元)세력과 이미 아시아로부터 유럽에 걸쳐 패권을 장악함으로써 막강한 힘을 가진 원나라를 등에 업고 고려조정을 좌지우지하려 드는 부원세력으로 갈라져 있었다.16) 이러한 상황은 당시 국제어였던 몽고어와 한어에 능통한 사람들에게 좋은 기회가 되어 그 중에는 고려와 원나라 사이의 외교의 현장에서 활발하게 활동함으로써 나라에 공을 세우는 사람도 있었지만 또 다른 부류의 인물들은 자신의 영달을 위해 오히려 고려를 해치고 원나라에 빌붙는 경우도 있었다.

당시 통역을 맡은 사람들을 '설인(舌人)'17)이라고 불렀는데 이들의 농간이 도를 넘는 경우가 종종 발생했다. 통역을 하면서 사

---

16) '원간섭기'를 거치며 고려 조정에는 그들을 '오랑캐'라고 지칭하며 인정하지 않으려는 '반원(反元)' 세력과 일찌감치 자신들을 몽고제국의 일원이라고 생각하며 고려 조정의 존립을 위협했던 '부원(附元)'세력이 있었다. 고려가 말기로 향할수록 이러한 두 세력 간의 갈등과 대립은 더욱 심해졌는데 반원세력을 대표하는 인물로는 공민왕을 중심으로 하는 이성계, 최영 같은 이들이 있었고, 부원세력의 대표인물로는 기씨가문의 기식(奇軾), 기철(奇轍) 같은 이들이 있었다.
17) ≪고려사≫에는 '설인(舌人)'이 그다지 많이 보이지는 않는다. 검색 결과 모두 6차례 사용되었음을 확인할 수 있었다. '설인'이라는 용어는 중국의 고대 역사서인 ≪국어(國語)≫의 〈주어(周語)〉의 주에 처음 보이는 것 같다. 위소(韋昭)의 주석에 의하면 "설인은 다른 나라의 말뜻을 전달할 수 있다. 상서(象胥)의 관리이다."라고 하였다. 박종연, 〈고려시대의 중국어 통역에 관한 연구: 통역관 선발 양성과 명칭 문제를 중심으로〉, ≪중국어문학≫ 제62집, 영남중국어문학회, 2013, 306쪽.

실대로 전달하지 않고 중간에 통역하는 자신에게 이롭도록 말을 바꾸어 전함으로써 사리사욕을 챙기는 경우가 허다하였다. 당시 몽고어에 능했던 설인의 대표적 인물이 바로 강윤소(康允紹: 생졸년 미상)이다. ≪동사강목(東史綱目)≫에는 다음과 같은 기록이 있다.

> 폐신(嬖臣: 임금에게 아첨하여 신임을 받는 신하) 강윤소는 본래 신안공(新安公) 왕전(王佺)의 노예였는데 몽고어를 잘 알았다. 간사하고 교활하게 굴어 왕의 총애를 받았고 임연(林衍)과도 친한 사이였다.18)

강윤소는 본래 원종의 비인 창경궁주(慶昌宮主)의 부친 신안공(新安公) 왕전(王佺)의 가노(家奴)였다. 신안공을 수행하여 원나라에 갈 기회를 얻은 강윤소는 몽고어를 배우게 되었고, 이로 인해 원종의 총애를 받게 되었다. 이후, 몇 차례 원나라로 가는 사신의 통역을 맡음으로써 설인이 되었다. 강윤소는 당시 역어도감(譯語都監)과 같은 국가기관에서 정식으로 교육을 받은 것이 아니라, 개인적으로 몽고어를 익혀 출세한 인물인 것이다. 한번 출세의 길에 들어선 강윤소는 거듭 승진하여 장군의 지위에까지 오르게 되었다. 세자(훗날의 충렬왕)가 조정 대신들의 자제들을 거느리고 원나라에 들어갈 때 강윤소는 수행자로 선발되지도 않았

---

18) 嬖臣康允紹, 新安公之奴也. 解蒙古語, 以姦黠得幸於王, 且與衍相善. 안정복, ≪동사강목≫ 제11하 무진년 원종 9년.

는데 왕에게 보고도 하지 않은 채 세자를 호위하여 원나라에 가기도 했다.19) 설인 강윤소의 횡포에 대해서는 다음과 같은 기록도 있다.

> 12월, 군부판서(軍簿判書) 강윤소의 죄를 물어 면직하였다. 강윤소는 홍다구(洪茶丘)에게 빌붙어서 본국(고려)을 해치려고 꾀하여 군량을 독촉하였다. 감찰사가 그의 출신이 미천하다는 것을 들어 논박하였으나 전혀 아랑곳하지 않고 제멋대로 나와서 태연히 직무를 보았으나 결국은 탄핵을 당하여 면직되었다.20)

이것은 충렬왕 원년(1275) 12월에 일어난 일이다. 강윤소는 원나라로 귀화한 장수 홍다구(洪茶丘)에게 환심을 사기 위해 고려에 많은 군량이 비축되어 있다고 함으로써 그 말이 원나라 조정에 전해져 고려는 원나라로부터 군량을 바치라는 독촉을 받게 되는데 그 독촉을 원나라 세력을 등에 업은 강윤소가 직접 나서서 한다. 이처럼 강윤소가 군량을 독촉할 수 있었던 것은 그가 당시에 군부판서라는 직위를 갖고 있었기 때문이다. 감찰사가 강윤소를 가노(家奴) 출신의 비천한 인물임을 들어 탄핵했으나 강윤소는 이들의 탄핵을 무시한 채 태연히 제 자리를 지키다가 결

---

19) "康允紹, … 중략 … 及世子率衣冠子弟, 入侍于元, 允紹不在選中, 不告于王遂行." ≪고려사≫ 〈열전〉
20) 軍簿判書康允紹, 有罪免. 允紹附洪茶丘, 謀害本國, 督軍糧. 監察司以系賤論之, 而擅出視事自若, 竟以劾免. 안정복, ≪동사강목≫ 제11하, 을해년 충렬경효왕 원년.

국은 도가 지나쳐 파면을 당하게 된 것이다. 이와 같은 횡포를 부리는 사람은 강윤소 외에도 적지 않았다. ≪고려사≫에는 당시 "舌人들은 거의가 미천하고 용렬하여 정확히 말을 옮기지 못했으며 어떤 경우에는 간악한 마음을 품고 사적인 목적을 이루기도 했다."는 기록이 있다.21)

---

21) 설인들이 저지르는 이러한 폐해는 조선시대에도 종종 나타나곤 하였다. ≪조선왕조실록≫ 성종 13년(1482)조에 보이는 대사헌 채수(蔡壽)가 올린 차자(箚子)에 다음과 같은 내용이 있다. "어제 또 전지를 보니, 역자(譯者)와 의자(醫者)를 권려하고자 하여, 그 능통하고 재주가 있는 자는 동·서반에 탁용하라고 특별히 명하셨으니, 신 등이 듣고 더욱 놀랐습니다. … 중략 … 왜냐하면 의자와 역자의 무리는 모두 미천한 계급의 출신으로 사족이 아닙니다. 그런데 특별히 그 공업으로써 간혹 당상관에 임명되고, 혹은 2품에 임명되기도 합니다. 그리고 근자에 정동(鄭同)이 왔을 때에 이들이 서로 교통하여 조정에서 하는 바를 말하지 않는 것이 없어서, 본국으로 하여금 그 해를 입게 한 것이 모두 이 무리들이 한 짓이었으니, 그 죄가 주륙을 면치 못할 것이었습니다. 그런데 전하께서는 한 번도 추문한 일이 없으시고, 정동과 더불어 두어 달 동안 함께 거처를 같이한 자들에게는 모두 차례를 뛰어 올려 관직에 임명하셨습니다. 무릇 죄가 있어도 형벌을 내리지 않으시고 공이 없어도 벼슬을 주시니, 어찌 옳은 일이겠습니까?(昨日又見傳旨, 欲勸勵譯者, 醫者, 其能精其術者, 特命擢用於東, 西班, 臣等聞之, 益所驚駭. … 중략 … 何者, 醫, 譯之流, 皆出賤微, 非士族也. 而特以其業, 或拜堂上, 或拜二品. 且近者鄭同之來, 相與交通, 朝廷所爲, 無不傳說, 使本國被其害者, 皆此輩所爲也, 罪不容誅. 而殿下一無所問, 其與鄭同數月同處者, 皆超拜官爵. 夫有罪而不誅, 無功而受職, 豈可乎?)"
이와 비슷한 내용이 명종 13년(1558)의 기록에도 보인다. "간원이 아뢰기를, 중국 사신의 청이 진정에서 나왔더라도 들어줄 수 없는데, 하물며 설인의 짓에서 나온 것이겠습니까. 설인이 아니라면 중국 사신이 어떻게 전례를 알아서 청하였겠습니까. 역관들이 자기의 일을 성취하려고 먼저 입을 막을 지위를 만드느라 원접사에게도 벼슬을 청하도록 하는 누를 입게 하였는데, 어찌 역관의 속이는 꾀에 빠져서 중국 사신의 청으로 여기고 지나치게 베풀어 어긋나게 하십니까. … 중략 … 그 밖의 역관은 부추겨 폐단을 일으킨 죄가 많으므로 이제 적발하여 죄를 다스리려 하는데, 또 어찌하여 으뜸가는 녹까지 주어서 잔꾀를 부려 교활하게 속이려는 욕심을 성취시키십니까. 모든 성명을 도로 거두소서.(諫院啓曰, 華使之請, 雖出於情, 尙不可聽, 況出於舌人之所爲

설인들의 폐해가 이와 같은 상황에 이르자 고려 조정은 역어도감(譯語都監)을 설치하여 역관에 대한 교육을 체계화하고자 했다. 그러나 역어도감은 임시 관서인 '도감'일 뿐이어서 필요할 때만 설치했다가 필요성이 사라지면 철회하는 비상설 임시기구에 불과했기 때문에 보다 더 근원적으로 교육을 담당할 기구의 설치가 절실했다. 게다가 대부분의 설인들은 이런 역어도감의 교육과정마저도 거치지 않고 개인적으로 몽고어를 익힌 뒤 역관으로 활동하였는데 고려 조정은 이들에 대해 전혀 제약을 가하지 않았다. 이런 상황에서 설인들의 폐해와 횡포는 심할 수밖에 없었다.

설인들의 이러한 폐해와 횡포를 타개하기 위해 김구는 충렬왕 2년(1276)에 우리 역사상 최초의 국립통역관양성기관이라고 할 수 있는 통문관(通文館)의 설치를 정식으로 건의하였다. ≪지포선생문집≫에는 다음과 같은 기록이 있다.

> 충렬왕 2년 병자, 공의 나이 66세에 통문관을 설치하여 설인들의 간사한 폐단을 막을 것을 건의하였다. 이때 설인들이 미천한 자가 많아 통역하는 사이에 사실대로 하지 않는 경우가 있는가 하면 혹은 간사한 마음으로 사리사욕을 도모하였다. 5월, 공이 참문학사로서 통문관의 설치를 건의하였는데 건의의 내용인즉 금내학관(禁內學官) 중 젊은 문신들로 하여금 한어를 익히게 하는 것이었다.

乎? 若非舌人, 華使安知其前例而請之乎? 譯官等欲遂自己之事, 先爲防口之地, 使遠接使, 亦蒙請爵之累, 其可陷於譯官之詭謀, 而認爲華使之請, 濫施而不違乎? … 중략 … 其他譯官, 多有縱臾作弊之罪, 今將摘發治罪, 又何至首品付祿, 俾成舞智狡詐之欲乎? 請竝還收成命.)"

> 대개 금내학관이란 곧 비서, 사관(史館), 한림, 보문각, 어서각, 동문원 등을 이른다. 여기에다가 식목(式目), 도병마(都兵馬), 영송(迎送) 등을 합한 것을 금내구관(禁內九官)이라 한다.22)

이처럼 김구가 통문관의 설치를 건의 한 내용은 ≪고려사≫를 통해서도 확인할 수 있다.

> 충렬왕 2년에 처음으로 설치한 것으로 금내학관 등 참외의 관직에 있는 자로서 나이가 40살 미만인 자들에게 한어를 익히도록 하였다. 당시 설인들이 한미한 계층 출신이 많아 사실대로 말을 전하지 않고 간악한 마음으로 제 이익만 추구하는지라 참문학사 김구의 건의에 따라 통문관을 설치하였다. 뒤에 사역원을 설치하여 통역 업무를 맡아보게 하였다.23)

이러한 기록을 통해 김구는 당시 설인들의 폐해를 두 가지 방향에서 정확하게 인식하고 그것을 해결할 수 있는 두 가지 방안을 제시했음을 알 수 있다. 첫째, 통문관에서 외국어를 배울 수 있는 자격을 금내학관 등 참외의 관직에 있는 자들로 제한함으

---

22) "端宗景炎元年, 忠烈王二年, 丙子, 公六十六歲, 建議置通文館, 以杜舌人姦私之弊. 時舌人多起微賤, 傳語之間, 多不以實, 或懷姦濟私. 五月, 公以參文學事, 獻議置通文館, 令禁內學官參列, 年少文臣習漢語. 蓋禁內學官, 卽秘書史館翰林寶文閣御書同文院也, 幷式目都兵馬迎送, 謂之禁內九官."〈김구연보〉, ≪지포선생문집≫, 176~177쪽.
23) 忠烈王二年, 始置之, 令禁內學官等參外, 年未四十者, 習漢語. 時, 舌人多起微賤, 傳語之間, 多不以實, 懷姦濟私, 叅文學事金坵建議, 置之. 後置司譯院, 以掌譯語. 동아대학교 석당학술원 역주, ≪국역고려사·지6≫, 경인문화사, 2011, 132쪽.

써 미천한 신분인 자가 단순히 외국말만 배워 횡포를 저지르고 폐해를 야기했던 점을 해결하고자 했다. 말만 통하는 통역사를 양성하고자 한 게 아니라 교양과 인품과 학문을 갖추고 민족의식과 국가관이 투철한 인재들을 통역사로 양성하고자 한 것이다. 이러한 발상은 통역이 단순한 말의 전달이 아니라, 양국 사이의 문화의 소통이고, 이러한 소통은 외교적 예의와 품위를 지키는 가운데 이루어져야 할 매우 중요한 활동이라는 점을 인식한 사람만이 할 수 있다. 김구는 외교에 대해 그런 인식을 가진 인물이었던 것이다. 둘째, 통문관 입학 연령을 40세 미만으로 제한했다는 점이다. 통역을 잘 하기 위해서는 전문적인 지식과 원만한 인품과 탁월한 언어 구사력이 절대적으로 필요하지만, 이와 함께 통역의 현장에서는 '젊은 순발력'이 필요한 경우도 많이 발생한다. 김구는 이러한 점을 간파했기 때문에 통역관 양성 기관의 입학에 특별히 나이 제한을 둔 것이다.

　김구의 제안으로 설치된 통문관은 조선시대에도 단절되지 않고 운영됨으로써 외교에 필요한 역관 즉 통역관을 양성하는 역할을 지속적으로 담당하였다. 통문관의 설치는 외교관 김구가 이룬 또 하나의 큰 업적으로 평가해야 할 것이다.

제6장 김구의 두 아들
김여우(金汝盂)와 김승인(金承印)

1. 몽고제국 당시 아시아 대륙에는 몽고와 고려만 존재

김구의 〈신도비명〉 끝부분에는 김구의 자녀에 대한 기록이 있다.

> 배위 경주최씨는 예빈경 최변(崔玣)의 딸이다. 슬하에 3남 1녀를 두었으니 장남 여우(汝盂)는 형부상서 겸 문한학사(文翰學士)를 지냈고 딸은 찬성사(贊成事) 정해(鄭瑎)에게 시집갔다. 아들 종우(宗盂)는 전교부령(典校副令)을 지냈고 숙우(叔盂)는 서도감형관(西都監刑官)을 지냈다. 또, 한 아들 승인(承仁)은 대사성(大司成)과 강릉안무사(江陵按撫使)를 지냈다.[1]

이러한 기록을 통해 김구에게는 네 명의 아들이 있었음을 알 수 있다. 그런데 둘째 종우와 셋째 숙우에 대한 기록은 사실상 없다. 따라서 특기할 만한 업적도 없다. 이에 반해, 장자 김여우와 넷째 아들 김승인은 역사에 큰 업적을 남긴 인물이다. 특히 김여우는 2012년 전북 부안군 연곡리 소재 부안김씨 군사공파 재실인 취성재(聚星齋)에서 〈문한공단권(文翰公丹券)〉이 발견됨으로써 고려와 원나라가 결혼동맹을 맺게 되는 과정에서 큰 역할

---

[1] 原配慶州崔氏, 禮賓卿弁之女, 生三男一女, 男長汝盂刑部尚書兼文翰學士, 女適贊成事鄭瑎, 男叔盂西都監判官, 男宗盂典校副令, 庶男曰承印, 大司成, 江陵安撫使. 《지포선생문집》 427쪽.

을 한 인물임이 밝혀지게 되었다. 김구의 두 아들 김여우와 김승인은 고려 말에 과연 어떤 역할을 했을까? 김여우가 받은 공신녹권인 〈문한공단권〉은 어떤 의미를 갖는 것일까?

고려 말, 최씨 무신정권이 무너진 후부터 고려에는 몽고의 정치적 영향력이 직접적으로 미치기 시작하였다. 몽고의 세력을 등에 업은 원종(1259-1274)의 의지로 무신정권의 마지막 집권자인 임연(林衍)과 그 아들 임유무(林惟茂)를 제거함으로써 고려의 무신정권은 힘을 잃게 된다. 치열하게 대몽항쟁을 벌인 삼별초의 활동이 있었으나 고려와 몽고의 연합군이 삼별초를 평정함으로써 고려의 대몽항쟁도 마무리되고 무신정권도 완전히 종식을 고한다. 사실상 고려는 몽고의 도움아래 무신정권을 축출하였기 때문에 이때부터 고려는 몽고의 원나라로부터 보다 더 강한 정치적 영향을 받게 된다. 고려의 태자는 왕위에 오르지 못하다가 원 세조 쿠빌라이의 딸을 왕비로 맞은 후에야 비로소 왕위에 오르게 되는데 그가 바로 충렬왕(1274-1308)이다. 이로써 고려는 원나라와 결혼동맹을 맺게 되었는데 이를 두고 달리 '부마국(駙馬國)'이 되었다는 표현을 하기도 한다.

그렇다면 결혼동맹국 혹은 부마국은 어떤 의미일까? 고려가 원나라와 결혼동맹을 맺음으로써 얻은 것은 무엇이고 잃은 것은 무엇일까? 그간에 학계에서는 이에 대한 논의가 적지 않게 이루어졌다. 혹자는 결혼동맹을 부정적으로 평가하고 혹자는 결혼동맹을 맺음으로써 고려의 왕권이 강화되었으므로 얻은 게 많다는 평가를 한다. 이개석은 다음과 같이 말했다.

> 고려-몽고 왕실통혼과 혼혈군주의 출현이 인류학적인 의미만 갖는 것은 아니다. 이는 한편으로 몽고제국 안에서 고려의 정치적 지위를 높여 주는 계기가 되었다. … 중략 … 1278년 친조에서 충렬왕의 요구가 받아들여져서, 갑작스럽게 몽고의 고려 주둔군이 소환되고 육사(六事)의무 가운데 일부가 폐지된 것도 대원체제 안에서 고려왕의 정치적 위상의 제고가 그 배경이라고 볼 수 있다. 충렬왕 일행에 대한 행성관과 황족, 카툰과 카안의 융숭한 영접에서 보는 바와 같이, 이는 쿠툴룩켈미시 공주와 왕심(王諶)의 혼인을 통한 몽고황실과의 밀접한 유대가 형성된 덕택으로 볼 수 있으며, 이에 앞서 7월 21일(임인) 그가 부마금인(駙馬金印)을 받는 것도 이와 무관하지 않을 것이다.[2]

이처럼 고려는 결혼동맹으로 오히려 원나라의 내정 간섭에서 벗어나 국가의 독립성을 더욱 확보했다고 보는 견해가 있다. 그런가 하면 최씨 무신정권의 붕괴와 함께 대몽항쟁이 중단된 것에 대해서는 아쉽게 생각하면서도 원나라와의 강화(講和)는 또 긍정적으로 보는 견해도 있다.

2005년 국사편찬위원회에서 출간한 교육인적자원부의 국사교과서에서는 "고려 조정에서 몽고와 강화를 맺으려는 주화파가 득세

---

[2] 이개석, ≪고려-대원 관계연구≫, 지식산업사, 2013, 219-220쪽.

하자 최씨 정권이 무너지고 전쟁은 끝이 났다. 몽고가 고려와 강화를 맺고 고려의 주권과 고유한 풍속을 인정한 것은 고려를 직속령으로 완전히 정복하려던 계획을 포기한 것을 의미하며, 이것은 고려의 끈질긴 저항의 결과였다."라고 서술한다. 한국에서 출간된 대부분의 관련 도서들은 30여 년에 걸친 최씨 무신정권의 대몽항쟁을 자주독립운동의 상징처럼 묘사한다.3)

이는 고려와 몽고가 혼인동맹을 통해 강화를 맺음으로써 고려는 주권과 고유한 풍속을 보존할 수 있었으며 몽고의 직속령으로 정복당하는 것을 면할 수 있게 되었음을 긍정적으로 평가한 견해이다. 이러한 관점에서, 30여 년에 걸친 최씨 무신정권의 대몽항쟁을 자주독립운동의 상징처럼 묘사하는 우리의 역사 기술은 문제가 있다는 의견도 피력하고 있다. 뿐만 아니라, 상당히 과격하게 최씨 무신정권의 대몽항쟁을 비판하면서 원나라와의 결혼동맹을 통한 강화를 긍정적으로 평가하는 견해도 있다.

> 한 가지 분명한 사실은 고려의 30여 년에 이르는 대몽항쟁은 조작된 신화에 불과하다는 것이다. 최씨 무신정권은 30여 년을 식언, 허언, 임기응변으로 일관했다. 몽고군이 침공하면 왕과 태자를 동원해 항복을 맹세해서 무마하고, 사신단에게 잔치를 벌여주고 입을 막았다. 그것도 안 되면 친몽파 사신들을 보내 울며 호소하고 그러고 난 뒤에는 다시 입을 닦고 친몽파를 대거 숙청하거나 몽고

---

3) 김운회, ≪몽고는 왜 고려를 멸망시키지 않았나≫, 역사의 아침, 2015, 69-70쪽.

와 화의(和議)를 주장하던 관리들을 무차별적으로 살해했다. 이로 인해 다시 몽고의 침공을 받았다. 이런 일을 30여 년이나 반복했던 것이다.4)

이렇게 비판하면서 고려와 원나라 결혼동맹이야말로 고려가 택한 가장 현명한 대안으로 보고 있다.

> 원나라와 고려의 결혼동맹은 이전의 종주국-식민국(번국)의 개념과는 전혀 다른 행태를 띠게 된다. 원나라의 부마(쿠레겐)가 된다는 것은 속국에서 원나라의 친족관계로 전환하는 것으로 그 지위가 매우 높았고 기타 귀족과 비교될 수가 없었다. ≪원사≫에 따르면, 원래 "(원나라 황실은) 원나라의 특별한 개국공신이 아니면 혼인관계를 맺을 수 없고 일단 부마가 되면 제왕의 대우를 받는다."라고 규정되어 있었다. 이것은 중국의 고대 왕실들이 정략적으로 맺는 혼인 관계와는 근본적으로 다르며 친족관계를 목적으로 하는 결혼을 의미하는 것이다.5)

이처럼 다양한 견해가 있지만 고려는 원과 결혼동맹을 성사시킴으로써 몽고제국이 아시아와 동유럽을 지배하던 시기에 유일하게 독립국의 지위를 유지할 수 있었으며 왕권도 확실히 강화되었다고 보는 견해가 우세한 것 같다. 무신집정에 짓눌렸던 왕의 권위가 회복되었고 강력한 원나라의 부마로서 상당한 위세를 부릴

---

4) 위의 책, 93쪽.
5) 위의 책, 54쪽.

수도 있게 되었으며 4차에 걸친 입성책동(立省策動) 즉 고려의 국가체제를 해체시키고 원나라의 지방행정단위인 성(省)으로 편입시켜 직속령으로 삼자는 움직임에서 벗어날 수 있었던 것도 결혼동맹의 덕이라고 할 수 있다. 당시 몽고의 침입을 받은 나라는 대부분 결혼동맹에 성공하지 못하여 결국 국호와 왕통을 잃어버림으로써 몽고에 복속되어 역사에서 사라졌다. 이런 관점에서 보자면, 몽고 스스로 침략을 포기한 베트남과 일본을 제외하면 당시 아시아 대륙에는 오직 두 나라, 즉 몽고와 고려만이 존재했다고 할 수 있다.[6]

고려는 막강한 제국인 몽고의 침입 앞에 어찌 할 수 없는 상황에 처하자 최선의 방책으로 결혼동맹이라는 방법을 택하여 고려의 국호와 왕권을 지켜 고려의 왕통을 이어가면서 비록 몽고의 영향을 받기는 하지만 외형적으로도 실질적인 내용면에서도 사실상 독립국의 위상을 지켜나가는 것이다. 실지로 원 황제 무종은 "짐이 보건데 지금 천하에서 자기의 백성과 사직을 가지고 왕위를 누리는 나라는 오직 삼한(三韓: 당시 고려를 지칭한 말)뿐이다. 선왕 때부터 생각하면 거의 100년에 가까운 기간 동안 부자(父子)가 계속 우리와 친선 관계를 맺고 또 서로 장인과 사위 관계가 되었다. 고려는 이미 공훈을 세웠고 또한 친척이 되었으니 응당 부귀를 누려야 할 것이다"[7]라고 했다.

---

[6] 위의 책, 90쪽.
[7] 위의 책, 37쪽.

자료 36 몽고제국 직할령과 고려 - 주3)의 책 90쪽에서 따옴

　이후, 충선왕 때에 이르러서는 고려가 원나라의 제위를 계승할 황제의 황위 쟁탈전에도 관여한다. 그만큼 충선왕의 지위와 영향력이 있었다는 것을 의미한다. 충선왕은 심양왕(瀋陽王)과 고려왕을 겸직하기도 하는데 이로써 사실상 한반도와 요동을 장악했다고도 할 수 있다. 뿐만 아니라, 충선왕은 원나라 황실의 태자태부(太子太傅)가 되어 원나라 제국의 다음 황제가 될 태자를 가르쳤으니 당시 충선왕의 지위가 어떠했는지를 짐작하게 한다. 그러한 지위를 이용해 충선왕은 당시 북경에 동아시아 인문학의 중심이라고 할 수 있는 만권당(萬卷堂)을 짓고 경영함으로써 당대 최고의 학자들과 교류하며 학문의 발전에 힘을 기울였다.8) 이러

---

8) 충숙왕 원년에 황제가 충선왕에게 명하여 경사(京師: 오늘날의 북경)에 머물게 하자 충선왕은 북경의 관저에 만권당을 짓고, 당시의 큰 유학자인 염복,

한 사실로 볼 때 몽고와의 결혼동맹이 이루어진 이후, 고려의 왕은 결코 식민지의 왕이 아니었음을 알 수 있다. 고려는 몽고와의 결혼동맹을 통하여 몽고 점령지 내에서 유일하게 국호를 유지하고 왕통을 이어가며 사직을 보존하는 나라로 존재하며 독립국의 지위를 누렸다고 할 수 있는 것이다.

2. 원나라와 결혼동맹을 성사시킨 김여우

그렇다면, 고려와 원나라는 어떤 과정을 통하여 이와 같은 결혼동맹에 성공하게 되었을까? 2012년, 전북 부안군 연곡리에 소재한 부안김씨 군사공파(郡事公派) 재실인 취성재(聚星齋)에서 중요한 자료가 발견되었다. 충렬왕과 원나라 공주 사이의 결혼을 성사시킴으로써 양국의 관계를 결혼동맹 관계로 전환시키는 데에 큰 공을 세운 신하에게 충렬왕이 내린 단권(丹券=丹書)[9]인 〈문한공단권(文翰公丹券)〉이 발견된 것이다.

〈문한공단권〉은 2012년 2월부터 12월까지 필자가 문화재청의 지원을 받아 「2012년도 개인소장 비지정동산문화재 조사 용역」

요수, 조맹부, 우집 등을 불러들여 그들과 함께 교유하면서 학문을 연구하는 것으로 낙을 삼았다. "(忠肅王元年, 帝命王, 留京師, 王搆萬卷堂于燕邸, 招致大儒閻復·姚燧·趙孟頫·虞集等, 與之從遊, 以考究自娛)." ≪고려사≫, 제34권 〈세가〉 제34 「충선왕」 2, 전자판.
9) 임금이 공신에게 주는 붉은 글씨의 錄券. 붉은 글씨는 쉽게 지워지지 않으므로 자손 대대로 죄를 용서해 주겠다는 약속의 의미가 담겨 있음. 丹書鐵券, 丹書鐵案이라고도 함.

사업을 수행하는 과정에서 발견하였는데 그 내용은 〈문한공단권〉 목판과, 목판으로부터 찍은 책 한 권이다.10) 우선 단권의 내용을 제시하면 다음과 같다.

> 皇帝福蔭裏, 特進上柱國 開府儀同三司 征東行中書省 左丞相 駙馬 高麗國王 諭一等功臣 朝奉大夫 試衛尉尹 世子右贊懷金汝盂. 自漢 唐已來至于本朝, 臣下有殊功茂烈, 則特賜丹券, 用示厚賞. 此乃有 國有家者之通制, 所以旋善勸後也. 然觀古代臣子之功, 徒以邊境上 對敵決勝, 或朝廷間制變定策之功耳. 越辛未歲, 寡人爲安社稷八侍 天庭, 備嘗險阻之時, 爾國耳忘家, 勤勞隨從, 至于四年, 終始一心, 又輔導寡人, 請婚天戚, 復整三韓, 流榮萬國. 式至今日之休, 朕嘉其 功, 記其榮, 賜以丹券, 仍給田丁奴婢, 粗答忠誠. 然而功大賞微, 常 有歉然之意. 謹聞 上國賞賚功臣之制, 容有犯禁不加於法, 雖至九 犯, 終不之罪. 及至十犯, 不得已論之. 至於子孫亦如之. 今欲循 上 國之制, 礭(確)行而不變. 爾雖有大犯, 若不踰十犯, 誓於赦宥, 將使 後世子孫永受其賜, 當予莅政之時, 無復置疑. 至於後嗣君王, 宜遹 遵朕意, 堅行此制. 但欲都兪相慶, 永保國家耳. 故玆詔示, 想宜知 悉. 至元二十九年 壬辰十二月 日.

황제의 음덕 속에서 상주국 개부의동삼사이자 정동행중서성 좌승상이며 원나라의 부마로 나아간 고려 국왕은 일등공신이며 조봉대

---

10) 文翰公丹券 목판은 모두 4점이었지만 1점이 유실되어 3점만 남아있다. 목판으로 찍은 〈문한공단권〉과 내용이 일치하고 글씨 크기도 동일하다. 이 목판은 부안김씨 군사공파 재실인 취성재(聚星齋)에 보존되어 오다가 필자에 의해 발견된 이후, 그 가치를 소중하게 여긴 부안김씨 군사공파 문중이 이 목판을 전북대학교 박물관에 기탁하여 보존하고 있다.

부이고 시위위윤이며 세자우찬회인 김여우를 위로하고 치하하며 말하노라.

한나라 당나라 이래로 본조(이 나라)에 이르기까지 신하에게 특별한 공이 있거나 크게 열사다운 행실이 있으면 특별히 '단권(丹券)'을 하사함으로써 두터이 상을 내렸다. 이는 나라가 존재하는 곳에서는 어디에서라도 행해지던 공통의 제도로서 잘한 일을 칭송함으로써 후손들에게도 그러한 선행을 하게 하기 위해서이다. 그런데, 옛적에 공적을 인정받은 신하들을 살펴보았더니 대부분 변경에서 적과 대치하다가 승리를 한 경우나 조정에서 제도를 변경하였거나 정책을 정착시킨 경우들이었다. 신미년 이래로 과인이 사직을 안정시키기 위해 원나라에 갔을 때 늘 험난한 일들이 있었는데 그대는 오직 나라만을 생각할 뿐 사사로이 자신의 집안일은 생각지 않은 채 부지런히 노고를 아끼지 않고 나를 따르며 보필하였다. 4년 내내 처음이나 끝이나 한결같은 마음이었는데 또 과인이 바라는 천자의 나라에 대한 청혼을 잘 도와 성사시킴으로써 삼한(고려)을 제대로 세우고 그 광영이 만국에 흘러 미치게 하였다. 이에, 지금에 이르도록 짐은 그 공을 기쁘게 생각하며 그날의 영광을 기억하면서 단권을 내리고 아울러 밭갈이 일꾼과 노비를 하사함으로써 조략하게나마 그대의 충성에 보답하고자 한다. 그러나 이 정도로서는 공이 큰데 비해 상이 너무 미약하여 늘 이점을 겸연쩍게 생각하고 있었다. 그런데 듣자하니 상국(중국=원)에서는 공신에게 상을 주는 제도에 범법행위를 해도 법의 제재를 받지 않도록 용납하는 제도가 있다고 한다. 비록 아홉 번 법을 어겨도 끝내 벌을 내리지 않고 열 번째 범법에 이르러서야 부득이 그 죄를 논한다고 한다고 한다. 그의 자손에 대해서도 이와 같이 대한다고 한다. 이에, 나는 오늘 이와 같은 상국의 제도에 따라 이 제도를 확실하게 시행하여 변하지 않게 하고자 한다. 그러므로 그대는 비록 큰 죄를 저지르더라도 10회를 넘지 않으면 사면하여 죄를 묻지 않겠다고 서약하노라. 장차 그대의 자손들도 그러한 혜택을 영원히 받을 것이다. 하물며 내가 직접 정치를 하고 있는 지금에 있어서는 이 서약을 의심할 여지가 없을 것이다. 내 뒤를 잇는 군왕들도 마땅히 내 뜻을 이어 따름으로써 이 제도를 굳건히 지키도록 하여 후사 군왕과 김여우의 후손이 함께 경사를 누리면서 나라를 영원히 보존하도록 하여라. 이에, 조서를 내리는 바이니 모두가 다 알았으리라고 믿는다. 至元 29년(1292) 임진 12월 일[11]

---

11) 본 단권을 해석함에 있어서 일부 난해한 단어를 註解로 제시한다. *同知: 고려 때, 中樞院·樞密院·密直司의 종2품 관직, 資政院의 정2품 관직, 春秋館의 종2품 이상의 관직을 일컬음. *上柱國: 삼국시대와 高麗 때의 훈위의 첫째 등급. 상주국, 柱國의 두 등급이 있었는데, 신라 眞平王 46년(624)에 唐高祖가 사신을 보내어 왕에게 주국을, 憲德王 즉위년(808)에 唐憲宗이 왕에게 상주국을 각각 봉하고, 백제 義慈王 즉위년(641)에 唐太宗이 왕에게 주국을 봉하였으며, 신라 眞聖王 때에 甄萱이 스스로 상주국이라 칭하였고, 고려시대에는 文宗 때에 상주국을 정2품으로, 주국을 종2품으로 정하였다가 忠烈王 이후에 폐하였다. *開府儀同三司: 고려 때 가장 높은 정1품의 문관 품계. *征東行中書省: 征東行省이라고 고치기 전의 이름. 원나라가 고려 개경에 두었던 관청의 이름. 원세조가 일본을 정벌할 때에 처음에는 征東行中書省이란 관부를 개경에 설치하여 일본 정벌에 관한 사무를 행하다가 일본 정벌을 그만 둔 뒤로는 그것을 征東行省으로 고쳐 원나라의 관리를 來駐시키고 고려의 내정을 감시 내지 간섭하게 했다. *左丞相: 충렬왕은 원 세조 쿠빌라이로부터 중서좌승상행중서성 省司를 제수 받았다. *朝奉大夫: 고려말기 정1품의 품계. *諭: 말하다. *試衛尉尹: 試衛는 왕의 측근에서 호위하는 직책으로서 宿衛를 일컫는 말. 숙위의 대상은 장군이나 무관 군사만이 아니었고 宰臣, 樞密들도 일정 기간마다 번갈아 궁궐에서 숙직했다. 숙위방식과 담당군사의 종류는 정치상황과 시기에 따라 자주 바뀌었고 고려 충렬왕 때는 사대부의 자제를 뽑아 숙위를 담당하게 했는데, 이를 홀치(忽赤)라고 했다. 尹은 우두머리라는 뜻이다. 충렬왕 자신도 원의 황실에서 숙위를 한 적이 있다. *世子右贊懷: 관직 명. 贊懷는 贊善 贊翼 등과 통하는 벼슬이름으로 보임. *至元二十九年: 서기 1292년. 충렬왕은 1274년으로부터 1308년까지 재위했다.

이 단권의 수혜자인 김여우가 바로 김구의 장자이다.12) ≪고려사≫에는 김구와 그의 아들 김여우에 대해 다음과 같은 기록이 있다.

> 성품이 진솔하고 가식이 없었으며 과묵했지만 나랏일을 의논할 때는 꺼림이 없이 곧고 절실하게 발언했다. 일찍이 신종·희종·강종의 3대 실록을 편찬하였고 왕실에서 사용하는 공식 문서를 작성하는 일을 관장하였다. … 중략 … 아들 김여우는 관직이 봉익대부(奉翊大夫)에 이르렀고, 김숙우(金叔孟)는 승랑(丞郎)을 지냈다. 서자 김승인(金承印)은 대사성까지 올랐으며 모두 과거에 급제했다.13)

그러나 그동안 우리 학계는 김구에 대해서도 그다지 주목하지 않았고, 김여우에 대해서는 전혀 주목하지 않았다. 이러한 까닭에 「한국역대인물 종합시스템」 사이트에는 '김여우(金汝孟)'가 '김

---

12) 김여우의 시호는 충선공이다. 그런데 취성재에서 발견된 이 단권의 표지의 표제는 〈문한공단권(文翰公丹券)〉으로 되어 있다. 김여우가 사후에 받은 시호는 충선공이지만 단권은 생존 시에 받은 것이므로 사후에 받은 충선공이라는 시호가 아니라, 생시에 그를 부르던 칭호인 '문한공'을 사용하여 〈문한공단권〉이라고 한 것 같다. 당시 김여우는 왕의 이름으로 나가는 외교문서를 비롯한 모든 중요문서를 작성하는 역할을 하는 지위에 있었음을 알 수 있다. 아버지 김구와 더불어 부자 양대가 고려의 문한을 담당했던 것이다. 본서에서는 발견된 책의 서명을 중시하여 〈문한공단권〉이라는 명칭을 사용하기로 한다.
13) ≪고려사≫ 권106 〈열전〉 19: "性悃愊無華, 寡言語, 至論國事, 切直無所避. 嘗撰神·熙·康三朝實錄, 掌詞命. 時上國徵詰, 殆無虛歲, 坵撰表章, 因事措辭, 皆中於理. 回詔至云, '辭語懇實, 理當兪允.' 元翰林學士王鶚, 每見表詞, 必稱美, 恨不得見其面. 子汝孟, 官至奉翊大夫. 叔孟,丞郎, 庶子承印, 大司成, 皆登第." 전자판.

여맹(金汝孟)'으로 잘못 기록되어 있다. 한국역대인물 종합시스템의 김여우에 대한 기록은 다음과 같다.

> 생졸년 미상. 본관은 부령, 부안. 부친은 문정공 김구이다. 고려 때 형부상서, 동지밀직사사를 역임하고 봉익대부[14]가 되었다. 충렬왕이 세자일 때 그를 모시고 원나라에 들어가 보필하였다. 이후 충렬왕이 왕위에 오를 때 단권을 받았다. 유교의 진흥에 힘써 동생 강릉안렴사 김승인에게 학교를 세우도록 권하여 강릉의 서쪽 화부산의 현적암 아래에 문묘를 짓고 우리나라 최초의 향교를 세웠다. 시호는 충선(忠宣)이다.

한국역대인물 종합시스템이 이상과 같이 정리한 것으로 보아 〈문한공단권〉에 기록된 김여우의 행적은 사실임을 알 수 있고, 그가 바로 고려와 몽고의 결혼동맹이라는 대사를 성사시킨 인물임을 알 수 있다. 뿐만 아니라, 아버지 김구의 뒤를 이어 유학의 진흥과 성리학의 도입에 큰 공헌을 한 인물인 점도 확인할 수 있다.[15] 조선조에 이르러 김여우는 아버지 김구와 함께 부안의 도

---

[14] 1275년(충렬왕1)의 개정 때에 은청광록대부가 바뀐 명칭으로 추측된다. 이에 대해서는 봉익대부가 아니라 중봉대부로 개명되었다는 이설도 있으나 봉익대부로 바뀌었다는 설이 보다 더 유력하다. 재상 반열의 관계로서 중요한 구실을 담당하였다.(한국민족문화대백과, 한국학중앙연구원) 전자판.

[15] 김여우가 한국 최초의 향교인 강릉향교를 건립하는 데에 중요한 역할을 했다는 점을 통해 고려의 성리학 도입에 대해 현재 통설처럼 여기고 있는 '문성공 안향에 의한 도입'설도 재고해야 할 필요가 있다. 안향의 생몰년이 1243-1306이고 김여우의 부친 김구의 생몰년이 1211-1278인 점을 감안한다면 김구의 생전 행적으로 보아 김구가 안향에 앞서 먼저 성리학을 도입했을 가능성이 많다. 게다가 김여우 또한 생몰년이 미상이기는 하나 고려 원종(재위

동서원에 배향되었다.16) ≪한국민족문화대백과≫ 는 '도동서원'에 대해 다음과 같은 설명을 하고 있다.

> 전라북도 부안군 부안읍 연곡리에 있었던 서원. 1534년(중종29) 지방유림의 공의로 김구의 덕행을 추모하기 위해 창건하여 위패를 모셨다. 그 뒤 김여우17), 최수손(崔秀孫), 성중엄(成重淹), 최필

1259-1274) 때에 등제한 점(≪부안김씨과환록≫, 20쪽)으로 보아 안향보다 나이가 더 많았을 것으로 추정할 수 있다. 안향보다 많은 나이이면서 일찍이 충렬왕을 모시고 원나라에 4년이나 머물렀고 훗날 아우를 독촉하여 한국 최초로 강릉향교를 건립하게 했다면 김여우가 안향보다 훨씬 더 유학의 진흥과 성리학의 도입에 적극적이었다고 할 수 있는 것이다.

16) 이 도동서원이 풍기군수 주세붕이 우리나라 최초로 세웠다고 알려져 있는 소수서원보다도 7년이나 앞서 세워진 서원이라는 점, 이름이 '도동(道東)' 즉 '도가 동쪽으로 전해 옴'이라는 점도 김구와 김여우 부자가 유학진흥과 성리학 도입에 큰 역할을 했음을 간접적으로 증명한다.

17) 여기도 '김여맹(金汝孟)'으로 되어 있다. 필자가 김여우(金汝孟)로 바로 잡았다. 김여우의 이름 '汝孟'도 특별한 의미를 갖는다. 청나라 말기에 발견된 유물로서 대우정(大盂鼎)과 소우정(小盂鼎)이 있다. 대우정은 청나라 도광 원년(1821)에 섬서성 기산현 예촌에서 발견되었다. 발견된 당시는 세 개가 동시에 발견되었으나, 그 중에 이 대우정만 남고, 나머지는 유실되었다. 없어진 두 정(鼎) 가운데, 한 정의 탑편이 세상에 전해 내려오고 있는데, 이를 습관적으로 '소우정'이라 부른다. 대우정과 소우정을 각각 이십삼사우정(二十三祀盂鼎), 이십오사우정(二十五祀盂鼎)이라고도 하고 혹은 전우정(全盂鼎)과 잔우정(殘盂鼎)이라고 칭하기도 한다. 대우정의 명문은 그릇 안쪽의 복벽(腹壁)에 주조되어 있으며 높이가 약 1미터에 달하는 큰 청동기인데 문자는 모두 19행 291자로 이 중에 세 글자는 합문(合文)이다. 이 정은 서주 강왕(康王) 시대에 만들어진 것으로, 지금까지 발견된 서주 청동정 중에서 가장 큰 것이며, 강왕이 대신인 '우(盂)'에게 책명을 내리는 내용이다. 책명의 내용은 강왕은 문왕과 무왕의 덕을 칭송하고, 은(殷)이 지나치게 음탕하여 망했으니 경계하여야 한다는 내용과 물건을 하사하는 내용을 포함하고 있다. 첫 구절은 다음과 같다. "今餘隹令汝孟召榮, 敬雍德經.(지금 나는 너 孟에게 공경스런 마음으로 덕행과 강기를 잘 받들기를 명한다.)" 따라서 이 대우정은 서주의 문화를 이해하는데 중요한 자료이다. 서주 초기의 금문은 어느 것이나 거의

성(崔彌成)을 추가 배향하였으며, 1718년(숙종44)에 김석홍(金錫弘), 그 뒤에 홍익한(洪翼漢), 김계(金啓)를 배향하였고 순조 때에 김해(金垓)를 추가 배향하였다. 선현배향과 지방교육의 일익을 담당하여 오던 중 흥선대원군의 서원철폐령으로 1868년(고종5)에 훼철된 뒤 복원되지 못하였으며 지금은 유허지만 남아 있다.

현전하는 여러 자료들을 근거로 원고를 작성하여 구축한 《한국역대인물 종합시스템》과 《한국민족문화대백과》로 인하여 그나마 김여우의 행적을 확인할 수 있게 되어 다행이다. 새로 발견된 〈문한공단권〉으로 인하여 고려와 몽고의 결혼동맹이 김여우가 주도하여 체결한 것임을 확인하게 된 점은 장차 김여우 개인에 대한 연구는 물론, 고려 말의 여·원관계 연구에 새로운 전기가 되리라고 생각한다.18) 앞서 살핀 바와 같이 원나라와의 결혼동

왕의 책명을 간략하게 요약해서 새기고 있으나 이 정에서 처음으로 책명서(冊命書)의 전문을 기재하는 풍습이 열려 후기 금문의 선구가 되고 있다. 청나라 말기에 이 대우정이 발견되기 전에 이미 고대의 기록에 이 '盂'가 나타났을 것이고 김여우(金汝盂)의 부친인 김구는 고대의 기록을 보고 중국 강왕 때의 역사에 대해 익히 알고 있었기 때문에 주나라 강왕 때의 대신인 '盂'에게 명하는 내용의 명문을 취하여 아들의 이름을 '汝盂'라고 지은 것으로 추론할 수 있다. 둘째 아들의 이름은 '종우(宗盂)'이고 셋째 아들의 이름은 '숙우(叔盂)'이다. 이 汝盂, 宗盂, 叔盂 등의 이름을 통해서도 김구가 불교를 버리고 유학을 부흥시켜 본래 중국의 고대사상 속의 유학적 치도(治道)를 구현하고자 하는 의지가 강하였음을 짐작할 수 있다.

18) 지금까지 고려시대에 대한 연구는 《고려사》나 《고려사절요》 등의 사서와 《동국이상국집》, 《익재집》, 《역옹패설》 등 개인문집 및 금석문 외에 달리 사용된 자료가 거의 없다. 고려시대의 고문서 자체가 희귀하기 때문에 이들 사서와 문집 외에 달리 활용이 가능한 자료가 없는 것이다. 특히 공신에게 하사한 단권이 발견되어 연구에 활용된 예는 없는 것 같다. 고려 후기의 공신인 정인경(鄭仁卿)의 정안(政案)과 공신녹권이 발견되어 고려 말기에 대

맹이 고려의 국호를 지키고 왕통을 계승하며 사직을 보존할 수 있게 하는 데에 결정적인 역할을 하였고 또 당시 몽고가 장악하고 있던 아시아 지역의 국가 판도에서 몽고의 침략이 미치지 못한 베트남과 일본을 제외하고는 오직 몽고와 고려만 있었다는 점을 상기한다면 이 〈문한공단권〉에 나타난 김여우의 활동은 우리 역사에서 특기되어야 할 사항이 될 수 있을 것이다.

그렇다면 김여우는 어떻게 하여 결혼동맹을 성사시켰을까? 김구의 〈연보〉 원종 15년 갑술년(1274)조 즉 김구의 나이 64세 때에 대한 기록에 다음과 같은 내용이 있다.

> 8월 戊辰, 아들인 한림박사 여우가 세자를 수행하여 원나라에 사신으로 갔다가 돌아왔다.[19]

그리고 이 연보의 주에는 다음과 같은 설명이 있다.

> 5월 병술일에 충렬왕이 원세조의 딸 안평공주에게 장가들었다. 6월 계해에 원종이 승하하였다. 8월 무진 충렬왕이 우리나라로 돌아와 즉위하였다. 그리고 여우에게 단서를 하사하였는데 그 단서에 의하면 "신미년에 내가 사직을 안정시키기 위하여 원나라 조정에 들어갔을 때 아주 험하고 어려움을 당했는데 그대는 오로지 나

한 연구에 도움을 준 것이 고려시대 고문서 사료의 한 예인 것 같다. 정인경의 정안과 공신녹권에 대해서는 다음 논문을 참고할 수 있다. 여은영, 남권희, 〈고려 후기 정인경의 정안과 공신녹권의 분석〉, ≪도서관학론집≫ Vol.21, 한국도서관정보학회, 1994, 485-528쪽.

[19] ≪지포선생문집≫, 412쪽. "八月戊辰子翰林學士汝孟隨世子還自元."

라만 생각할 뿐 집안을 돌보지 않고 애써 노력하여 나를 수행함으로써 4년 내내 한 마음으로 나를 보살펴 주었다. 뿐만 아니라 천자의 나라에 혼인을 청하여 혼인이 이루어짐으로써 다시 이 땅에 영광이 비추게 되었다. 이에 나는 그 공로를 치하하고 너의 수고로움을 기록으로 남기고자 한다."고 하였다.[20]

위에서 살펴본 〈문한공단서〉와 일치하는 내용이다. 이에 앞서 원종 12년 김구의 나이 61세 때인 신미년(1271)의 기록에는 다음과 같은 내용이 있다.

이부상서를 제수 받았다. 아들 여우를 보내 세자를 수행하여 원나라에 들어가게 하였다.[21]

이 부분에 대한 주에는 다음과 같은 설명이 있다.

6월 기해에 충렬왕이 세자로서 인질이 되어 원나라에 들어가게 되었다. 공의 아들인 여우(汝盂)가 한림학사로서 세자를 수행하여 원나라 조정에 들어가 세자의 혼인을 청하였다. 이후 4년 동안 혼사를 성사시키는 데에 큰 공이 있었다.[22]

---

20) 위의 책, 413쪽, "五月丙戌, 忠烈王得尙元世祖女安平公主, 六月癸亥, 元宗薨, 八月戊辰, 忠烈王東還卽祚, 賜汝盂以丹書. 其畧曰: "粤辛未歲, 寡人爲安社稷入侍天庭, 備嘗險阻之時, 爾migration忘家, 勤勞隨從, 至于四年終始, 一心輔導寡人, 請婚天戚, 復整三韓流榮萬國, 朕嘉其功而記其勞. 丹書錄券板留在道東書院."
21) 위의 책, 410쪽, "進拜吏部尙書, 遣子汝盂隋世子入元."
22) 위의 책, 410-411쪽, "六月己亥, 忠烈王以世子入質于元, 公之子汝盂, 以翰林學士隨行, 爲世子請婚於元朝, 周旋四載, 多有勤勞矣."

이 부분과 관련하여 ≪고려사≫에도 상세한 기록이 있음에 대해서는 앞서 밝힌 바 있다. 이렇게 해서 원나라에 들어간 김여우는 한림학사로서 원나라 황제에게 문한을 올려 세자와 원나라 공주와의 결혼을 주선하는 데에 특별한 공을 세운 것이다.

사실, 고려가 원나라에 대해 처음으로 결혼동맹을 청한 것은 김여우 등이 원나라에 가기 4년 전의 일이다. 고려무신 정권의 마지막 실세라고 할 수 있는 임연에 의해 폐위되었다가 원나라의 도움으로 복위한 원종은 복위한 그해(1270)에 원나라에 직접 가서 황제를 만나 다음과 같이 말한다.

"지난 기미(己未 1259)년, 제가 세자일 때에 처음으로 입조했는데, 마침 황제께서 등극하실 때라 저를 너무 잘 돌보아 주셨습니다. 그 얼마 후 저의 부왕이 별세했다는 소식을 듣고 망연자실 하고 있던 차에, 황제께서는 저로 하여금 국왕의 직위를 잇게 하셨습니다. 또 갑자(甲子 1264)년에 입조했을 때도 일반적인 예와 달리 지극한 대우를 받았으니 저의 감격한 마음을 어찌 말로 표현할 수 있었겠습니까?

이번에 권신 임연이 제멋대로 국왕을 폐위하는 바람에 왕위를 잃고 근심이 가득했는데 황제폐하께서는 자애를 베푸시어 여러 차례 사신을 보내 조서로 연유를 따져 물으신 후 친히 입조하라고 부르시니 그 덕분에 다시 왕위에 올라 이렇게 알현하게 되었습니다. 황제폐하께서 지극히 잘 돌보아 주시는 데다 덧붙여 심심한 위로의 말씀까지 해주시니 제가 감읍하는 심정은 천지가 잘 알고 있을 것입니다.

이제 저의 나라가 상국과 혼인을 맺으려는 것은 이것을 영원한 우호의 기회로 삼으려는 뜻이지만 분수에 넘는 짓일까 두려워 오랫동안 마음을 털어놓지 못했습니다. 이제 저희들의 소망을 모두 들어주셨고 세자도 마침 입조해 있으니 엎드려 바라옵건대 공주를 세자에게 내려주셔서 혼례를 성사시켜 주신다면 저의 나라는 만세토록 성실히 제후로서의 의무를 다하겠나이다."23)

이때에 세자(훗날의 충렬왕)의 나이는 35세였고 이미 비빈(妃嬪)들이 다 있었다. 그러므로 원종이 세자와 원나라 공주의 결혼을 청한 것은 일상적인 결혼의 차원이 아니라, 순전히 정치적 목적이었음을 알 수 있다. 그만큼 고려로서는 결혼동맹이 절실하게 필요했던 것이다. 그러나 원세조 쿠빌라이는 이때에 결혼을 바로 허락하지 않았으며 허락하지 않는 이유를 다음과 같이 말했다.

달단(達旦: 타타르족. 여기서는 몽고족을 지칭함. 필자 주)의 법에 중매를 통해 부족끼리 결합하는 것은 진심으로 친교를 맺는 일이니 어찌 허락하지 않겠소? 그러나 지금 왕께서는 다른 일로 왔는데 온 김에 청혼까지 하는 것은 너무 서두르는 것 같으니 일단 귀국하여 백성들을 잘 다독거린 다음 특별히 사신을 보내 요청해 온

---

23) 甲戌, 王上書都堂請婚曰: "往者己未年世子時, 方始親朝, 適丁登極之際, 大加憐恤, 而俄聞先臣奄辭, 盛代憂惶, 罔極乃令臣繼修藩職, 又於甲子年, 親朝, 寵遇亦出常, 鈞臣之銘感, 曷足形言. 今者, 權臣林衍, 擅行廢立, 失位之憂, 伏蒙聖慈, 累遣王人, 詔詰其由, 召以親朝, 以是復位, 而進帝眷, 優深倍加 其爲感泣, 天地所知. 夫小邦請婚大朝, 是爲永好之緣, 然恐僭越, 久不陳請, 今旣悉從所欲, 而世子適會來覲, 伏望許降公主於世子, 克成合之禮, 則小邦萬世永倚, 供職惟謹. ≪고려사≫ 제26권 〈세가〉 제26 원종2. 전자판.

다면 그때 가서 허락하리다. 짐의 친자식은 이미 다 다른 사람에게 출가했으니 짐의 형제들과 의논해 허락하겠소.24)

쿠빌라이는 쿠빌라이대로 속셈이 있어서 결혼을 승낙하지 않았다. 즉 원종이 얼마나 쿠빌라이에게 우호적으로 복종의 의사를 표하는지를 관찰하고 확인한 다음에 결혼을 승낙하겠다는 의사를 은근히 밝힌 것이다. 이에, 원종은 귀국 후에 쿠빌라이의 뜻에 맞춰 원과 협력하여 삼별초를 제압하고 오랫동안 수도로 삼고 대몽항쟁을 벌여왔던 강화도를 떠나 개경으로 나오게 된다. 그리고 이어 1271년에 김여우 일행을 원에 보내 다시 청혼을 한다. 그리고 김여우는 4년 여 동안 노력한 결과25) 마침내 결혼이 성사되어 고려와 원나라 사이에 결혼동맹이 이루어지는 것이다. 이로써 고려는 이른 바 원나라의 '부마국'이 되는데, 이때부터 고려는 고종, 인종 등으로 이어오던 왕의 시호가 충렬왕, 충선왕 등 ○

---

24) 達旦法, 通媒合族, 眞實交親, 敢不許之? 然今因他事來請, 似乎欲速, 待其還國, 撫存百姓, 特遣使來請, 然後許之. 朕之親息, 皆已適人, 議於兄弟, 會當許之. 위와 같은 책, 같은 곳.
25) 이에 대해 대만의 연구자 소계경(蕭啓慶)은 고려사의 기록을 토대로 공주(충렬왕의 왕비, 忽都魯 揭里迷失 Khudulugh Kelmish, 제국대장공주)가 1269년에 죽었는데 그때의 나이가 39세라는 점을 들어 고려의 청혼 당시 원나라 공주의 나이가 13세로 너무 어려서 3년 후에 결혼을 하게 되었다고 기록하고 있다. 소계경, ≪원대사신탐≫, 대만, 신문풍출판사, 1983, 237쪽. 그러나, 〈문한공단권〉의 내용으로 볼 때 단지 나이가 어리다는 이유로만 결혼이 4년이나 늦게 이루어진 것은 아닌 것 같다. 고려와 원나라 사이에 결혼동맹을 맺기까지 정치 외교적인 난관이 있었고 그것을 김여우가 중심이 되어 잘 해결한 것으로 보인다.

○왕으로 바뀌는 불평등한 상황을 맞기는 하지만 고려의 왕통을 이어가며 고려라는 국호를 그대로 사용함으로써 독립국의 위상을 유지하게 된다. 이로써 고려는 당시 아시아와 동유럽을 잇는 광활한 영토를 가진 대제국 몽고와 더불어 이 지역에 단 두 나라의 독립국 중의 한 나라로 존재하게 되는 것이다.

3. 충렬왕으로부터 〈단권(丹券)〉을 하사받은 김여우

≪고려사≫나 ≪고려사절요≫ 등 역사의 기록에서 김구와 김여우는 그들이 실지로 이룬 공에 비해 남아있는 기록이 소략한 편이다. 김구의 문집인 ≪지포선생문집≫을 간행하고, 김구의 신도비 즉 〈문정공신도비〉를 세우며 〈문한공단권〉을 목판에 새기고 출간하는 일 등이 모두 조선 후기에 와서야 이루어진다.26) 조선 후기에 왜 이런 일들이 한꺼번에 이루어지는 것일까?

김구를 중시조로 받드는 부안김씨가 보다 더 강한 세력을 가지고 본격적으로 부안에서 세거하며 번성하게 되는 것은 김구로부터 7대가 지난 조선 전기이다. 김구의 후손들은 대대로 개경에서 권문세가로 살다가 고려가 망하자 김구의 7세손인 한성소윤 김

---

26) 〈문한공단권〉의 조판이 조선 후기에 이루어진 것인지 아니면 그보다 훨씬 전인 조선 초기에 이루어진 것인지에 대해서는 앞으로 보다 더 면밀한 연구가 필요하다고 본다. 판각 시기가 명시되어 있지 않기 때문이다. 본고에서는 일단 ≪지포선생문집≫의 간행과 문정공신도비의 수립과 거의 같은 시기에 〈문한공단권〉의 조판이 이루어진 것으로 보기로 한다.

세영(金世英)과 고부군사 김광서(金光敍) 등 4형제가 '불사이군(不事二君)'의 대의를 좇아 벼슬을 버리고 전북 부안의 옹정리(甕井里) 세칭 '낡은 터'로 낙향하였다고 전한다. 이후 옹정리는 부안김씨의 대표적인 세거지로 크게 번창하였다.27)

현재 부안읍 석동산(席洞山)에는 부안김씨들의 묘소와 비석이 즐비하며 시제를 모시는 재실도 5곳이나 된다.28) 또 특기할 일은 부안김씨가 임진왜란이 일어나기 전인 1584년(선조17)에 이미 《만력갑신보(萬曆甲申譜)》라는 족보를 발간했다는 사실이다. 목판본인 이 족보는 우리나라 첫 족보인 안동권씨의 《성화보(成化譜)》보다는 108년 뒤의 것이지만 우리나라 초기의 몇 안 되는 족보 중의 하나로서 의미가 매우 크다. 부안김씨들은 조선 중기에 중앙 정계에 활발하게 진출한 것이다. 이에 대해 이해준은 다음과 같이 말했다.

---

27) 이해준, 〈김구와 부안 도동서원의 사회사적 성격〉, 《한국 성리학의 도입 - 신전개 - 현대적 계승과 전북과의 관계에 대한 '和而不同'시각》 학술대회 자료집, 전북대학교 BK21＋한·중문화 '화이부동' 연구 창의인재 양성 사업단, 2014, 51쪽.
28) 부안김씨 군사공파의 파조인 군사공 김광서(金光敍)를 제향하는 취성재(聚星齋)는 호남 제1의 재실이라는 평을 얻을 정도로 규모가 대단하다. 본채는 3칸의 장방과 2칸의 너른 대청으로 조성되어 있고, 동재와 서재가 각기 3칸이며, 웅장하고 화려한 2층의 문루인 취성루(聚星樓)가 있다. 한 문중 재실의 문루를 2층으로 조성한 예는 이 재실이 유일한 것으로 알려져 있다. 취성재의 오른편에는 율곡 이이가 지은 승지공신도비문(承旨公神道碑文)을 보존한 비각과 작은 연못이 있다. 재각의 옆에 승지공신도비문이 있는 것으로 보아 이 재실은 본래 홍문박사(증도승지) 김직손(金直孫)을 제향할 목적으로 지은 재실이나 후에 자손들이 김직손의 선대인 군사공을 제향하는 용도로 사용하게 된 것으로 추정된다.

주지하듯이 호남 인물의 배출은 중종-명종대에 집중되며, 박세채(朴世采)는 그가 쓴 임억령(林億齡)의 묘표에서, '중종-명종대에 이르러 호남에서 명현 일사가 많이 배출되었다'(湖之南 盖多名賢逸士, 至我中明之際最盛.)라 하였고, 홍석주(洪奭周)도 호남이 인재의 연수(淵藪)로서 조선중엽에 특히 그 수가 많았다.(湖南於我東, 爲才雋之淵藪, 當國朝中葉于彬彬∶蘇世讓, ≪陽谷集≫ 重刊序)고 하였다.29)

이처럼 조선 전기에 중앙에 진출하기 시작한 호남지방의 사림 인사들 대부분은 그들의 선조가 신왕조 건국기의 정쟁에 연루된 사대부들이었거나 조선전기 정치적 파동기에 절의를 지키면서 중앙으로부터 멀리 호남지역으로 낙남(落南)해온 인물이었다.30) 부안김씨도 고려가 멸망하자 '불사이군'의 절의를 지켜 부안으로 낙남한 것으로 보인다. 이렇게 낙남한 후, 조선 세종 조에 이르러 관직에 나가기 시작한 부안김씨들은 조선 중기에 이르러 크게 번성하였고 조선 후기 정조 대에 이르러서는 전라도 지방의 유림들을 규합하여 김구를 제향하는 도동서원에 대해 사액을 청하는 상소를 올린다. 사액을 요구하는 상소에 관련된 기록은 ≪조선왕조실록≫과 ≪일성록≫에 보인다.

1790년(정조14) 전라도 유생 박태규(朴泰奎) 등이 다음과 같이

---

29) 이해준, 〈己卯士禍와 16세기 전반의 호남학맥〉, ≪전통과 현실≫, 2집, 1991, 78쪽.
30) 위의 논문, 같은 곳.

상소하였다. 부안현 도동서원은 바로 고려조 문정공 김구를 제사하는 곳입니다. 명나라 가정 갑오년(1534, 중종29)에 창건하였고, 선조(先朝) 병오년(1726, 영조2)에 이르러 증 영의정 충정공 홍익한을 추배하였습니다. … 중략 … 김구는 고려조 때, 문교가 널리 퍼지지 못하여 이단이 멋대로 횡행하는 시기를 당하여 홀로 유교를 추켜세우고 사교를 배척하여 정학을 천명함으로써 우뚝하게 백세의 사표가 되었습니다. … 중략 … 그가 옛 성인을 계승하고 후인의 앞길을 안내해준 공로는 참으로 훌륭합니다. 그러므로 선정신(先正臣) 문성공 이이는 그가 선한 일을 많이 하고 공적을 쌓았다고 칭송하였고, 문정공 송시열은 그를 '명현'이라고 칭송하였는데, 이는 비문에 나타나 있습니다.[31]

이처럼 상소하였으나 정조는 이를 허락하지 않아 사액이 실현되지는 않았다. 같은 내용의 기록이 『일성록』정조 14년(1790) 2월 13일(갑자)에도 보이는데 여기에서는 전라도 유생 박태규 등 모두 273인이 연명으로 상소하였음을 밝히고 있다. 이를 통해 전라도 유생 270여 명의 동의를 이끌어 낼 수 있었던 부안김씨의 역량과 당시 도동서원의 사회적 영향력과 위상을 짐작할 수 있다.

청액 상소가 관철되지 못하자 부안김씨들은 청액의 명분을 보

---

[31] 全羅道儒生朴泰奎等上疏曰: 扶安縣有道東書院, 卽麗朝文貞公 金坵俎豆之所也. 創建於皇明 嘉靖甲午, 而至于先朝丙午, 乃以贈領議政忠正公 洪翼漢追配焉, … 坵當勝國之際, 文敎未敷, 而異端肆行, 則獨扶正斥邪, 丕闡正學, 蔚然爲百世師表. … 其所以繼往開來者, 尤豈不猗歟盛哉? 是以, 先正臣文成公 李珥稱其累善積功, 文正公 宋時烈贊以名賢, 著於碑文. ≪정조실록≫, 14년(1790) 2월 13일(갑자), 전자판.

다 더 강화하기 위해서 김구의 문집인 ≪지포선생문집≫을 발간하고, 1584년(선조17)에 처음 발간한 ≪만력갑신보≫에 이어 1785년(정조9)에는 시직공파의 파보를 '을사보(乙巳譜)'라는 이름으로 김동호가 편찬하였고 1801년에는 '승지공파보(承旨公派譜)'도 편간하였다.32) 〈문한공단권〉도 이 무렵에 판각하여 출간한 것으로 보인다. 다 청액상소에 힘을 보탤 목적으로 김구와 그의 아들 김여우의 공적을 기리기 위해 이런 발간 사업을 한 것이다. 〔사진11-1,2: 〈문한공단권〉 및 단권 목판 - 전북대학교 박물관 위탁관리〕

4. 한국 최초로 '신개념' 향교를 세운 김승인(金承印)

원래 고려는 불교국가였다. 불교는 고려 초기부터 왕실의 보호 아래 정치와 매우 밀접한 관계를 갖게 되었으나, 시대가 흐르면서 여러 방면에서 사회적 해악을 드러내게 되었다. 그리고 또 하나의 종교인 도교는 미신적인 기복행사(祈福行事)를 주로 행함으로써 혹세무민하는 타락상을 보이는 경우가 많았다. 이러한 상황에서 고려 후기에는 내적으로는 각종 민란이 발생하였으며 무신들이 집권하여 무단정치를 행하였고, 외적으로는 몽고의 침입을 받기에 이르렀다. 몽고의 침입에 따라 무신정권이 무너지면서 몽

---

32) ≪부안김씨승지공파보≫ 권상, 서문, 부안김씨승지공파보소 발행, 회상사 인쇄, 1995, 3쪽.

고가 중원에 세운 나라인 원나라의 간섭을 받는 이른 바 '몽원간섭기'를 맞게 된다. 이 시기에 다시 왕권이 강화되면서 기왕의 무신권력을 대체할 권력층으로서 신흥사대부 세력이 등장한다. 이들 신흥사대부들은 지방의 농토를 경제적 기반으로 삼아 자본을 축적하고 과거제도를 통하여 중앙관직에 진출하였는데, 이들은 내우외환으로 인한 국가 존망의 위기 앞에서 시대적 책임감과 구국의 사명감을 가진 당시의 지식인들로서 새로운 사상을 도입하여 당시에 누적되어있던 정치·사회적 적폐를 해결하고자 하였다.

정치기강을 확립하고 인륜질서를 회복하고자 노력한 신흥사대부들은 자연스럽게 전통 유학과 새로이 나타난 성리학이 표방하는 인륜중시의 윤리질서와 춘추의리라는 대의명분론에 관심을 갖게 되었으며 이러한 관심으로 인해 내적으로는 기존의 유학을 부흥시키고자 하는 의지가 표출되고, 외적으로는 성리학을 하나의 대안적 성격의 학문으로 보고 고려로 유입되는 것을 적극적으로 유도하였다.

김구 당년에 몽고는 세조 쿠빌라이 이전에 이미 유학에 대한 관심을 가지고 유학을 부흥하려는 일련의 정책들을 폈고, 특히 쿠빌라이는 한족의 문화를 받아들여 유학을 크게 진흥시키려는 노력을 한 황제이다. 이때에 김구의 아들 김여우는 몽고에 4년 동안 머물며 당시 몽고에 형성된 유학 부흥의 동향과 문화적 분위기를 살폈다. 몽고의 문화적 분위기에 따라 고려가 택할 문화와 학문의 분위기가 달라질 수 있는데 김구의 아들 여우는 유학을 중시하는 몽고의 분위기를 현지에서 인지함으로써 귀국 후에 아버지 김구와 함께 유학 부흥에 심혈을 기울였으며 그의 아우에게 영향을 미쳐 아우 김승인(金承印)으로 하여금 강릉에 향교를 건립하게 하였다. ≪한국민족문화대백과≫는 강릉향교의 건립에 대하여 다음과 같은 설명을 하고 있다.

> 강릉향교는 1313년에 강원도안무사인 김승인(金承印)이 화부산(花浮山) 아래에 설립하였는데, 1411년에 또 소실되자 강릉 대도판관(大都判官) 이맹상(李孟常)이 유지 68인과 발의하여 1413년에 중건하였다.[33]

≪한국 역대인물 종합정보시스템≫은 김승인의 형 「김여우」조에서 김승인과 관련하여 다음과 같이 말하고 있다.

> 유교의 진흥에 힘써 동생 강릉안렴사 김승인에게 학교를 세우도록 권하여 강릉의 서쪽 화부산의 현적암 아래에 문묘를 짓고, 우리나라 최초의 향교를 세웠다. 시호는 충선이다.[34]

김승인이 강릉향교를 건립했다는 사실은 앞서 살펴보았듯이 1930년대에 발간된 ≪부안읍지≫에도 기록이 있다. 이 기록이 당시의 어떤 사실을 근거로 기록한 것인지 확인할 수는 없으나

---

[33] ≪한국민족문화대백과≫, 한국학중앙연구원. 전자판.
[34] 한국 역대인물 종합정보시스템(http://people.aks.ac.kr)「김여우」참조.

기술된 내용만으로 보자면 김승인이 강릉향교를 세웠다는 점은 매우 분명하다. ≪신증동국여지승람≫에는 강릉향교와 관련하여 다음과 같은 기록이 있다.

> 강릉도호부 북쪽 3리에 있다. 동쪽 모퉁이에 항아리 같은 바위가 있으며, 항간에서 연적암이라 부른다. 고려 김승인이 존무사가 되어 화부산 밑에다가 처음으로 학사를 창설하였다.[35]

이상 ≪한국민족문화대백과≫, ≪한국 역대인물 종합정보시스템≫, ≪부안읍지≫, ≪신증동국여지승람≫ 등의 기록이 모두 강릉향교를 "우리나라 최초의 향교"라고 칭하며 "이를 본떠 조선팔도에 향교가 건립되기에 이르렀다"고 하면서 강릉에 "처음으로 학사를 창설"했음을 강조함으로써 김승인이 세운 강릉향교가 우리나라 최초의 향교인 것으로 말하고 있다. 그런데, 강화도 교동에 있는 강화향교(일명 교동향교)는 강화향교대로 고려 인종 5년(1127)에 "여러 고을에 학교를 세워 교도를 넓히라"[36]는 인종의 명으로 건립되었음을 앞세워 우리나라 최초의 향교라는 주장을 하고 있다. 그렇다면 강화향교와의 비교만으로도 186년이나 늦게 세운 강릉향교를 여러 기록에서 '최초의 향교'로 보는 이유는 무엇일

---

35) ≪신증동국여지승람(新增東國輿地勝覽)≫ 제44권 〈강릉대도호부(江陵大都護府)·향교(鄕校)〉.
36) ≪고려사(高麗史)·선거지(選擧志)≫ '학교(學校)'條 五年三月 "詔, 諸州立學, 以廣敎道."

까? 이에 대한 답은 ≪문헌비고(文獻備考)≫의 기록에서 찾을 수 있다.

> 김여우가 역동(易東) 우탁(禹倬)과 함께 경서을 강론하면서 삼국 이래로 유학이 침체하고 있음을 개탄하고 원나라의 중주(中州)학교를 모방하여 학교를 세워서 유학 진흥에 힘썼다. 그가 원나라에 갔을 때, 원나라 황제로부터 "고려에서는 문묘를 세워 공자를 모시고 있는가?"라는 질문에 우선 그렇다고 대답하고는 본국의 강릉안렴사로 있는 아우 김승인에게 문묘를 세우라고 하여 우리나라의 문묘는 이때부터 비롯되었다.37)

이처럼 ≪문헌비고≫에는 김승인이 고려 최초의 문묘를 세우게 된 배경에 그의 형이자 김구의 장자인 김여우가 있다고 기록되어 있다. 뿐만 아니라, 권문해(權文海)의 ≪대동운부군옥(大東韻府群玉)≫에는 "동국에는 예전에 학교가 없었는데 고려 충렬왕 때에 강릉안렴사 김승인이 문묘를 화부산 연적암 밑에 처음으로 세우니, 여러 고을에서 문묘가 잇따라 일어났다"38)는 기록도 보인다.

그런데 여기서 유의해 봐야 할 점은 ≪문헌비고≫는 '문묘(文廟)'라는 표현을 하고 있다는 점이다. 문묘와 향교는 다른 개념이

---

37) ≪증보문헌비고≫ 제209권 〈학교고8·향학(鄕學)〉 향사의(鄕射儀), 세종대왕기념사업회 역주. 이 내용은 부안군청에서 발간한 ≪변산의 얼≫(1982,194쪽)에도 수록되어 있다.
38) '동국에는 예전에 학교가 없었는데, 고려 충렬왕 때에 강릉안렴사 김승인이 문묘를 화부산 연적암 밑에 처음으로 세우니, 여러 고을에서 문묘가 잇따라 일어났다.'고 하였다. 위의 책, 같은 곳의 주에 인용되어 있다.

다. 문묘는 공자를 제향하기 위한 제향공간이고 향학(향교)은 학생들을 가르치는 교육공간이다. 김승인이 세운 강릉향교는 제향공간으로서의 '문묘'의 기능과 교육기관으로서의 '향학'의 기능을 다 구비한 향교라는 점에서 '우리나라 최초'라는 설명이 덧붙어 온 것으로 이해할 수 있는 것이다.

북경지방에서 발행된 가장 이른 시기의 지방지인 ≪석진지(析津志)≫를 보면 원나라에서 유학을 진흥하는 과정을 비교적 소상히 살필 수 있다.

> 태종5년 계사, 처음으로 4개의 독서과정을 설립하여 몽고의 자제들로 하여금 한족들의 문자를 배우게 하였는데 연경에 있는 공자사당을 국학의 건물로 사용하였다.[39]

이에 대해 허유임(許有壬)이 쓴 〈상도공자묘기(上都孔子廟記)〉는 보다 더 구체적으로 다음과 같은 기록을 남기고 있다.

> 태종이 즉위한 후 몽고 귀족 자제 18인을 택하여 한어와 한자를 배우게 하였다. 한족 관리들의 자제들도 참여하여 몽고어와 활쏘기 등을 배웠다. 네 개의 조로 나누어서 가르침을 펼쳤는데, 중서령이었던 양유중(楊惟中)으로 하여금 그 일을 주로 담당하게 하였다. 별도로 집을 지어주고 교육하였으며 회초리를 들어 감독하게 하였다.[40]

---

39) 熊夢祥, ≪析津志輯佚≫, 北京圖書館 刊, 1983, 197쪽.
40) 앞의 제3장 주19 참조.

≪석진지≫에 들어있는 공자사당을 국학의 건물로 사용했다는 기록과 허유임이 쓴 〈상도공자묘기〉에 당시 유학교육에 관한 기록이 수록되어 있다는 점을 통해 당시 원나라에서는 기존의 제향공간으로서의 '공자사당'을 교육기관으로 사용하면서 부족한 건물을 별도로 더 지어가며 학생들을 교육했다는 점을 알 수 있다. 즉 이전에 따로 이루어졌던 제향과 교육이 한 공간에서 이루어지는 새로운 형태의 '제향기관이자 교육기관'이 생기게 되었다는 점을 알 수 있는 것이다. 다시 말해서 원나라는 유학을 공자에 대한 제사의식과 결부하여 공자를 신성시하는 종교의식을 겸하는 교육장소를 설립하여 진흥해 나간 것이다. 원나라의 이러한 조치는 훗날 조선이 성리학을 국가이념으로 채택한 후, 성균관이나 향교를 교육의 기능보다 오히려 문묘의 제사기능을 더 강화하는 방향으로 운영한 점에 대한 하나의 지침으로 작용했다고 할 수 있다. 주자 성리학은 원나라 때에 이르러 공자에 대한 제사의식을 강화함으로써 일종의 종교화를 도모하는 면이 있었다고 볼 수 있는 것이다. 그러므로 김여우를 만난 원나라 황제는 김여우에게 "고려에서는 문묘를 세워 공자를 모시고 있느냐?"는 질문을 하였고 그런 질문을 받은 김여우는 우선은 있다고 답한 후 곧바로 강릉안무사로 재직하고 있는 아우 김승인에게 문묘를 세우라고 한 것이다. 따라서, 강릉향교는 우리나라에서 단순한 교육기관이 아닌 공자를 제향하는 일종의 종교의식을 수반한 '제향기관이자 교

육기관'인 형태의 향교로서 우리나라 최초라는 의미를 갖는다고 할 수 있다. 부연하자면, 당시 원나라에서 주자 성리학을 수용하면서 택한 학교 형태가 '문묘와 학교 기능의 통합'이라는 체제였는데 당시에 원나라 현지에 있으면서 누구보다도 먼저 그러한 학교형태를 보고 배워 수용한 김여우가 곧바로 아우 김승인으로 하여금 그런 체제의 학교 건립을 실행하게 한 것으로 상정할 수 있는 것이다. 이러한 일련의 상황으로 볼 때 김구 3부자야 말로 우리나라에 성리학을 도입하는 데에 누구보다도 실질적인 공헌을 한 인물로 볼 수 있을 것이다.

이처럼 전에는 단지 교육만을 담당했던 향교가 김승인이 세운 강릉향교에서 처음으로 '문묘'와 '향교' 즉 공자에 대한 제향과 학생교육의 기능을 통합한 새로운 형태의 향교로 변모하였다는 점은 매우 큰 의미를 갖는다. 성리학이 그 이념을 강화하기 위해 제기한 '공자제향'이라는 일종의 종교의식을 당시 원나라에 있던 김여우가 처음으로 수용하였고 그것을 그의 동생 김승인이 우리나라 최초로 실천하였다면 실질적인 성리학 도입은 이들 형제에 의해 이루어졌다고 할 수 있기 때문이다. 그런데 두 아들은 그의 부친 김구의 강한 유학부흥 의지로부터 영향 받은 바가 크다는 점에서 김구 3부자를 고려 말 성리학 도입의 주역으로 평가할 수도 있을 것이다.[41]

---

[41] 김승인이 유학에 얼마나 조예가 깊고, 유학부흥의 의지가 강했는지에 대해 전가람은 다음과 같은 설명을 하고 있다. "≪동사강목≫의 기록에 따르면 위

김승인이 강릉향교를 창건했다는 점은 ≪강릉향교지≫를 통해서도 확인 할 수 있는데 ≪강릉향교지≫에는 〈문류(文類)〉라는 제목 아래 다음과 같은 기록이 있다.

> 옛날 강릉에 내외 향교가 있었으나 병화로 다 불타버린 뒤 중건치 아니한지 200여 년이나 흘러 후세 사람들은 그 터가 어디였던지조차 알 수 없게 되었다. 향교가 없어진 뒤에는 새로 글공부하는 사람들은 학교가 없어 산사 승방에 우거곁들어 살면서 글공부를 하고 있으니 이는 도리에 마땅치 못하다. 이리하여 내가 새로운 향교를 지으려고 그 터전을 찾던 차에 성 북쪽에서 문장의 세를 가춘 명당을 얻어 시월부터 몸소 창립의 역사를 감독하였다. 이 공사를 마친지 한 달 만에 여러 고을에서 학생들을 모으고 학덕 높은 장로

의 일은 충렬왕 30년(1304) 5월에 있었던 일이다. 기록에서와 같이 김승인은 안향의 주도 하에 윤신걸, 서인, 김원식, 박이 등과 함께 ≪사기≫, ≪한서≫와 같은 경서 강설을 들었음을 알 수 있다. 김승인과 함께 강설을 들었던 인물들의 면면을 살펴보면, 윤신걸은 고려 후기 첨의평리의 벼슬에 올랐던 인물로 경서에 능하여 사문대학박사가 된 인물이고, 서인은 생애에 관해 자세히 알기 어려우나 ≪고려사≫의 기록을 살펴보면 그가 충선왕 때 집의(執義)를 지낸 것이 확인된다. 김원식 역시 ≪고려사≫에 따르면 장령(掌令)과 재상을 지낸 것으로 확인되며, 박이는 충숙왕 때 판서 등을 지낸 인물이다. 말하자면 김승인은 전국 관료들 중 이들 네 사람과 함께 선발되어 유함(兪諴)의 아들에게 사서(史書) 강설을 들을 수 있었던 것인데, 조정의 관료들 중에서도 안향의 지시 아래 특별히 이들 다섯 사람을 뽑아서 ≪사기≫와 ≪한서≫ 같은 역사서를 익히도록 하였다고 기록하고 있는 점, 그리고 김승인과 함께 강설을 들었던 네 사람의 면면을 살펴보았을 때 김승인 역시 유학 경서를 학습하려는 의지가 대단했고 훗날 대사성의 벼슬에 오른 사실로 보아 경서에 해박하고 능했을 것으로 추측해 볼 수 있다. 전가람, 〈안향 '성리학 도입'설의 근거와 김구와의 관계에 대한 연구〉, ≪부안3현-김구·유형원·전우 연구≫, 전북대학교 BK+한·중문화'화이부동'창의인재양성사업단, 2017, 199-229쪽 참고.

를 스승으로 모셔 학생들을 가르쳤다. 모든 학생들이 엄숙하고 신실하게 학문을 닦아 윤상(倫常)을 바르게 하므로 내가 이에 느낀 바가 있어서 향교 학생들을 위하여 장구율시(長句律詩) 11운(韻)을 짓는다.

皇慶中興二載秋	황경 중흥 2년 가을에
偶然人旱忝巡遊	재주 없는 이 사람이 우연히 강릉지역 순무(巡撫)의 역할을 맡았네.
湖山邐迤移三島	호수와 산이 신선의 세 섬(봉래, 방장, 영주)으로 이어진 아름다운 이곳이
烟火蕭條作一州	전쟁 연기로 온 고을이 피폐하여 소슬해졌네.
春誦寂寥稀嘯詠	봄날에 책을 읽는 일도 끊겨 적막하고 시를 읊는 일도 드물고
夏絃零落少風流	여름철에 금을 타는 일도 스러지고 풍류도 메말라서
詞林過半頹難復	글 짓는 이들의 활동은 대부분 퇴락하여 되살아날 기미가 없고
學舍如今廢不修	학교는 아직껏 폐허로 남아 중수하지 않았네.
鳥革宏模思薬國	변혁의 큰 생각 그 옛날 번성했던 한민족의 예맥국을 생각하고
螺峰秀氣卜花浮	소라고둥처럼 이러진 산봉우리의 빼어난 기운, 화부산에 터를 잡아
優時號令吾何敢	한뜻으로 일하는 사람들에게 어찌 감히 호령하랴?

不日經營亦孔休	하루도 쉬지 않고 학교 건립 임무를 경영했네.
曲突六間分兩廡	우뚝 솟은 6칸 집에 동서로 양무(兩廡)를 나누어 짓고
雕樑百尺起南樓	아로새긴 들보 백 척 높이 남쪽 누대를 세웠네.
年高一衲誨無倦	나이 많은 스님은 학생들 가르치는 데 게으름 없고
雲會諸生吟更遒	구름처럼 몰려든 학생들 글도 잘 읽고 씩씩하기도 해라.
桂窟淸香應入手	단계(丹桂: 영특한 인물)의 맑은 향기를 응당 손에 넣었으리니
杏園佳節己臨頭	은행나무 뜰에(공자가 은행나무 단에서 강의했듯이 그런 좋은 가르침이 펼쳐질) 좋은 시절이 이미 코앞에 다다랐구나.
須知滾滾飛榮路	학생들아! 모름지기 기억하라, 출세 길로 내달릴 생각 말고
出自孜孜繼晷油	새벽까지 불 밝혀 부지런히 공부하시게.

강릉도 존무사 봉상대부시총부의랑 예문관직제학지제 동지춘추관사(江陵道 存撫使 奉常大夫試摠部議郎 藝文館直提學知製 同知春秋館事) 김승인(金承印)[42]

이 기록으로 보아 김승인이 강릉향교를 지은 것은 분명하다. 학교를 건립하기 위해 몸소 진두지휘하며 애쓴 모습이 역력히 드

---

42) 한서우·최봉길 편, 《강릉향교지》, 회상사 인쇄, 1982, 33-34쪽.

러나 보이는 글이다. 그리고 학생들을 교육하고자 하는 열망이 짙게 담긴 시이다. 특기할 만한 것은 향교를 건립한 초기에 노스님 한 분(年高一衲)을 초청하여 교육을 맡겼다는 점이다. 이는 원나라 건국 초기 쿠빌라이 시대에 북경의 공자사당을 이용하여 학교를 열고 당시 도교의 도사들을 불러들여 교육을 담당하게 한 경우와 매우 흡사하다. 당시 원나라 북경에 세워진 국자학에 관여했던 사람들 중에는 도교의 주류인 전진교와 밀접한 관계에 있는 사람들이 있었다. 가장 중요한 사람으로서 이지상(李志常 1193-1256)을 들 수 있다. 왕악은 이지상의 비문인 〈진상진인도행비문(眞常眞人道行碑文)〉에서 이지상에 대해 다음과 같이 말하였다.

> 당시에 하남지역이 몽고에 귀속되었을 때, 연경지역을 떠도는 사대부들 중에는 왕왕 이름을 숨기고 유가의 행적을 피하여 도교에 의탁하곤 하였다. 공은 잔치에 초대하는 것처럼 꾸며 하루에도 수십 명의 사람을 불러 도교의 재당에서 밥을 먹이곤 하였는데 혹자가 번거롭지 않느냐고 했지만 공은 그렇지 않다고 답하였다. 그가 선비들을 대접하는 정성이 이와 같았다.[43]

이러한 정황으로 볼 때에 당시에 전진교의 지도자였던 도사들은 사실상 도교의 신자가 아니라 유가에 대한 몽고의 박해를 피

---

43) 時河南新附, 士大夫之流于燕者, 往往竄名道籍. 公委曲招宴, 飯於齋堂, 日數十人. 或者厭其煩, 公不恤也. 其待士之誠類如此. 王鶚, 〈眞常眞人道行碑文〉, ≪甘水仙源錄≫ 권3, 154쪽.

하여 일시적으로 도교에 종사했으나 실질적으로는 유자로서 국자학과 공자사당이 건설되자 유학진흥을 위해서 다시 유가로 돌아와 유학을 부흥시키기 위해 힘을 다했던 것이다. 원나라의 이러한 상황과 마찬가지로 김승인이 강릉향교 건립 초기에 불러들여 교육을 담당하게 한 '노스님 한 분(年高一衲)'도 본래 유가였는데 전란을 피하여 승적에 든 인물이었던 것으로 추정할 수 있을 것이다. 장기간 몽고와의 전란으로 인해 피폐해진 학교 교육을 정상화하기 위해 노력한 김승인의 노력이 돋보이는 부분이다.

조선 태종 계사년(1413)에 강릉향교를 중건하면서 '외현손 봉훈랑 강릉대도호부판관겸권농병마절제판관(外玄孫 奉訓郞 江陵大都護府判官兼勸農兵馬節制判官)'였던 이맹상(李孟常)44)이 쓴 〈강릉향교중건발(江陵鄕校重建跋)〉을 통해서도 강릉향교를 김승인이

---

44) 이맹상(李孟常 1376-미상), 조선 전기의 문신. 본관은 양성(陽城). 조부는 이춘부(李春富)이고, 부친은 이한(李澣)이다. 부인은 유자(柳滋)의 딸이다. 1411년(태종11)에 강릉판관(江陵判官)에 제수 되었고, 재임 중에 강릉향교를 중건하였다. 1424년(세종6) 사헌부 장령이 되었다가 곧 물러났다. 1432년에는 관반(館伴)으로 있었고, 1437년 지사간(知司諫)를 역임하였다. 1438년 지사간원사(知司諫院事)를 맡고 있을 때, 사헌부에서 치조를 요구했으나 곧 다시 겸지형조사(兼知刑曹事)에 올랐다. 이듬해에는 형조참의를, 1440년에는 원주목사를 거쳐 전라도와 충청도관찰사를 지냈다. 1441년 충청도관찰사로 있을 당시 임금으로부터 안마(鞍馬) 등을 하사 받았고, 공조참의, 호조참의를 거쳐 강원도관찰사, 중추원부사를 역임했다. ≪동문선≫에 「차사간원운정요장(次司諫院韻呈僚丈)」이라는 칠언절구 한 수가 남아있는데, 그의 관직생활과 시재(詩才)를 엿볼 수 있다. 즉 "자고새가 늘어선 곳에 어로(御爐)의 연기는 꼿꼿이 오르고, 맑은 날에 헌(軒)에 다다르니 성안(聖顔)을 뵙겠네, 신하들이 석연에 젖었다고 아뢴 뒤에, 금천교 다리 위해 취해 돌아오노라〔御爐煙矗鷓鴣班, 白日臨軒睹聖顔. 奏罷群臣霑錫宴, 禁川橋上醉同還〕." 한국역대인물종합정보시스템. http://people.aks.ac.kr

건립하였음을 확인할 수 있다. 발문은 다음과 같다.

전 판관 허항(許恒)은 공(김승인)의 외손의 아들이다. 내가 영락9년 신묘 삼월 초칠일에 허항의 후임으로 강릉에 오게 되어 허항의 별장에 부임인사 차 찾아 갔더니 허항이 나에게 다으과 같은 부탁을 하였다. "강릉향교는 내 가친의 외조부인 김승인이 지은 것이며 이것이 계기가 되어 강릉사람들이 김승인을 종사(宗祀)의 끝자리에 모시고 제사를 지내고 있다. 김승인이 향교를 창건하고 지어 새긴 시판(詩板)이 세월이 오래 지나는 동안 풍화되어 읽기 어려워졌으므로 내가 재임할 때에 새로 개서하려고 마음먹고 있던 차에 어머니의 병이 위중하여 그 일을 하지 못하고 지나쳐버렸다. 그대도 공의 외손의 후예이니 나의 이 뜻을 이어서 이 사업을 해준다면 그런 다행이 없겠다." 이에, 내가 이에 응답하기를 "명하신대로 하겠다." 하고 임지에 도착하여 이속에게 명하여 개서하여 시판을 만들었다. 그런지 얼마 되지 아니하여 불행히도 향교가 화재를 당하여 베와 곡식과 서적이 다 타버렸으나 오직 구판(舊版)만은 재난을 면하였다. 향교의 창건이 황경(皇慶) 계축년(1313) 가을이고 화재가 난 것이 영락 신묘년(1412) 겨울이니 꼭 99년 만의 일이다. 그동안 이 곳 수령으로 수많은 사람이 오고 갔건만 하필 재난은 내가 맞게 되었다. 죄스럽고 걱정스러운 마음을 금할 수 없어 향교를 중건하려고 하나 조정에서 토목사업을 금할 뿐만 아니라 백성들이 번거로울 것을 생각하여 이러지도 저러지도 못하며 지내야 했다. … 중략 … 내가 이것(詩板)을 들고 중건의 마음을 굳히고 그 소회를 감사 박상국(朴相國) 습(習)에게 알렸더니 감사가 이르기를 "사물의 흥망성쇠는 하늘의 이치로 운이 맞지 아니하면 인력을 다한다 할지라도 되는 것이 아니니 괴이하게 여길 것은 없다.

그러나 이번 재난은 하늘에 계시는 그대 할아버지의 혼령이 후사인 그대로 하여금 뜻을 이어 일을 완수하여 훌륭한 향교를 중건하게 함이로다. 그대가 향교의 중건을 위하여 이와 같이 정성을 다하고 있으니 나도 그대와 같이 힘을 합하리라."고 하였다. … 중략 … 영락10년(1412) 정월 9일에 동부대언(同副代言) 탁신(卓愼)이 향교 중건의 왕명을 가지고 왔기에 감사가 이를 받아 강릉부에 다시 알려 왔다. 이리하여 … 중략 … 향교를 건립하였다. 나라의 제도에 따라 공자 이래의 123위와 김공(김승인)의 신주까지 법식과 제도에 따라 모시고 함께 제사를 지내니 향교 중건의 대사는 거의 끝이 났으므로 공의 시문도 전에 있던 것처럼 그대로 걸었다. … 하략 … 45)

김승인이 건립한 향교가 건립한지 99년 만에 불탔지만 개창 당시 김승인이 쓴 시판은 타지 않고 남아있어서 중건 후 다시 걸었으며 향교를 창건한 공으로 김승인의 신주도 향교에 모셔져 배향되었음을 알 수 있다. 이처럼 구체적인 중건 발문을 통해서 볼 때 김승인이 강릉에 성리학의 이념에 따라 문묘와 학교를 겸하는 기능을 갖춘 새로운 양식의 향교를 건립하였음은 의심의 여지가 없다고 할 수 있다. 그리고 이제현의 ≪역옹패설(櫟翁稗說)≫에는 다음과 같은 기록이 있다.

> 대덕(大德) 말년(1307)에 문성공 안향이 재상이 되어 국학과 상서(庠序: 학교)를 재정비하고, 이성(李晟), 추적(秋適), 최원충

---

45) 한서우·최봉길 편, ≪강릉향교지≫, 회상사 인쇄, 1982, 35-37쪽.

(崔元冲) 등을 기용하여 경서(經書) 한 종류 당 교수 두 명을 두고서, 금학(禁學). 내시(內侍), 오군(五軍)과 삼군(三軍)에 소속된 7품 이하의 관료로부터 내외의 생원에 이르기까지 모든 사람들에게 강의를 듣고 익히게 하였다. 또 돌아가신 낭중(郎中) 유함(兪咸)의 아들이 스님이 되어 사주(泗州)에 살았는데 그가 ≪사기≫와 ≪한서≫를 잘 볼 줄 안다는 소문을 듣고 역마 편을 이용하여 서울로 불러올려서 윤신걸(尹莘傑), 김승인(金承印), 서인(徐諲), 김원식(金元軾), 박리(朴理) 등을 그에게 보내어 강설을 듣도록 하였다. 이렇게 함으로써 유생들과 관료들 대부분이 경서에 통달하고 옛 일에 해박해지는 것을 능사로 삼았다.46)

김승인이 당시 재상이었던 안향의 방침과 지시에 따라 ≪사기≫와 ≪한서≫를 공부한 사실을 알 수 있으며 김승인이 안향에 의해 특별히 발탁되어 교육을 받을 수 있게 될 만큼 안향의 인정을 받았으며 고려 조정에서 큰 학문을 닦을 만한 출중한 인물로 꼽혔음을 알 수 있다. 그러나, 이상과 같은 사실 외에 김승인의 행적에 대해 알려진 바가 거의 없다. 김승인은 김구의 넷째 아들로서 서자이다. 〈김구연보〉와 〈신도비명〉에 "서자 김승인은 대사성이었다."는 기록이 있고, ≪고려사≫에는 "김구의 아들 김여우(金汝盂)는 관직이 봉익대부(奉翊大夫)에까지 이르렀고, 김숙우(金叔盂)47)는 정랑(正郎)이 되었으며 서자인 김승인(金承印)은 대

---

46) 이제현 저·박성규 역, ≪역주 역옹패설 전집2≫, 〈嘗見神孝寺堂頭正文〉, 2012. 120-122쪽.
47) 앞서 살펴본 김구묘지석에 의하면 김숙우는 승려가 되었다. 김여우 외에 또

사성으로 되었는바 모두 과거에 급제하였다."48)는 기록이 있고, 또 "충렬왕 15년 10월에 우부승지 이혼(李混)이 김승인 등 70명을 뽑았다.(十五年 十月 右副承旨李混取金承印等七十人)"49)는 기록 정도가 있을 뿐이다.

그런데 2015년에 필자는 부안군 변산면 운산리에 위치한 김구의 신도비를 보호하기 위해 지은 신도비각의 안쪽에 자그마한 현판이 걸려 있는 것을 발견하게 되었다. 이 현판의 내용은 다음과 같다.

> 문정공신도비 개수성금방명록. 인창섭(印昌燮), 일 만원. 우리 선조 문정공의 막내 자제가 승인(承印)인데 그 자손들이 선조의 이름 '印'자를 성씨로 삼았다. 때 마침 전주에 사는 인창섭씨가 선조 문정공의 신도비를 개수한다는 소식을 듣고 특별히 와서 헌금하였다. 이에, 별도로 이 판에 기록하여 여기에 건다. 단기 4293년 (1960) 경자 3월 일. 신도비개수위원회.50)

당시에 성금을 낸 사람들의 성금 액수를 보면 인창섭씨 외의 다른 사람 중에 가장 많이 낸 사람이 2천원을 냈다. 인창섭씨가 낸 1만원은 상대적으로 거액이다. 부안김씨와 피를 같이하는 종

한 사람 관직에 나간 인물이라면 응당 김종우(金宗孟)가 되어야 한다.
48) ≪고려사≫ 제106권 〈列傳〉 제19
49) ≪고려사≫ 제74권 〈志〉 제28
50) 文貞公神道碑改竪誠金芳名錄. 印昌燮, 壹萬元. 先祖文貞公季子曰承印, 其子孫以先諱爲姓, 適來居全州印昌燮氏, 聞先碑改竪, 特來獻金, 故別錄于此而揭之. 檀紀四二九三年庚子三月 日. 神碑改竪委員會.

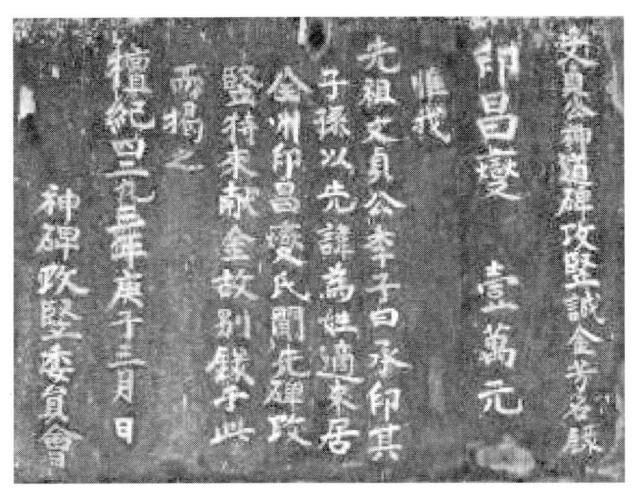

자료6 문정공신도비 개수 성금 방명 현판

족이라는 의식이 없고서는 '선조 문정공'이라는 표현도 할 리가 없고 이만한 성금을 낼 리가 없다. 그리고 이 방명록 판에 새겨진 글을 보면 분명히 김승인의 후손들이 '승인(承印)'의 '인(印)'자를 성으로 삼아 印氏가 되었음을 밝히고 있다. 아무런 근거도 없이 인창섭씨가 거액의 성금을 냈을 리도 없고, 근거가 없다면 이런 특별한 방명록을 새겨 걸었을 리가 만무하다. 따라서 이 방명록을 근거로 본다면, 김승인이 인씨의 창성조(創姓祖)일 수 있다는 추론도 가능하게 한다. 이 점에 대해서는 차후에 다시 상세한 연구를 진행할 필요가 있다고 생각한다.

■ 에필로그

先天下之憂而憂 선천하지우이우,
천하의 근심에 앞서 먼저 근심하고,

後天下之樂而樂 후천하지락이락,
천하의 즐거움에 뒤서서 나중에 즐겨라.

중국 송나라 때의 문장가인 범중엄(范仲淹)의 「악양루기(岳陽樓記)」에 나오는 말이다. 선비란 항상 근심을 하면서 사는 사람이다. 자신의 영달과 이익을 위해서 노심초사하는 얕은 근심이 아니라, 천하에 근심이 닥칠 조짐이 보이면 그 근심거리를 예견하고서 천하의 백성들을 위해서 근심하며 예방책을 강구하는 사람이 바로 선비인 것이다. 뿐 만 아니라, 선비는 천하의 백성이 다 기쁨과 안정 속에서 살게 된 연후, 맨 나중에야 비로소 마음을 놓고 백성들과 더불어 기쁨을 함께 하는 사람이다. 이것이 바로 선비들이 가졌던 우환의식(憂患意識)이다. 나라의 위기 앞에서 우환의식을 갖지 않는다면 선비이기를 포기하는 것에 다름이 아니다. 역사에 이름을 남긴 현신(賢臣)과 명장(名將), 문인과 학자, 지사(志士)와 열사(烈士)들 치고 이런 우환의식을 갖지 않은 사람은 없을 것이다.

지포 김구와 그의 두 아들인 김여우와 김승인은 때로는 현신(賢臣)으로서 때로는 문인과 학자로서 때로는 끓는 피를 가진 지사로서 평생 동안 나라와 민족을 걱정하는 우환의식을 가지고 산 인물이라고 생각한다. 그들이 우환의식을 가지고 선각자적인 안목으로 이룬 역사적 업적은 이 시대에도 우리가 잘 활용할 수 있는 자산이다.

어쩔 수 없이 강대국의 눈치를 봐야하는 상황에서 국가적 자존심을 지키면서 강대국을 달래고 설득하여 실리 외교를 실행한 지포 김구의 외교 역량은 그대로 오늘 날 우리의 외교에 활용할 수 있을 것이고, 난만한 불교에 대응하여 성리학이라는 새로운 사상을 태동시키는 데에 선도적 역할을 한 김구와 그의 아들들의 업적은 오늘 날 우리가 전통문화를 바탕으로 새로운 한국문화를 창출하고 외국문화와의 과감한 통섭과 교류를 통하여 신문명으로서의 한류를 생산해내는 데에 커다란 계시로 다가올 수도 있을 것이다. 김구가 처음 주창하여 조선시대로 이어진 통문관의 정신은 오늘 날 우리의 외국어 교육과 외교역량 배양에 계시하는 바가 실로 크다. 그리고, 백성들을 사랑하는 마음으로 밭의 경계를 분명히 하고 바람과 야생동물로부터 농작물을 보호하기 위해 제주에 밭담을 쌓게 한 김구의 휴머니즘에 바탕을 둔 목민정신은 그대로 오늘 날 우리 정치가 귀감으로 삼아야 할 것이다.

역사는 현재를 들여다 볼 수 있는 거울이다. 역사에 남은 위대한 인물의 행적은 오늘 날 우리의 삶을 비쳐보고 들여다보게 하는 거울이다. 지포 3부자의 행적이 이 시대를 비추는 거울이 되기를 바란다.

〈저자 약력〉

◎ 김병기

- 부친 영재 김형운 선생, 외종조 강암 송성용 선생 사사.
- 중국문화대학 박사 – 논문〈黃庭堅詩與書法之硏究〉.
- 시·서예 논문 61편, 서예평론 180여 편 발표.
- 저서 ≪사라진 비문을 찾아서 – 글씨체로 밝혀낸 광개토태왕비의 진실≫ 외 21종.
- 한국, 중국, 일본, 미국, 대만, 폴란드, 루마니아, 스페인, 헝가리, 카자흐스탄, 이탈리아 등 국·내외초대전 및 초청특강 100여 회.
- 북경대학 100주년기념관 초대 김병기서예전.
- 제1회 원곡서예학술상 수상.
- 북경대학 서법연구소 해외초빙교수 역임.
- 한국서예학회, 한국중국문화학회 회장 역임.
- 세계서예전북Biennale 총감독 역임.
- 대한민국 서예대전 초대작가.
- 대한민국 문화재청 문화재전문위원.
- 전라북도 문화재 위원.
- 국제서예가협회 부회장.
- 강암연묵회 회장.
- 국립전북대학교 중어중문과 교수.

고려 말 시대를 앞서간 선각자
지포止浦 김구金坵

2021년 1월 19일 초판1쇄 인쇄
2021년 1월 25일 초판1쇄 발행

지은이 | 김 병 기
펴낸이 | 김 영 환
펴낸곳 | 도서출판 다운샘

05661 서울특별시 송파구 중대로27길 1
전화 (02) 449 - 9172 팩스 (02) 431- 4151
E-mail : dusbook@naver.com
등록 제1993-000028호

ISBN 978-89-5817-475-2 03990
값 12,000원